윤동주, 80년의 울림

윤동주, 80년의 울림
시인의 발자취를 따라 떠난 한국-중국-일본 기행

초 판 1쇄 2025년 08월 13일

지은이 홍미숙
펴낸이 류종렬

펴낸곳 미다스북스
본부장 임종익
편집장 이다경, 김가영
디자인 임인영, 윤가희
책임진행 안채원, 이예나, 김요섭, 김은진

등록 2001년 3월 21일 제2001-000040호
주소 서울시 마포구 양화로 133 서교타워 711호
전화 02) 322-7802~3
팩스 02) 6007-1845
블로그 http://blog.naver.com/midasbooks
전자주소 midasbooks@hanmail.net
페이스북 https://www.facebook.com/midasbooks425
인스타그램 https://www.instagram.com/midasbooks

© 홍미숙, 미다스북스 2025, *Printed in Korea.*

ISBN 979-11-7355-363-9 03810

값 20,000원

※ 파본은 구입하신 서점에서 교환해드립니다.
※ 이 책에 실린 모든 콘텐츠는 미다스북스가 저작권자와의 계약에 따라 발행한 것이므로 인용하시거나 참고하실 경우 반드시 본사의 허락을 받으셔야 합니다.

미다스북스는 다음세대에게 필요한 지혜와 교양을 생각합니다.

홍미숙 지음

윤동주,
80년의 울림

시인의 발자취를 따라 떠난
한국-중국-일본 기행

미다스북스

책을 내며 ·· 6

1. 윤동주의 서울,
　　　　문학이 피어난 곳

청년 윤동주를 시인으로 만든 거리와 풍경

(1) 28년, 한 시인의 짧고도 뜨거운 생애 ··· 21
(2) 핀슨관, 그 기숙사에 시가 머물렀다 ·· 42
(3) 누상동 하숙집과 수성동계곡, 시인의 숨결이 깃든 자리 ········ 83
(4) 윤동주문학관, 침묵 속에 그가 살고 있다 ································· 95
(5) 내를 건너서 숲으로 도서관, 숭실의 시간과 연결되다 ·········· 102
(6) 정병욱 가옥, 시를 지켜낸 우정의 보금자리 ···························· 115

2. 고향 중국,
　　　　시작과 끝이 머문 땅

윤동주의 뿌리이자 귀환한 자리

(1) 태어나 자란 생가의 툇마루에 앉아 ··· 135
(2) 명동촌에 스민 그의 발자국 ·· 147
(3) 명동 학교 옛터 기념관, 윤동주가 말을 건네다 ······················ 152
(4) 시인의 묘소에 고개를 숙이다 ·· 158
(5) 고종사촌 형, 송몽규를 기리며 ·· 163
(6) 용두레 우물에 기억 속의 사나이가 있다 ······························· 182
(7) 백두산에 떠오른 대형 무지개 ·· 191

3. 일본, 남겨진 시와 짧은 생의 마지막

시인은 떠났으나 그와 그의 시는 빛나는 별이 되었다

(1) 윤동주의 시가 흐르는 도쿄의 릿쿄대학 ·············· 201
(2) 교토의 도시샤대학, 꿈이 무너지다 ·············· 231
(3) 하숙집터, 윤동주의 넋이 깃들다 ·············· 252
(4) 학우들과 마지막 소풍을 간 우지강변 ·············· 257
(5) 생을 마감한 후쿠오카 형무소 ·············· 264

부록 윤동주 시인의 길을 따라 - 생애와 창작 연보 ·············· 278

책을 내며

윤동주, 80년의 울림

덕수궁에서 먼저 만난 윤동주 시인

서울에 자주 간다.

올해는 윤동주 시인(1917~1945)의 순국 80주년이다. 오늘도 전철을 타고 서울에 갔다. 이맘때 피는 목단꽃이 그리워 덕수궁에 먼저 들렀다. 대한문(大漢門)에 들어서니 목단꽃 향이 마중 나와 있다. 어머니를 만난 듯 반갑다. 고향 집 꽃밭에도 수령 100년을 넘긴 목단꽃이 5월 초가 되면 피고 진다.

덕수궁의 연못 앞에 활짝 핀 목단꽃이 반갑단다. 그 곁에 서서 나는 벌과 나비를 부러워한다. 꽃밥이 풍성해 그런지 꽃 향도 풍성하다. 소풍 나온 여학생들이 예쁘다며 삼삼오오 목단꽃 앞에서 사진을 찍는다. 그 모습이 목단꽃처럼 예쁘다. 석조전 뜰에도 목단꽃이 만개했다. 그동안 목단꽃이 초가나 기와집에만 어울리는 꽃이라 생각했는데 석조전 건물과도 너무나 잘 어울린다. 날씨마저 화창하여 꽃이 더 빛이 난다. 목단꽃이 덕수궁을 색과 향으로 물들였다. 서울의 5대 궁궐 중 덕수궁의 목단꽃이 가장 탐스럽게 핀다.

윤동주 시인도 목단꽃 피는 봄날에 덕수궁을 찾았을까? 갑자기 그랬을지도 모른다는 생각이 든다. 그가 1938년부터 1941년까지 4년 정도 서울의 연희전문학교(현재 연세대학교)에 다녔으니 하는 말이다. 그가 덕수궁을 찾아 목단꽃도 보고, 살구꽃도 보았을지도 모른다. 400년가량 되었다는 석어당 앞의 살구꽃이 먼저 피었을 테니 그 꽃을 보고, 다시 찾아와 목단꽃을 보았지 않았을까 싶다. 그의 시 「병원」에도 살구나무가 나온다. 살구 꽃을 보면서 고향 생각, 어머니 생각을 많이 했을지도 모른다. 그가 좋아한 나무라 그런지 그의 묘역에도 살구나무 한 그루가 그를 수호하듯 곁에 서 있다.

「서시」가 나를 부끄럽게 한다

나는 일찍부터 윤동주 시인의 시 중 「서시」에 꽂혔다. "죽는 날까지 하늘을 우러러 한 점 부끄럼이 없기를" 이 구절이 내 마음을 빼앗아 갔다. 그렇게 살아가야 하는 게 당연하고, 그렇게 살아가기를 원해서 좋아하게 되었다. 하지만 쉬운 일이 아니다. 윤동주 시인의 시는 이상하리만큼 울림을 주고 나를 성찰하게 만든다. 아울러 부끄럽게 만든다. 이 시는 그가 1941년 11월 20일에 지은 시로, 어느 시보다 나에게 가장 큰 울림을 주고, 계속 나를 부끄럽게 만들고 있다. 부끄럼이 한 점을 넘어 몇 점인지 헤아리기조차 어려우니 부끄럽고 부끄러울 뿐이다.

내가 좋아하는 광화문 글판에 그동안 윤동주 시인의 시가 몇 편 소개되었다. 2017년 그의 탄생 100주년을 맞이하여 봄 편에 「새로운 길」이, 2019년 겨울 편에 동시 「호주머니」가, 지난해인 2024년 가을 편에 「자화상」이 소개되었다. 운 좋게도 이 시들이 내 걸릴 때 서울 나들이를 하게 되어 눈으로 직접 만나볼 수 있었다. 다시 그 시들을 읽어봐도 진한 감동이 인다. 그런데 오늘 서울 나들이를 마치고 돌아오는 길에 광화문 글판이 아닌 서울역 전철 승강장에서 그의 동시 「호주머니」를 다시 만났다. 바로 내 앞의 스크린도어에 그가 1936년 19세 때 쓴 동시로 추정되는 이 시가 내 눈과 마주쳤다. 너무 반가워 미소를 띠고 얼른 다가가 읽어보았다. 어렸을 때 윤동주 시인의 모습이

상상되는 시다.

호주머니

  넣을 거 없어
  걱정이던
  호주머니는

  겨울이 되면
  주먹 두 개 갑북 갑북

"갑북 갑북"은 '가득'을 의미하는 평안도의 방언이다. 분량이나 수요 따위가 어떤 범위나 한도에 꽉 찬 모양으로 '가득'보다 센 느낌을 주는 말이다. 호주머니에 손을 넣고 서 있는 윤동주 시인의 어렸을 때 모습이 눈에 어린다. 그는 이같이 재미있는 동시도 여러 편 써서 남겼다. 1932년 중학교 때부터 동시를 쓰기 시작하였다. 그런데 1938년 서울의 연희전문학교(연세대학교 전신)에 입학한 21세부터는 동시는 안 쓰고, 시를 집중적으로 썼다고 한다. 서울이 시 창작실이 되었나 보다. 그에게 꿈의 문을 열어준 것을 보면 그렇지 않은가.

  윤동주 시인은 1917년 12월 30일 중화민국 길림성 화룡현 명동촌(현재 중화인민공화국 지린성 연변 조선족 자치주 룡정시 명동촌)에서 태어나 1945년 2월 16일 일본의 후쿠오카 형무소(현재 후쿠오카 구치소)에서 28세의 젊은 나이로 사망하였다. 그는 일본이 우리나라를 빼앗아 간 일제강점기에 태어나 일본으로부터 우리나라를 되찾기 전 죽음을 맞이하였다.

학교 다니며 공부하고, 시만 쓰다가 세상을 떠났다

그의 학력은 누구보다 화려하고 복잡하다. 고향인 중국 용정 명동촌에서 명동소학교(졸업), 다시 명동촌에서 20리 떨어진 화룡현립 제1소학교(졸업), 그리고 고향의 생가에서 이사를 한 뒤 용정의 은진중학교(중퇴), 평양의 숭실중학교(중퇴), 용정의 광명중학교(졸업), 경성(서울)의 연희전문학교(문과/졸업), 일본의 릿쿄대학 문학부(선과 생/중퇴), 일본의 도시샤대학 문학부(선과 생/제적), 도시샤대학(문학/명예박사) 등의 학력을 가지고 있다. 그의 최종 학력은 그가 일본 경찰에 체포되어 옥사하는 바람에 교토의 도시샤대학에서 끝이 났다. 그런데 순국 80주년을 맞이한 2025년 2월 16일 제적당한 도시샤대학에서 명예 문화박사학위를 수여했다.

그러면 무엇하겠는가. 그는 인생을 제대로 펼쳐보지도 못하고 이미 눈을 감았다. 고향의 명동촌에서 명동소학교에 입학한 후부터 일본에 유학하여서까지 공부만 하고 시만 쓰다가 죽고 말았다. 시인으로 문단에 정식 데뷔도 못 하고, 시집도 출간하지 못하고, 그렇게 공부만 하고 시만 쓰다가 세상을 떠났다. 그가 배우며 쌓은 지식을 제대로 나누지 못하고 가슴에 품은 채 그대로 하늘의 별이 되었다. 그는 빈손으로 태어나 빈손으로 떠난 게 아니다. 어마어마한 잠재력을 가지고 태어나 어마어마한 문학적 재능을 다 보여주지 못하고 28세의 청춘에 세상을 떠났다.

윤동주 시인과 숭실중학교 동창으로 같은 반이었다는 105세의 김형석 교수(1920~)는 지금도 강의를 계속하고 계신다. 서울 서대문의 안산 '철학자의 길'도 매일 걷고 계신다. 건강한 모습으로 윤동주와 함께한 그때 그 시절을 어제인 듯 이야기해 주신다. 그런데 윤동주 시인은 후학들을 위해 강의 한번 못 하고 20대의 젊은 나이로 아깝게 세상을 떠났다. 살아 있을 때의 모습이 담긴 영상은커녕 목소리도 남아 있지 않다. 목소리는 약간 허스키하다고 학우들이 증언한 적이 있다. 그나마 사진과 시들이 여러 점 남아 있음에 감사하다. 그는 잎새에 이는 바람에도 괴로워했다. 마음이 순수하고 여렸음을 알 수 있다. 그런 그의 모습이 담긴 사진과 남겨진 시들이 우리 곁에서 그를 대신하고 있다.

나는 그가 서울에 유학을 와서 다녔던 연세대학교의 전신인 연희전문학교를 몇 번 찾아갔다. 그의 발자국이 스며있고, 그의 숨결이 느껴지는 핀슨관에 〈윤동주기념관〉이 들어섰기 때문이다. 핀슨관은 윤동주 시인의 재학시절 기숙사 건물이었다. 그는 이 기숙사에서 1학년과 3학년 때 생활하며 주옥같은 시를 많이 썼다. 이 건물이 현재 그대로 있는 게 신기할 뿐이다.

인왕산과 정병욱 교수와의 인연

윤동주 시인은 연희전문학교에 입학하면서 서울 생활을 시작하였다. 1학년 때는 학교의 기숙사에서 생활하였고, 2학년 때는 기숙사를 나와 서대문구 북아현동과 중구 서소문동 등에서 하숙하였다. 이때 그가 좋아했던 정지용(1902~1950?) 시인의 집을 여러 번 찾아갔다고 한다. 그러나 성격으로 보아 정지용 시인과 직접 이야기를 깊이 나눈 적은 없는 모양이다. 그 당시 윤동주 시인뿐 아니라 많은 학생이 정지용 시인을 좋아했다.

그 후 3학년 때는 학교 기숙사로 다시 돌아와 생활했다. 그때 기숙사에서 신입생 정병욱(1922~1982) 교수와 운명적인 만남이 이루어졌다. 둘이 룸메이트를 하면서 인연이 시작되었다. 윤동주 시인은 정병욱 교수와 기숙사에서 생활하다가 4학년이 되면서 다시 기숙사를 나와 하숙하였다. 그리고 종로구 누상동 마루터기와 그가 존경했던 소설가 김송(1909~1988)의 집에서 정병욱 교수와 한 번 더 조우하게 된다. 2년 후배인 정병욱 교수는 경남 하동 출신으로 둘은 통하는 게 많았던 모양이다. 윤동주 시인은 그런 후배와 같이 인왕산 바로 아랫동네서 하숙하며 이때 많은 시를 썼다.

정병욱 교수가 후배이고, 나이도 다섯 살이나 아래인데 둘은 절친 사이로 지냈다. 이들 둘의 만남은 보통 인연이 아니었다. 정병욱 교수는 윤동주 시인의 친필 시를, 1944년 학병으로 징집되어 나가면서 전남 광양의 망덕포구에 살고 계신 어머니께 맡겼다. 그 시들이 보관되어 있었기에 세상 밖으로 나올 수 있게 되었다. 윤동주 시인이 죽어서도 고마움을 잊지 못할 후배 문우가 바로 정병욱 교수다. 생각만 해도 아찔하다. 1941년 윤동주 시인이 서문 격으로 쓴 「서시」를 비롯하여 18편의 시가 없었으면 윤동주 시인의 시가 세상 밖으로 나오기 힘들었다. 정병욱 교수의 어머니는 아들의 부탁으로 귀한 원고를 보자기에 싸서 항아리에 넣은 뒤 마루를 뜯고 마루 밑에 보관하였다. 유고 시집이 보관되었던 망덕포구 앞의 정병욱 교수 집은 현재 〈윤동주 유고 보존 정병욱 가옥〉으로 등록문화재 제341호로 지정되었다.

그의 숨결이 배어있는 서울의 인왕산 자락에 2012년 〈윤동주문학관〉이 문을 열었다. 그는 떠났지만 그를 기리고 기억하고자 마련된 문학관이다. 인왕산 자락의 고지대 주민들을 위해 지었던 청운 수도가압장과 물탱크가 쓸모없게 되면서 의미 있는 문학관으로 변모하였다. 이곳에는 그를 기억할 수 있는 많은 전시물이 관람객들을 맞이하고 있다. 그중 내가 좋아하는 윤동주의 시 「자화상」의 모티브가 된 나무로 된 우물틀도 전시되어 있다. 그의 고향 집에서 가져온 것이라고 한다. 그의 고향 집이 있는 중국 용정의 명동촌을 다녀와서 그런지, 그 우물틀을 만날 때마다 반갑고 가슴이 뭉클해진다. 〈윤동주문학관〉은 인왕산의 사계절을 품고 있어 언제 찾아가도 영혼이 맑아진다. 문학관에서 '윤동주 시인의 언덕'에 오르면 '서시정(序詩亭)'과 함께 서울을 굽어볼 수 있다. 윤동주 시인도 그 언덕에 서서 서울을 여러 번 굽어보았을 것이다.

나는 인왕산의 수성동계곡 아랫마을에 1980년대에 살았고, 윤동주 시인은 1941년에 살았다. 그가 하숙했던 하숙집과 아주 가까운 거리에 내가 결혼 후

3년가량을 살았다. 불과 200m도 안 되는 거리로 나는 그의 하숙집 바로 앞 길을 수시로 오갔다. 인왕산의 수성동계곡을 뒤덮고 1971년 지어졌던 옥인시범아파트에서 신혼생활을 했기에 그랬다. 그 아파트는 2011년 40년 만에 철거되었고 이제 그곳에는 겸재 정선의 〈인왕제색도〉를 토대로 수성동계곡이 부활하였다. 비록 이 동네서 오래 살지는 않았지만, 딸이 이곳에서 태어나 그런지 정이 많이 가는 동네다.

소원이 이루어지다

오래전부터 윤동주 시인의 팬이 되면서 우리나라에 그가 남긴 발자취를 따라 이곳저곳을 찾아다녔다. 한 번이 아니고 여러 번 그의 숨결을 느끼고자 찾고 또 찾아갔다. 그리고 나니 그의 고향 중국의 용정이 가고 싶어졌고, 그를 죽음으로 몰고 간 일본이 가고 싶어졌다. 평소 파울로 코엘료의 작품 『연금술사』 중에 "자네가 뭔가를 간절히 원할 때 온 우주는 자네의 소원이 실현되도록 도와준다네."라는 글귀를 좋아한다. 그런데 나의 간절함이 통했는지 소원이 이루어졌다. 2024년 지난해 여름, 윤동주 시인이 태어나 자란 생가와 그가 다녔던 학교가 있는 중국의 용정시 명동촌을 다녀오게 되었다. 그때의 설렘과 감회는 잊을 수가 없다. 지금도 가슴이 쿵쾅거린다. 윤동주 시인을 만나 같이 명동촌을 걷고 있는 느낌이 들었다. 그 정도로 감회가 깊었고, 울림 또한 컸다.

나는 윤동주 시인의 고향을 찾아가 그의 생가와 그가 뛰어놀았을 골목골목을 걷고 또 걸었다. 그가 다녔던 학교도 방문하였고, 윤동주 시인과 짝꿍도 해보았다. 그리고 용두레 우물도 찾아갔다. 그뿐 아니라 가장 큰 소원이었던 그의 묘소를 찾아가 그의 명복을 빌었다. 같은 해 3개월 먼저 한집에서 태어나 같은 해 같은 감옥에서 19일 차이로 죽음을 맞이한 고종사촌 형 송몽규의 묘소도 찾아가 참배하였다. 둘은 10m 정도의 거리를 두고 나란히 잠들었다. 이들 둘의 운명은 참으로 기막히다. 죽어서까지도 함께 할 운명을 타고났나 보다.

그리고 2025년 올해 봄, 윤동주가 더 넓은 세상으로 나아가기 위해 유학했던 일본을 다녀오게 되었다. 그의 순국 80주년 기념식이 열리고 한 달 뒤였다. 먼저 그의 첫 유학지인 도쿄의 릿쿄대학을 찾아갔다. 그는 이 대학의 문학부 영문과에 선과 생으로 등록한 후 수업을 들었다. 우리나라에서는 경성제국대학을 나와야만 대학교 졸업으로 인정하였기에, 다시 대학교 졸업을 위해 연희전문학교를 4년간 다니고 졸업했으면서도 일본으로 유학을 떠났던 모양이었다.

그의 첫 유학지인 도쿄의 릿쿄대학에서 1104호 동양철학사 강의실, 시를 쓰고 공부했을 구 도서관, 구 도서관 건물 1층의 복도에 마련된 작은 그의 기념관, 예배드리기 위해 그가 찾아갔을 예배당, 배고픔을 해결했을 식당과 매점 등을 기웃거렸다. 특히 그는 동양철학사 강의를 좋아했다고 한다. 이처럼 윤동주 시인의 숨결이 스며있을 교정 곳곳을 돌아보았다. 다행히 학생들이 방학 중이라 교정을 자유롭게 걸어볼 수 있었다. 시 낭송도 교정의 꽃 그늘에서 할 수 있었다.

도쿄에서 릿쿄대를 방문한 후 윤동주 시인이 그곳을 떠났듯 도쿄를 떠나 그가 이용했을 철길로 신칸센을 타고 교토로 향했다. 윤동주는 도쿄의 릿쿄대학을 떠나 교토의 도시샤대학 문학부 영문과에 선과 생으로 다시 입학하였다. 그는 도쿄의 릿쿄대학에서 한 학기를 공부했고, 이곳 교토의 도시샤대학에서는 두 학기를 공부했다. 도시샤대학에는 그의 시비가 세워져 있다. 대표작이라고 할 수 있는 「서시」의 시비다. 보슬비를 그대로 맞으며 시비를 찾아가 묵념하고 그의 명복을 빌었다. 그의 영정사진이 되어버린 연희전문학교 졸업 사진과 흰 국화 한 다발을 그에게 바쳤다. 그리고 1955년 윤동주 시인의 10주기 때 발행한 『하늘과 바람과 별과 詩』의 초판본과 똑같은 표지로 근래 발행된 유고 시집도 그의 시비 앞에 놓고 인사를 드렸다. 아울러 「서시」를 시인 한 분이 대표로 낭송하였다. 그리고 뒤이어 동행한 문인들 모두가 함께 낭송하였다.

그 옆에는 윤동주 시인이 존경하였던 정지용 시인의 시비가 세워져 있다. 그 앞에서도 묵념하고 정지용 시인의 명복을 빌어드렸다. 윤동주 시인은 정지용 시인의 시를 좋아해 그의 시집을 항상 곁에 놓고 지냈다고 한다. 윤동주 시인이 다녔던 도시샤대학을 먼저 졸업한 정지용 시인의 시비도 만나볼 수 있어 반가웠다. 정지용 시인의 시비에는 「압천(鴨川)」이란 시가 새겨져 있다. 압천은 교토에 흐르는 강이다. 두 분의 시비가 나란히 세워져 있어 울림은 배가 되었다. 정지용 시인의 「압천」 역시 고운 목소리로 또 다른 시인이 낭송하였다. 그리고 그가 그의 고향 충북 옥천을 생각하면서 「압천」보다 먼저 지은 시 「향수」를 모두 함께 노래했다. 그런데 분위기는 내려앉았다.

나는 정지용 시인과 윤동주 시인이 걸었을 도시샤대학의 교정도 걸었다. 보슬보슬 보슬비를 그대로 맞으며 걸었다. 두 시인의 발자국이 스며들었을 교정을 조용조용 걸어 보았다. 마침, 올해가 도시샤대학의 개교 150주년이 되는 해였다. 이 대학에서는 순국 80주년을 맞이한 윤동주 시인께 명예 문화 박사학위를 수여했다. 죽은 사람에게 박사학위를 수여하는 게 1875년 개교 이후 처음이란다. 윤동주 시인을 대신하여 그의 친동생 윤일주의 아들인 윤인석 성균관대 건축과 명예교수가 받았다. 큰아버지의 박사학위를 조카가 받았다. 윤동주 시인이 이 학교에서 마지막 강의를 들은 셈이었다. 이로써 그의 학업은 끝이 났고, 그의 꿈은 결실은커녕 확장하지도 못하고 그대로 무너져버렸다. 고국도 아닌 타국땅 일본에서 세상을 떠나고 말았다. 그것도 차디찬 일본의 감옥에서 홀로 생을 마감하였다.

윤동주 시인이 생애 마지막 강의를 들었던 도시샤대학을 돌아보고, 그의 교토 하숙집터를 방문했다. 이곳은 현재 교토예술대학이 들어서 있다. 하숙집으로 가는 길에 압천(鴨川)도 만났고, 그가 붙잡혀간 시모가모 경찰서도 지나갔다. 그는 이 경찰서에서 구금되어 조사를 받고, 재판을 받은 뒤 후쿠오카 형무소로 이송되었다. 하숙집터에 '윤동주유혼지비(尹東柱留魂之碑)'라고 쓴 표석이 세워져 있다. 이곳의 시비에도 「서시」가 새겨져 있다. 그 앞에서도 묵념하고 「서시」를 또다시 낭송하고 그의 명복을 빌고 또 빌었다.

그리고 그가 마지막으로 사진을 찍은 교토 우지시의 우지강변으로 갔다. 그 강변에도 그를 추모하는 '시인 윤동주 기억과 화해의 비(詩人 尹東柱 記憶 和解 碑)'가 세워져 있다. 2017년 그의 탄생 100주년 때 세운 시비다. 여기에는 「새로운 길」의 시가 새겨져 있다. 홍수가 나면 범람해 휩쓸려 내려갈 것 같은 교각 끝에 시비가 세워져 있다. 후미진 곳의 시비가 더없이 쓸쓸해 보였다. 그 앞에서도 묵념하고, 그의 명복을 다시 또 빌었다. 보슬비는 계속 보슬보슬 내렸다. 윤동주 시인의 반가움의 눈물인지, 그의 발자취를 찾아와 걷고 있는 나를 비롯한 문인들의 눈물인지 그칠 기세가 안 보였다.

착잡한 내 마음과는 달리 강물은 맑고 경치는 아름다웠다. 그가 학우들과 소풍 왔을 때 좋았겠다는 생각마저 들었다. 그는 여름방학을 맞이하여 고향 집으로 가기 전에 학우들과 이곳에서 야외 송별회를 했다. 도시락도 먹고 노래도 부르며 놀았다고 한다. 그가 부른 노래는 〈아리랑〉이었다고 한다. 그 노래를 부르면서 그는 고국과 고향 생각에 숙연해졌을 것이다. 우지강 위에 놓인 아마가세 구름다리 위에서 윤동주 시인이 학우들과 사진을 찍었듯이 나도 그 다리 위에서 나와 함께 하고 있는 문우들과 사진을 찍었다. 비는 그치지 않고 내 마음 깊은 곳까지 축축하게 적셨다.

생을 마감한 후쿠오카 형무소

윤동주 시인은 우지강변에서 아마가세 구름다리 위를 학우들과 걸은 뒤 얼마 후 경찰에 잡혀가 2년 형의 선고를 받았다. 그리고 그는 교토를 떠나 후쿠오카 형무소로 향했다. 나도 교토역에서 신칸센을 타고 후쿠오카 형무소로 향했다. 그가 살아서 마지막 길이 되었을 철길을 따라 후쿠오카에 도착하였다. 그러나 그는 형량을 채우기도 전에 죽음을 맞이하였다. 나와 그를 기리기 위해 함께하고 있는 문인들은 무시무시한 그 형무소 앞에 섰다. 그를 죽음으로 몰고 간 형무소는 옛 모습은 사라지고, 신축 건물이 괴물처럼 우뚝 서서 동행한 문인들과 나를 맞이하였다. 오가는 인적은 보이지 않았다. 후문 방향이라 그런지 보초(步哨)도 눈에 띄지 않았다. 적막감만이 맴돌았다. 형무소 울타리 안으로 보이는 일장기가 소름을 돋게 한다.

울타리 앞에 그의 영정사진이 되어버린 연희전문학교 졸업 사진을 놓고, 머리 숙여 그의 명복을 간절히 빌었다. 어느 곳보다 우울했다. 목이 메고 눈물이 흘러내렸다. 그런데 그날은 나의 기분과 상반되게 날씨는 화창했다. 하늘은 파랗고, 하얀 뭉게구름이 떠 있다. 윤동주 시인의 발자취를 찾아 일본에 온 날 중 가장 맑았다. 길가에는 매화가 만개하여 우울한 마음을 달래주려 애쓰고 있다. 하늘도, 매화도, 봄으로 향하고 있었다. 그는 올곧은 성품으로 올곧은 시를 남겼다. 그의 시는 그의 마음이 그대로 배인 정직한 시다. 그래서 내가 좋아한다. 큰 울림이 나에게 그대로 전달되어서다. 그런데 그런 그의 시가 그를 절명토록 만들었다. 하지만 그는 불멸의 시인이 되어 사랑받고 있다. 하늘의 빛나는 별이 되었다. 영원히 지지 않는 별이 되었다.

이렇게 나는 일본에서도 윤동주 시인의 발자취를 따라 곳곳을 걷고, 또 걸었다. 그러는 동안 그를 계속 만나 동행하면서 그를 공부하고 그를 배웠다. 그의 시비가 세워져 있는 곳들과 죽음을 맞이한 후쿠오카 형무소를 찾아가 그의 영혼이 평안하길 빌었다. 그리고 동행한 문인들과 시인의 시를 낭송·낭독했다. 그의 숨결이 배어있고, 발자취가 남아 있는 곳에서 더 큰 울림과 감동을 선물 받았다.

그가 남긴 발자취는 거룩하다

　이처럼 나는 한국·중국·일본에서 윤동주 시인을 만나 그의 발자취를 따라 그와 함께 걸었다. 그가 앞에 걷고, 내가 그의 뒤를 따라 걷는 느낌이었다. 그러는 동안 반갑기도 했고, 슬프고, 아프기도 했다. 윤동주 시인의 순국 80주년을 맞이하여 나는 그를 기리고 싶어 큰 용기를 내었다. 그의 발자취와 그의 숨결이 배어있는 곳을 답사한 결과물을 글과 현장의 사진을 곁들여 독자들 앞에 내놓는다. 부족함에 부끄러우나 일찍이 윤동주 시인에 빠져 그의 팬이 된 결과물이다. 독자들이 윤동주 시인의 삶을 더 사랑하고, 아울러 그의 시를 더 많이 사랑해 주기를 바라는 마음으로 용기를 냈다.
　비록 28세의 짧은 삶이었지만 그의 값진 삶에 박수를 보낸다. **윤동주 시인은 시 86편, 동시 34편, 산문 4편 등 124편의 작품을 남겼다.** 이밖에 작품의 제목만 남아 있는 게 하나 더 있다. 이 책에는 내 마음대로, 내 생각대로, 그때그때 끌리는 작품 20여 편만 실었다. 이들 작품 중 **친필 원고가 남아 있는 것은, 현재 맞춤법과 다르더라도 친필 원고를 그대로 옮겨 실었다.** 윤동주 시인의 숨결이 배어 있어서다. 그 외의 작품은 1955년 그의 순국 10주기 때 기념 유고 시집으로 정음사에서 발행한 초판본에서 그대로 옮겨 실었다. 그중 「서시」는 세 번이나 실었다. **앞으로의 내 삶에 부끄러움을 조금이나마 줄이기 위해서다.** 책의 구성이나 내용은 독자들이 쉽게 공감할 수 있도록 정리하였다. 독자들의 마음과 내 마음이 통했으면 좋겠다. 윤동주의 간략한 생애와 작품 창작 시기를 한눈에 알아볼 수 있게 **'윤동주의 생애와 작품 창작 연보'를 본문 뒤에 실었다.** 물론 본문에도 간간이 소개는 했으나 독자들이 조금 더 직관적으로 보실 수 있도록 정리해 실었다. 윤동주 시인의 생애와 그의 작품을 이해하는데, 도움 되었으면 하는 바람이다. 한 편, 한 편 작품을 찾아 읽어보시고, 필사(筆寫)하셔도 좋겠다.

윤동주의 친필 원고는 개작(改作) 등을 포함하여 시 144편과 산문 4편 등이 남아 있다. 그들은 2018년 5월 8일 대한민국의 국가 등록문화재 제712호로 지정되었다. 나는 그의 친필 원고 중 「서시」가 된 「하늘과 바람과 별과 시(詩)」, 「자화상(自畵像)」, 「소년(少年)」, 「눈 오는지도(地圖)」, 「돌아와 보는 밤」, 「병원(病院)」, 「새로운 길」, 「간판(看板) 없는 거리」, 「또 태초(太初)의 아츰」, 「새벽이 올 때까지」, 「무서운 시간(時間)」, 「십자가(十字架)」, 「슬픈 족속(族屬)」, 「눈감고 간다」, 「또 다른 고향(故鄕)」, 「길」, 「별 헤는 밤」 등 17편의 복사본을 가지고 있다. 복사본이긴 해도 그 친필 원고들을 보면 그를 만난 듯 가슴이 두근두근 뛴다. 그의 친필 원고 또한 예술이다. 그의 필체가 그대로 그이고, 그의 시다.

나는 그가 쓴 「서시」의 시구처럼 "죽는 날까지 하늘을 우러러 한 점 부끄럼이 없기를" 어렵겠으나 바라고 또 바라본다. 윤동주 시인이 첫 시집으로 출판하려던 『하늘과 바람과 별과 詩』의 서문(序文) 격으로 쓴 「서시」가 오늘도 나에게 큰 울림으로 다가온다. 이 시는 그가 서문으로 썼지만, 그의 대표작이 되었다. 세상을 밝히는 빛이 되고 있다. 윤동주 시인이 내 삶에 부끄럼이 없기를, 아니 덜 부끄럽도록 작품을 통해 성찰하게 한다. 경종(警鐘)을 울려준다. 덕수궁의 목단꽃도 더 이상 부끄럼을 만들지 말라고 활짝 웃어 주었지 않은가.

끝으로 이 책이 출판될 수 있도록 편집을 맡아준 안채원 편집자님을 비롯하여 미다스북스 출판 관계자님들께 감사드린다. 아울러 나와 윤동주 시인의 발자취를 따라 함께 걸어준 안양의 문인들께 진심으로 감사드린다. 그리고 윤동주 시인을 사랑할 수 있도록 윤동주 시인에 관한 책을 먼저 출판해주신 작가분들께도 이 자리를 빌려 머리 숙여 감사드린다. 내가 출판하는 이 책도 누군가에게 도움이 되면 좋겠다.

윤동주 시인의 순국 80주년을 맞이하여
2025년 푸르른 5월에

수필가 홍미숙 씀

1.
윤동주의 서울, 문학이 피어난 곳

청년 윤동주를 시인으로
만든 거리와 풍경

(1) 28년, 한 시인의 짧고도 뜨거운 생애

- 숨 가쁘게 살다 간 윤동주의 짧은 인생
- 연희전문학교 문과생으로 꿈의 문을 열다
- 중학교 같은 반 동창, 105세 김형석 교수가 그를 말하다
- 시인이기 전에 독립운동가
- 친구 중의 친구, 강처중
- 살아생전 시집(詩集)을 내지 못했다

(2) 핀슨관, 그 기숙사에 시가 머물렀다

- 윤동주기념관, 2층에 먼저 문을 열었다
- 처음으로 인쇄되어 활자화된 시 「공상(空想)」
- 기숙사 건물 전체가 윤동주기념관
- 윤동주에게 흠뻑 빠지다
- 마주보며 고향 이야기를 나누다
- 도머창이 있는 다락방
- 「투르게네프의 언덕」에서 윤동주를 읽다
- 고국에서 마지막 작품으로 「참회록(懺悔錄)」을 쓰다

(3) 누상동 하숙집과 수성동계곡, 시인의 숨결이 깃든 자리

- 서울은 윤동주의 거대한 시 창작실
- 소설가 김송의 집에서 후배 정병욱과 하숙
- 누상동 하숙집과 인왕산 치마바위

(4) 윤동주문학관, 침묵 속에 그가 살고 있다

- 영혼의 가압장
- 시인의 언덕에 올라

(5) 내를 건너서 숲으로 도서관, 숭실의 시간과 연결되다

- 「새로운 길」이 도서관 이름을 선물하다
- 평양 숭실중학교에서 식민지의 그늘과 맞닥뜨리다
- 숭실중학교가 서울에 세워지다

(6) 정병욱 가옥, 시를 지켜낸 우정의 보금자리

- 윤동주가 영원히 고마워할 후배 정병욱
- 광양의 망덕포구, 별 헤는 다리
- 동주(東柱)야! 몽규(夢奎)야! 창밖에 있거든 두다리라
- 『병원(病院)』이라 불릴 뻔한 첫 시집
- 목숨처럼 소중히 지켜낸 윤동주의 시

[1]

28년, 한 시인의
짧고도 뜨거운 생애

숨 가쁘게 살다 간 윤동주의 짧은 인생

> 서울 연희전문학교 윤동주의 졸업 사진 모습이다.
> 1941년에 찍은 졸업 사진은 1945년 그가 별이 되었을 때 영정사진이 되어버렸다.

윤동주(1917~1945)는 지금은 중국 땅이 되어버린 북간도에서 1917년 12월 30일 태어나 1945년 2월 16일 28세의 나이로 일본에서 세상을 떠났다. 2025년 올해, 그가 순국한 지 80주년이 되었다. 의미 있는 해를 맞이하여 그를 추모하는 행사가 여러 곳에서 열렸다. 그가 다녔던 연희전문학교의 후신인 연세대학교에서는 지난 2월 14일 오전 11시 루스채플 예배당에서 윤동주와 송몽규의 80주기 추모식을 거행하였다.

그리고 순국한 2월 16일에는 그가 일본 유학 중 마지막으로 다녔던 교토의 도시샤대학교에서 그에게 명예 문화 박사학위를 수여했다. 윤동주를 대신하여 남동생 윤일주의 아들 윤인석 성균관대 명예교수가 받았다. 한편, 그의 첫 유학지였던 도쿄의 릿쿄대학교에서도 2월 23일 윤동주의 시 낭독식을 열었다. 릿쿄대 졸업생들은 사비로 2009년 한일 양국 어로 시(詩) 낭독 CD를 낸 데 이어 제2집 CD를 발매하였다. 그리고 2025년 올가을, 릿쿄대학교에서 윤동주의 기념비를 세울 예정이라고 대학 총장이 발표했다.

윤동주는 일본에 유학하기 전 서울에 많은 발자취를 남겼다. 그런 그를 기리기 위해 2012년 7월 12일 〈윤동주문학관〉을 개관하였고, 이어 2020년 12월 30일 윤동주 탄생일에 맞추어 〈윤동주기념관〉을 개관하였다. 또한 2017년 윤동주 시인의 탄생 100주년을 맞이하여 〈내를 건너서 숲으로〉라는 기념 도서관도 개관되었다. 서울 은평구 신사동에 자리한 이 도서관은 윤동주 시인을 기리기 위한 도서관이다. 도서관 인근에 윤동주 시인의 모교였던 숭실중·고등학교(옛 숭실중학교)가 자리하고 있다. 원래 그가 다녔던 숭실중학교는 북한의 평양에 있었다.

윤동주는 유복한 집안에서 개신교 장로이자 소학교 교사인 아버지 윤영석과 어머니 김용 사이에 7남매 중 장남으로 태어났다. 위로 누이 둘이 연이어 요절한 후에 그가 태어났다. 그러니 어렵게 얻은 그것도 아들로, 집안의 기대가 남달랐다고 한다. 그의 아명은 해처럼 빛나라는 의미인 '해환(海煥)'이다. 남동생 윤일주(1928~1985)는 '달환(達煥)', 30대 때 세상을 떠난 남동생 윤범환(1930~1966)은 '별환', 막내 남동생 윤광주(1932~1967)는 성주였다. 그리고 바로 아래 여동생으로 윤혜원(1924~2011)이 있다. 이 여동생이 7남매 중 그래도 가장 오래 살다가 세상을 떠났다.

윤동주가 태어나 자란 곳은 중국 지린성 룽징시 명동촌(明東村)이었다. 중화인민공화국 지린성 연변 조선족 자치주에 있는 도시다. 우리가 명동촌으로 알고 있는 곳은 북간도, 또는 동간도라고도 부른다. 이곳은 원래 북간도의 척박한 땅이었다. 그런데 1899년(고종 36년) 함경도 출신의 김약연, 김하규, 문병규 등이 141명의 식솔을 이끌고 명동촌으로 집단 이주한 후 윤동주의 조부인 윤하현도 합류하였다. 북간도 최대의 한인촌으로 발전한 명동촌은 '동방을 밝히는 곳'이라는 뜻을 지니고 있다.

만주와 북간도, 서간도의 위치를 알아볼 수 있는 지도의 모습이다.
만주와 연해주가 우리나라 땅이 아닌 게 안타까울 뿐이다.

윤동주의 증조부인 윤재옥은 함경북도 종성군 동풍면 상장포에 거주하다가 1886년(고종 23년) 중국의 길림성 사동으로 이주하였으며, 독실한 장로교회 장로였던 할아버지 윤하현은 북간도에 최초의 조선인 마을 명동촌으로 삶의 터전을 옮겼다. 윤동주의 아버지 윤영석(1895~1965)은 1910년 명동 학교의 설립자인 김약연(1868~1942)의 여동생인 김용과 결혼하였다. 당시 윤영석은 상당한 지식인으로 명동 중학교를 졸업하고 1913년 3월 18세에 베이징 유학을 다녀와 명동 학교 교원이 되었다. 그 후 1920년대 일본으로 건너가 도쿄에서 다시 유학을 하기도 했다.

　더 나아가 윤동주의 외가는 대단한 집안으로 그에게 애국심과 순수한 감수성을 키워주었다. 외삼촌 김약연은 그 당시 북간도에 깔려있던 독립 정신과 온 집안이 믿어온 기독교사상을 그에게 심어주었다. 김약연은 '북간도의 대통령'으로까지 불리던 독립운동가였다. 이런 가정환경 속에 태어나 자란 윤동주는 끊임없이 공부하고, 민족시인으로 성장할 수밖에 없었다. 김약연은 한국의 독립운동가이며, 교육자로 우리나라에서 1977년 건국훈장 독립장을 받아 독립 유공자로 일찍이 인정받았다. 그는 가족과 제자들이 유언을 묻자 "내 삶이 유언이다."라고 말한 분이다. 그의 인품에 전율이 일고, 존경심이 저절로 든다.

　그런데 이런 가문에서 태어나 자란 윤동주의 학력은 그 누구보다 복잡하였다. 너무 많은 학교를 옮겨 다녔다. 그는 외삼촌이 세우고, 아버지가 교사로 있던 명동소학교를 졸업한 후 중퇴를 수시로 하였고, 제적까지 당한 적이 있다. 그가 다닌 학교를 보면 명동소학교 졸업 후 다시 중국의 화룡현립 제1소학교(졸업), 은진중학교(중퇴), 숭실중학교(중퇴), 광명중학교(졸업), 연희전문학교(문과/졸업), 일본 도쿄의 릿쿄대학 문학부(선과 생/중퇴), 일본 교토의 도시샤대학 문학부(선과 생/제적), 도시샤대학 문학부(명예박사) 등이다. 여러 학교를 옮겨 다니면서 중퇴와 제적을 4회나 하였다. 어쨌거나 그는 끊임없이 도전에 도전을 거듭하였다. 그러면서 시인으로 성장할 수 있었다.

　윤동주는 중국 땅이 되어버린 간도(間島)에서 조선인 만주 이민 4세대로 태어났다. 현재와 달리 그때는 일본의 식민지로 우리나라가 일본의 통치하에 있었다. 그로 인해 중국의 용정·북한의 평양·우리나라의 서울·일본의 도쿄와 교토가 커다란 하나의 생활권으로 활동할 수 있었다. 그랬기에 윤동주가 한·중·일을 자유롭게 오가며 학교에 다닐 수 있었다. '지금도 그때처럼 남북이 하나의 생활권이면 얼마나 좋을까?'라는 생각을 하게 만든다. 하지만 그때 자유롭게 오갈 수는 있었으나 일본에 나라를 빼앗긴 상황이니 부러워할 일만도 아니다. 일본에 나라를 빼앗겼으니 가슴 아픈 일이었고, 기죽어 살 일이었다. 35년 만에 일본에서 해방되어 빼앗긴 나라를 되찾았으나 현실은 북한의 평양을 자유롭게 오갈 수조차 없게 되었다. 한 민족끼리 가슴 아픈 일은 여전히 현재진행형이다.

윤동주는 고향에서 명동소학교를 졸업하고, 중국의 화룡 현립 제1소학교도 졸업하였다. 그리고 태어나 자란 명동촌에서 온 가족이 이사를 한 뒤 은진중학교에 입학하여 4학년 1학기를 마치고 중퇴한 후, 5년제였던 평양의 숭실중학교 3학년 2학기에 편입하였다. 한 학년을 낮추어 들어간 것이다. 그런데 이 학교가 1935년 연말부터 신사참배 문제로 당국과 갈등을 겪고 있었다. 급기야 1936년 1월 20일부로 총독부 학무국장의 명령으로 교장이 해임되고, 동맹휴교가 이어지면서 공전하게 되었다. 그 결과 윤동주는 상급학교 진학을 위해 평양으로 유학하였으나 불과 반년 만에 숭실중학교를 중퇴하고(4학년 수료) 고향으로 돌아올 수밖에 없었다.

평양으로 유학을 떠났다가 되돌아온 그는 1936년 4월 간도의 유일한 일본식 5년제 중학교였던 용정의 광명중학교(광명학원 중학부)에 다시 4학년으로 편입하였다. 그 뒤 그는 1937년 12월 광명중학교 5학년을 마친 후 대성중학교를 졸업한 그의 고종사촌 형 송몽규와 함께 구제전문학교 입시를 준비하였다. 집안에서 그에게 경성의전이나 세브란스의전 등의 의대나 경성법전 진학을 강력하게 원했다. 그럼에도 윤동주는 문과를 고집하였다. 이에 "문과 졸업하면 신문기자밖에 더 되냐?"라는 부친과 매일 이 문제로 충돌해서 집에서 밥그릇, 물그릇이 날아다닐 정도였다고 한다. 이를 보다 못한 할아버지가 그의 고집에 손을 들면서 그는 문과 지원을 할 수 있었다. 할아버지도 아버지의 뜻과 같았으나 부자간의 싸움이 너무 심해지자 어쩔 수 없이 중재에 나섰다고 한다.

연희전문학교 문과생으로 꿈의 문을 열다

결국 윤동주는 고종사촌 형 송몽규와 함께 1938년 4월 9일 서울의 연세대학교 전신인 연희전문학교 문과에 입학하는 데 성공했다. 그때 그의 나이가 21세였다. 연희전문학교는 그에게 여섯 번째 입학한 학교가 되었다. 그만큼 여러 학교를 옮겨 다녔다. 어떻든 그가 원하는 국학 연구의 산실이었던 연희전문학교에 입학하여 그가 그토록 원하던 꿈의 문이 열렸다. 한글학자 최현배(1894~1970) 교수에게 체계적인 한글을, 손진태(1900~?) 교수에게 민족과 세계 역사를, 그리고 이양하(1904~1963) 교수에게 영시를 배웠다. 그리고 정인섭(1905~1983) 교수에게 세계 문학을 배웠다. 그러면서 과제로 쓴 산문 「달을 쏘다」를 1939년 1월 23일 자 〈조선일보〉에 발표하기도 했다. 그는 동시도 쓰고, 산문도 썼다. 그에게 연희전문학교 강의실과 캠퍼스, 기숙사 방은 시 창작의 산실이 되었다.

윤동주가 부푼 꿈을 안고 유학을 온 서울의 연세대학교 전신인 연희전문학교 시절 기숙사(핀슨관)의 모습이다. 그런데 현재도 옛 모습 그대로다. 이곳은 이제 <운동주기념관>이 되었다. 윤동주가 동시도 쓰고, 산문도 썼지만, 그의 시 창작실로 일등 공신 역할을 한 곳이다. <운동주기념관> 언덕 아래로 서시(序詩)의 시비가 서 있다.

그는 동서양의 고전, 철학, 예술뿐 아니라 새롭게 등장한 사상들에 대한 호기심도 많아 다양한 책들을 탐독하였다. 그러면서 쉽고 아름다운 시어로 작품을 쓰려고 노력하였다. 그는 라이너 마리아 릴케(1875~1926), 폴 발레리(1871~1945), 앙드레 지드(1869~1951), 프란시스 잠(1868~1938), 마르셀 프루스트(1871~1922), 이반 투르게네프(1818-1883) 등의 작품을 비롯한 세계 문학도 탐독했다. 윤동주는 연희전문학교 4년 재학 중 800권의 책을 읽을 정도로 독서광이었다. 그 시대에 누구라도 부러워할 만한 사람으로 살아간 윤동주다.

그는 특히 정지용(1902~1950) 시인을 좋아했다. 『정지용 시집』이 1935년 발행되자 이듬해 1936년 3월 19일, 이 시집을 샀다. 그리고 속 표지에 책을 산 날짜를 써 놓고, 책에 밑줄을 그어가며 메모도 하고 탐독하였다. 그의 신문 기사 스크랩 등을 보면 정지용의 시가 가장 많고, 그 외에 이상(1910~1937), 김영랑(1903~1950), 백석(1912~1996) 등 다양한 시인들의 작품을 스크랩하기도 했다. 독서광이었던 그는 연희전문학교 재학 중에는 여름방학과 겨울방학 두 차례 고향의 용정을 꼭 방문하였다. 그럴 때마다 그는 태극기, 애국가, 기미독립운동, 광주학생사건 등의 이야기를 동생들에게 들려주었다고 한다. 애국자는 애국자였다.

그의 오촌 당숙인 윤영춘(가수 윤형주의 아버지)은 윤동주가 최현배 교수를 깊이 존경했고 그의 영향을 많이 받아서 연희전문학교 입학 후 조선어로 정제된 시를 쓰게 되었다고 한다. 그는 고종사촌 형 송몽규와 함께 연희전문학교 문과 학생회의 문예지인 『문우』 발행에 참가하기도 하였다. 연희전문학교에서 수학하던 시절은 그의 인생에서 가장 행복했던 시기였으며, 이때 그의 많은 명시가 탄생하였다. 그의 꿈이 확장되어 실현되는 시기였다. 그 당시 연희전문학교에 합격한 명단이 남아 있어 소개한다.

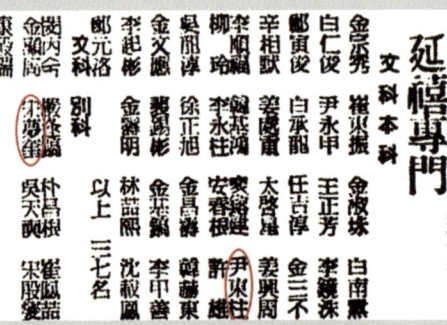

연희전문학교 문과 본과 합격자 명단이다. 송몽규와 윤동주가 합격 되었음을 알 수 있다. 붉은색으로 표시된 게 송몽규와 윤동주의 이름이다.

윤동주는 1938년 서울의 연희전문학교 문과에 입학하여 학교 기숙사 핀슨관에서 송몽규, 강처중과 룸메이트가 되어 열심히 꿈을 키워갔다. 4년가량 공부하면서 많은 것을 배우고 익혔다. 그는 전시(戰時)로 학제가 단축되어 1941년 12월 27일 예정보다 3개월 정도 일찍 졸업했다. 그 후 윤동주와 송몽규는 고향으로 돌아가 북간도(중국)에 한 달 반 정도 머무르며 일본 유학을 준비하였다. 그리고 둘은 일본으로의 유학을 떠났다.

그가 일제강점기 때 시인으로, 독립운동가로 짧은 생애를 살았지만, 특유의 감수성과 삶에 대한 고뇌, 독립에 대한 소망이 서려 있는 작품들로 인해 한국 문학사에 큰 영향을 미쳤다. 사실상 김소월(1902~1934), 한용운(1879~1944) 등과 함께 한국에서 대중적으로 가장 유명한 시인이라고 해도 틀린 말이 아니다. 특히 그의 유고 시집인 『하늘과 바람과 별과 詩』에 수록된 대표작이라고 할 수 있는 「서시」는 한국인 치고 모르는 사람이 거의 없을 정도다. 유명한 시로 지금도 자주 읽히고 교과 과정에서도 배우고 있다. 원래 이 시는 『하늘과 바람과 별과 詩』에 서문 격으로 쓴 글이라고 한다. 애초에 제목이 없었다고 한다. 「서시」란 제목은 1948년 윤동주 유고 시집을 정음사에서 출간할 때 윤동주의 친동생 윤일주와 윤동주의 후배인 정병욱이 서로 논의하여 지었다고 알려져 있다. 그런데 그의 대표작이 되었다. 이 시는 나를 부끄럽게 만들고, 성찰하게 만드는 대표 시다.

중학교 같은 반 동창, 105세 김형석 교수가 그를 말하다

2025년 현재 105세가 되신 연세대학교 김형석(1920~) 명예교수가 윤동주(1917~1945)와 평양의 숭실중학교 동창이라신다. 그것도 한 반이었단다. 김형석 교수는 평안북도 운산군 출신이다. 이 교수는 그 당시 도쿄의 대학교 재학생들은 학도병으로 나가야 하는 강제적인 분위기였다고 말했다. 김형석 교수도 일본으로 유학하여 일본에서 대학을 나오셨다. 윤동주와 함께 공부했던 분이 지금도 살아계신 게 신기할 뿐이다. 김형석 교수는 살아 있는 근현대사 역사책이다. 살아있는 역사 교과서이다.

김형석 교수는 일제강점기와 한국전쟁, 민주화 운동기를 거쳤고, 도산 안창호(1878~1938) 교수의 강연을 듣고 성장했으며, 윤동주와 같은 반에서 공부했다. 나이는 김형석 교수가 윤동주보다 세 살 아랜데 같은 반에서 공부했다고 한다. 그 이유는 윤동주가 중학교를 전학도 가고, 중퇴도 했기 때문이었을 것이다. 김형석 교수에게 김수환(1922~2009) 추기경은 후배였고, 한국을 대표하는 철학자 안병욱(1920~2013)·김태길(1920~2009) 교수는 동갑내기 친구였다. 또한 박두진(1916~1998)·박목월(1915~1978)·구상(1919~2004) 시인과도 서로 교류가 있었던 사이었다. 내가 존경하는 작가들이 모두 김형석 교수와 함께 한 분들이었다. 그분들 이름만 들어도 가슴이 벅차오른다. 김형석 교수님께 감사하고, 건강을 빌고 또 빌 뿐이다.

김형석 교수와 중학교 동창인 윤동주는 1942년 일본으로 건너가 도쿄 릿쿄대학(立教大学) 영문과에 입학하였고, 6개월 후에 중퇴하고 교토 도시샤대학

⑷志社大學) 문학부로 전학하였다. 그러나 그는 불령선인(不逞鮮人)으로 지목되어 일본 경찰의 감시를 당하게 되었다. 이것은 1910년 일제가 조선인 중 자신들의 명령 및 지도를 따르지 않고 저항 및 반항하는 조선인들을 지목하여 만든 용어다. 그리고 불령선인으로 지목된 이들의 행동을 파악하고 감독하였다. 급기야 윤동주는 1943년 7월 14일, 고향에 돌아가기 전 치안유지법에 따른 사상범으로 일본 경찰에 체포되어 구금되었다. 윤동주는 그가 거주했던 지역 일대를 관할하는 교토의 시모가모(下鴨) 경찰서로 잡혀갔다. 그곳에 8개월 가량 구금되어 조사받은 뒤 이듬해 교토 지방 재판소에서 2년 형을 선고받고 후쿠오카의 형무소에 수감되었다.

현재 살아계신 김형석 교수가 윤동주와 평양의 숭실중학교 동창이라는 게 아무리 생각해 보아도 신기할 뿐이다. 왜냐하면 윤동주는 아주 오래전 역사 속의 인물로 생각되기 때문이다. 윤동주가 희생된 일제강점기도 아주 오래 전 일로 생각되기에 그렇다. 김형석 교수의 동창생인 윤동주는 28세에 하늘의 별이 되었지만, 김형석 교수는 100세가 넘으셨으나 현재도 강의를 꾸준히 하고 계신다. 그뿐 아니라 매일매일 서울 서대문구 연희동의 안산 자락 산책길을 걸으신다. 그 길이 지난 7월 1일 '철학자의 길'이 되었고 개장식을 하였다. 철학자의 길은 괴테 등 유명 철학자가 살았던 독일 하이델베르크가 대표적인데 김형석 교수로 인해 우리나라에도 철학자의 길이 탄생하였다. 김형석 교수는 대한민국의 국보라 할 수 있다. 살아있는 역사 교과서가 바로 김형석 교수이기 때문이다. 다시 생각해 보아도 윤동주와 중학교 동창으로 같은 반에서 공부한 분이 현재 우리나라에 살고 계신다는 게 자꾸자꾸 신기할 따름이다. 든든하고 감사한 마음 가득하다. 오래오래 건강하셨으면 좋겠다.

시인이기 전에 독립운동가

　오늘날 일반인들은 윤동주 하면 주로 시인이란 생각만 할 것이다. 그러나 그는 시인이기 전에 독립운동가였다. 그가 직접적인 무장투쟁은 하지 않았지만 뜻을 굽히지 않은 저항시, 그리고 나라 잃은 민족의 고뇌에 대한 시를 주로 썼다. 2010년 세상에 공개된 윤동주 재판 관련 문서를 살펴보면 놀라운 점이 많다. 윤동주는 일본 경찰에 체포되어 당시 악랄했던 일제 재판관 앞에서도 당당했다. 내성적인 이미지는 사라지고 형사 앞에서 조선 독립에 대한 열망과 대책을 거침없이 토로하기를 마다하지 않았다. 그 당시 더 이상 조용한 시인의 이미지가 아닌 독립투사의 이미지가 선명하게 드러났다. 그의 판결문(判決文)에는 민족의식을 고취하여 독립을 쟁취하기 위한 구체적인 운동 방침을 논의했다는 사실도 적시돼 있다. 그런 행동들이 그를 죽음으로 몰아간 이유가 되었다.

　윤동주 본인은 독립운동에 가담하면서도 일본 유학으로 인해 민족이 걸어가야 하는 길과 다른 길을 걷는 것 같아 자신의 행적에 대해 반성하곤 하였다. 이에 대한 부끄러움을 시로도 나타냈다. 1930년대부터 일제의 강압과 회유책에 많은 문우가 절필하였다. 더 이상 꿋꿋하게 글을 쓰기가 어려워져 마음을 바꾸는 세태가 이어졌다. 그러나 윤동주는 그 속에서 죽는 날까지 독립을 위한 시를 쓰다가 죽었다. 그랬기에 이육사(1904~1944)와 더불어 그가 민족 시인으로 추앙받고 있다.

　1944년 3월 31일 교토지방재판소 제1 형사부 이시이 히라오 재판장의 명의로 된 **윤동주의 판결문**에 징역 2년 형을 선고하면서 **"윤동주는 어릴 적부터 민족학교 교육을 받고 사상적 문화적으로 심독(心讀)했으며 친구 감화 등에 의해 대단한 민족의식을 갖고 내선(일본과 조선)의 차별 문제에 대하여 깊은 원망의 뜻을 품고 있었고, 조선 독립의 야망을 실현 시키려는 망동을 했다."**

라고 적혀 있다. 판결문에 나오는 친구는 그의 고종사촌 형 송몽규일 것이다. 그 결과 교토지방 재판소에서 4일 먼저 잡혀간 고종사촌 형 송몽규와 함께 치안유지법 제5조 위반죄로 똑같이 징역 2년을 선고받은 뒤 후쿠오카 형무소로 이송되고 말았다.

그리고 그는 후쿠오카 형무소에 갇힌 지 1년도 채 안 된 1945년 2월 16일 오전 3시 36분 옥사하였다. 그가 사망하자 북간도 고향 집으로 "2월 16일 동주 사망, 시체 가지러 오라."라는 사망통지서가 도착하였다. 그의 죽음은 이렇게 고향의 부모님께 알려졌고, 시신은 화장된 뒤 가족들에게 인도되었다. 그리고 그해 3월 장례식을 치른 후 중국 지린성 연변 조선족 자치주에 있는 용정시에 그의 유해가 묻혔다. 그때 나이 28세다. 그의 할아버지 윤하현의 비석으로 쓰기 위해 마련한 흰 돌을 윤동주의 비석으로 사용하였다. 할아버지와 아버지보다 먼저 죽음을 맞이한 그였다. 그는 가족에게 크나큰 상처를 입히고 말았다. 그런데 그 비석에 처음으로 할아버지와 아버지가 '시인(詩人)'이라고 명명해 주었다. 묘소 앞에 세운 비석에 "詩人尹東柱之墓(시인윤동주지묘)"라고 새겨 넣었다. 그를 가족이 가장 먼저 시인으로 인정하였다. 윤동주가 눈물을 펑펑 흘릴 일이었다.

윤동주의 사망통지서를 받고 그의 아버지 윤영석과 당숙 윤영춘이 시신을 인수, 수습하러 일본으로 건너갔다. 그런데 2월 18일 뒤늦게 또 "동주 위독하니 보석할 수 있음. 만일 사망 시에는 시체를 가져가거나 아니면 큐슈제대(九州帝大) 의학부에 해부용으로 제공할 것."이라는 속달 우편 통지가 도착하였다. 후일 윤동주의 동생 윤일주는 이를 두고 "사망 전보보다 늦게 온 이것을 본 집안 사람들의 원통함은 이를 갈고도 남음이 있었다."라고 회고하였다. 그보다 사망 전보를 먼저 받아본 게 천만다행이었다. 생각만 해도 아찔하고 끔찍하고 무시무시한 우편 통지서였다.

놀라운 사실은 후쿠오카 형무소를 찾아 윤동주의 시신을 확인하기 전에 당숙 윤영춘은 피골이 상접(相接)한 송몽규를 면회하였다. 그때 송몽규로부터 이름 모를 주사를 강제로 맞고 있으며 동주가 죽은 이유도 주사 때문일 것이라는 증언을 전해 들었다. 이는 일제의 생체실험 일환이었다는 주장이 제기되는 이유다. 생각하면 할수록 잔인하고 끔찍하다. 윤동주의 시신은 1945년 3월 6일 후쿠오카 시립 화장장에서 화장되어 뼛가루만이 고향으로 돌아와 윤동주의 친구인 문익환의 아버지 문재린 목사의 집례로 장례식을 치렀다. 장례식 때는 연희전문대학의 교지 『문우』에 발표된 「자화상」과 「새로운 길」이 낭독되었다. 유해는 용정 동산(東山)의 중앙교회 묘지에 묻혔다. 그는 건강한 청년이었으나 젊은 나이에 죽고 말았다.

이처럼 억울하게 죽음을 맞이한 윤동주에게 1962년 3월부터 독립 유공자를 대량으로 발굴 포상할 때 건국 공로 훈장 서훈이 신청되었다. 그러나 유족들이 사양하였다. 그 뒤 그가 순국한 지 45년이 되는 1990년 8월 15일 광복절에 건국훈장 '독립장'을 추서하였다. 다행히 그가 우리나라 대한민국의 독립 유공자가 되었다. 윤동주의 본적은 함경북도 청진시 포항동 76이고, 본적을 대체하는 등록기준지는 충청남도 천안시 동남구 목천읍 독립기념관로 1(독립기념관)이다. 그리고 1985년에는 그의 시 정신을 계승하기 위한 윤동주 문학상이 한국문인협회에 의해 제정되었다. 오늘도 내일도 윤동주 시인의 명복을 빌고 빈다.

친구 중의 친구, 강처중

윤동주에겐 고종사촌 형 송몽규 말고도 많은 친구가 있었다. 그중 절친이었던 강처중(1917~1950?)은 윤동주가 일본에 유학하면서 편지 속에 그의 마지막 시를 함께 넣어 보내준 친구다. 윤동주는 일본 유학 시절에 한국에서 있었을 때보다 더 많은 시를 썼을 것으로 예측된다. 그러나 1944년에 '치안유지법 제5조 위반 독립운동 죄'로 체포되었을 당시, 거의 모든 시가 압수되어 처분된 것으로 알려져 있다. 우리나라의 독립을 위해 피를 토하는 심정으로 썼을 그의 시들이 그대로 사라진 게 너무나 안타깝다. 일본 유학 시절에 쓴 시는 강처중에게 보낸 5편만 남아 있다. 이 시들이 윤동주가 마지막으로 남긴 작품이 되었다.

강처중은 함경남도 원산 출신으로 연희전문학교 문과생 중 전교 1, 2등을 할 정도로 학업성적이 우수한 학생이었다. 또한 문우회 회장을 지낼 만큼 리더십이 뛰어났으며 '영어 도사'라는 별명이 말해주듯 영어 실력도 문과 동기 중 가장 뛰어났던 것으로 전해지고 있다. 윤동주 역시 훌륭하지 않았다면 강처중 같은 훌륭한 친구를 곁에 두지 못했을 것이다. 갑자기 우정(友情)이란 단어가 떠올라 가슴이 뭉클해진다. 둘 사이에 오갔던 정이 진한 우정을 느끼게 해준다.

무엇보다 강처중은 윤동주가 도쿄에서 자신에게 보낸 편지 속에 담겨있던 5편의 시를 공개함으로써 윤동주 시문학의 지평을 넓혀 주었다. 이 시들은 윤동주가 일본에서 유학할 당시 한국의 강처중에게 보내준 것이다. 1947년 시끄러운 해방공간에서 강처중은 경향신문 기자로 봉직하면서 무명 시인 윤동주의 작품을 독자들에게 소개하였다. 또한 후배 정병욱이 보관하고 있던 윤동주의 자선 시집 안에 있던 19편과 강처중 자신이 보관하고 있던 작품 가운데 12편을 추려내 그의 순국 3주기를 맞이하여 작품집을 발간했다. 1948년 1월 총 31편의 작품이 담긴 정음사 판 『하늘과 바람과 별과 詩』 초간본을 발간했다. 윤동주의 최초 시집이다. 다행히 윤동주는 시집 제목을 남기고 떠났다. 다시 생각해 봐도 강처중이나 정병욱이나 진정한 우정이 무엇인지를 보여준 윤동주의 보물 같은 친구들이다. 윤동주를 향한 이들의 우정이 없었다면 오늘날 윤동주는 시집을 낼 수도 없었고, 빛나는 시인이 될 수도 없었다. 정말 이들의 우정은 감동 플러스이다. 요즘 세상에도 이런 친구들이 있을 것이라고 믿는다. 이들의 우정이 나와 친구들과의 관계 척도를 되돌아보게 한다. 반성하게 만든다.

윤동주가 옥사하고 첫 유고 시집을 낼 때 서문(序文)은 그가 그토록 존경하였던 정지용 시인이 썼고, 발문(跋文)은 친구였던 강처중이 썼다. 발문을 써 줄 정도로 강처중은 윤동주의 친구 중의 친구였다. 강처중은 일본 유학을 떠난 윤동주가 서울에 두고 간 「참회록(懺悔錄)」 등 필사본의 시집에 들어가지 않은 원고와 그의 장서, 졸업앨범, 앉은뱅이책상 등을 죄다 보관했다가 광복 후 서울에 온 윤동주의 동생 윤일주에게 전해줌으로써 후세인들이 윤동주의 생생한 체취를 맡을 수 있게 해주었다.

윤동주와 송몽규가 일제의 만행으로 사망한 직후 불과 6개월 뒤 우리나라는 일본으로부터 해방이 되었다. 그 기쁨으로 다들 정신없이 보내다가 1947년 2월 윤동주 사망 2주기를 앞두고 그를 기억하는 사람들이 한자리에 모였다. 그리고 그의 시를 세상에 알리는 것이, 그를 추모하는 유일한 방법이라는 것에 의견을 모았다. 이 일을 아니나 다를까, 친구 중의 친구인 강처중이 도맡아 했다. 윤동주의 연희전문학교 문과 동기생이었던 강처중은 타고난 친화력과 리더십으로 윤동주와 함께 학창 시절을 꽃피웠고, 재가 되어버린 친구 윤동주의 삶이 시로써 빛나도록 하는 데 큰 공로를 세웠다.

강처중으로 인해 또다시 친구의 진한 우정에 대해 생각해 보게 된다. 윤동주 시인은 스스로 꿈을 펼치지도 못하고 세상을 떠났으나 친구들에 의해 꿈이 펼쳐졌다. 시인으로 죽어서 그 누가 이만큼 유명해질 수 있겠는가. 사람들의 영혼을 움직이는 시들을 남기고 떠난 그의 인생은 너무나 짧았지만 이만하면 대성공이라고 할 수 있다. 그가 서정적인 시를 쓰고, 나라를 사랑하는 민족시인이었기에 더 사랑을 받는지도 모른다. 그의 시는 독자들의 가슴에 잔잔한 울림을 준다. 윤동주는 살아서는 시인의 대접을 받지 못했다. 그런데 다행히 죽어서 불멸의 시인으로 영원히 남게 되었다. 그와 함께 한 주변 사람들의 사랑 덕분이다. 그의 가족들도 이미 그를 시인으로 인정했지 않은가.

그러나 안타깝게도 윤동주의 유고 시집 발간에 앞장섰던 강처중은 남로당원으로 활동하다가 월북 이후 북한 정권에 의해 처형당했다고 한다. 그는 월북한 정지용 시인과 해방 전후 언론계의 남로당 거물로서 활동하다가 소리 소문 없이 남한에서 사라져 버렸다. 그 후 강처중의 이름은 지워졌고, 윤동주만 홀로 우리에게 남게 되었다. 그는 마치 윤동주를 위해 태어난 사람처럼 윤동주의 유고 시집을 발행할 수 있도록 앞장서준 뒤, 너무나 바삐 윤동주의 뒤를 따라가고 말았다. 생각할수록 애통하다. 강처중 같은 친구가 있어 윤동주가 죽어서나마 시인으로 빛날 수 있었는데 안타까울 뿐이다. 강처중의 명복도 진심으로 빈다.

살아생전 시집(詩集)을 내지 못했다

윤동주(1917~1945)의 유고 시집 『하늘과 바람과 별과 詩』를 우리가 만날 수 있게 된 것은 크나큰 행운이고 영광이다. 그는 살아생전 시집을 내지 못했다. 시인으로 문단에 등단도 못 했다. 그의 주옥같은 시들이 하마터면 그대로 사라질 뻔하였다. 윤동주는 선견지명이 있었는지 연희전문학교 기숙사에서 처음 만난 2년 후배인 정병욱(1922~1982)에게 자신의 대표 시들을 주었다. 정병욱이 그에게 받은 유고 시를 보관하여 오늘날 우리가 그의 시를 만날 수 있게 되었다. 윤동주는 정병욱과 연희전문학교에서 룸메이트로 지내다가 4학년 때 학교 기숙사를 나와 서울 종로구 누상동 9번지 15통 4반 김송(1909~1988) 소설가의 집에서 함께 하숙하였다. 선후배 관계였지만 둘은 시를 주고받을 정도로 친한 문우 사이였다.

윤동주의 생애 첫 시집이자 마지막 시집이 된 『하늘과 바람과 별과 詩』는 원래 1941년 윤동주가 연희전문학교 졸업 기념으로, 서문 격인 「서시」를 포함하여 19편의 시를 시집으로 내려고 했다. 자선시집(自選詩集) 형식으로 77부를 출간하려고 했으나 당시 한글 출판이 엄격하게 금지되어 있었기에 뜻을 이루지 못했다. 그는 직접 고른 18편의 시를 들고 시집을 펴내기 위해 스승인 이양하(1904~1963) 영문학 교수를 찾아갔다. 그때 이양하 교수는 시가 모두 항일 정신이 가득 차 있어 일제의 처벌이 예견된다며 출판을 보류토록 하였다. 이에 윤동주는 자필로 시집 세 부를 작성하여 한 부는 자신이 보관하고, 스승이었던 이양하 교수와 후배 정병욱에게 각각 한 부씩 증정했다. 그런데 그중 단 한 부의 윤동주 자필 시집이 남아 있다. 후배 문우 정병욱이 간직한 것이다. 이 얼마나 감사한 일인가.

  윤동주는 끝내 서울에서 시집을 내지 못했고, 살아생전 낼 수가 없었다. 다행히 자필 시집을 한 권 받아 간직하고 있던 후배 문우 정병욱이 자신도 학도병으로 징집당해 나가면서 고향인 전남 광양의 망덕포구 앞에 살고 계신 부모님 댁을 찾아가 어머니께 숨겨둘 것을 부탁하였다. 부탁을 받은 그의 어머니는 윤동주의 필사본을 보자기에 싸서 항아리에 넣고 마루를 뜯은 후 그 밑에 넣고 보관하였다. 그 어머니에 그 아들이 아닌가.

  정병욱과 그의 어머니 정성으로 해방 후, 1948년 윤동주 순국 3주기 때 유고 시집 『하늘과 바람과 별과 詩』의 시집이 세상에 나오게 되었다. 그 시집이 윤동주의 최초 본으로 초간본이다. 그를 시인으로 인정받게 만든 시집이다. 누구보다 정병욱과 그의 어머니가 큰 공헌자다. 윤동주의 시를 사랑하는 모든 사람이 감사, 또 감사할 일이다. 윤동주의 친필 본을 보관했던 전남 광양의 망덕포구 앞 정병욱 생가는 현재 〈윤동주 유고 보존 정병욱 가옥〉으로 국가 등록 문화유산으로 등재되었다. 이 주변은 윤동주 문학공원으로 조성되어 관광객이 끊이질 않고 있다.

  친구 강처중은 물론 훌륭한 후배 정병욱을 곁에 둔 윤동주가 큰 복이다.

후배 정병욱은 연희전문학교를 졸업하고 서울대학교 국문과 3학년으로 편입하여 졸업 후 서울대 교수가 되었다. 윤동주의 시가 범상치 않음을 알았던 정병욱 또한 훌륭하다. 윤동주는 자신의 시에 대해 누구의 평보다 정병욱의 평을 존중해 들었다고 한다. 생각할수록 정병욱은 너무나 훌륭한 일을 해냈다. 이런 분들이 있기에 세상이 아름다운 것이다. 큰 감동이다.

윤동주의 시는 1947년 2월 정지용 시인의 소개로 경향신문에 그의 유작이 처음 소개되었고 함께 2주기 추도식이 거행되었다. 그리고 1948년 2월 16일 윤동주의 3주기 추도식에 맞춰 유작 31편이 최초 본인 초간본으로 임시 발간되었다. 유고 시집의 제목은 윤동주가 지은 『하늘과 바람과 별과 詩』다. 드디어 그가 죽어서나마 시인으로 인정받기 시작하였다.

1948년 正音社(정음사)에서 출판한 윤동주의 첫 시집으로 31편이 실린 『하늘과 바람과 별과 詩』 **초간본 표지**(좌)와 초간본이 나오고 한 달 뒤 정식으로 출간한 **초판본 표지**(우)의 모습이다 (사진 출처 한국경제).

첫 시집의 표지 사진을 보면 하나는 거친 질감이 느껴지는 갈색 바탕에 시집 제목과 시인 이름이 인쇄된 별도의 흰 종이를 붙여 놓았는데, 또 하나는 누가 봐도 표지 그대로 작품이다. 둘은 표지만 다를 뿐 수록된 시는 같다. 이

유인즉 1948년 2월 16일 윤동주의 3주기 추도식에 헌정하기 위해 급히 최초로 낸 초간본 10권과 한 달 뒤 정식으로 1948년 3월 28일 천 권을 정음사에서 초판본 첫 시집으로 인쇄되었기 때문이다. 급히 낸 10권의 책이 현재 남아 있다는 것은 대단한 일이다. 이 책이 윤동주의 첫 시집 초간본 원본이다. 그런데 그 초간본의 원본과 비슷하게 2023년 복각본이 출간되어 반갑고, 신비로워 몇 권 샀다. 최초의 유고집 복각본인 셈이다. 표지는 처음의 합판지와 달리 거칠지 않고 표지에 쓴 표제도 위치가 다르게 배열되었다. 당시 윤동주의 첫 유고 시집인 『하늘과 바람과 별과 詩』의 최초 본인 초간본은 당시 외솔 최현배(1894~1970)의 아들인 최영해(1914~1981) 정음사 대표가 펴냈다. 그런데 최현배의 장손으로 최영해의 아들인 최동식 고려대 화학과 명예교수는 "윤 시인의 3주기 추도식에 맞춰 시집을 출간하려 했으나 준비가 부족해 일단 동대문에서 구한 벽지로 겉표지를 만들어 시집 10권을 급히 제본했다고 부친에게 들었다."라며 "최초 본 10권은 추도식 참석자들이 나눠 가졌고, 정식 출판된 초판본은 한 달 정도 뒤에 나온 것으로 안다."라고 말했다. 최현배의 손자 최동식 교수는 2014년 아버지 최영해 탄생 100주년을 맞이하여 첫 시집을 공개하면서 최초 본인 초간본 시집과 초판본 시집의 표지가 왜 다른지를 일반 사람들이 알게 되었다. 그 후 2023년에 복각본이 발행되었다. 둘은 비슷한 것 같지만 다르다. 세월의 흔적이 묻지 않아서다. 다행히 윤동주가 뽑은 19편의 시와 절친 강처중이 보관한 12편 등 31편이 수록되어 있다.

　최초 본인 초간본의 『하늘과 바람과 별과 詩』 표지는 일반 양장본 책과는 달리 두꺼운 종이를 여러 상 덧댄 합지(合紙) 모습으로 특수 벽지(壁紙) 같다. 표지 용지로 매끄럽지 않은 거친 재질의 종이를 사용했다. 최초 본 표지의 크기는 가로 125mm, 세로 185mm 정도이다. 그 표지에 한지(韓紙) 계열의 부드러운 면지(面紙)를 네모반듯하게 잘라 붙임으로써 같은 지질(紙質)의 본문과 연결하여 표지로 삼았음을 확인할 수 있다. 직접 인쇄하기가 어려웠기에 별도의 얇은 흰색 종이를 붙여 3행에 걸쳐 "尹東柱 遺稿集, 하늘과 바람과 별과 詩, 正音社"라는 글씨를 써서 인쇄하여 상단에 붙여 놓았다. 이 최초 본인 초간본 시집에 실린 그의 31편 시 모두 그가 자필로 쓴 한글 시다. 일제강점기에 우리글은 물론 우리말도 하기 어려웠다는데 한글로 시를 썼으니, 어쩌면 그의 죽음은 예견된 일이었는지도 모른다.

　윤동주는 시 86편, 동시 34편, 산문 4편 등 124편의 작품을 남겼다. 이 작품들 외에 「짝 수갑」이란 작품은 안타깝게 제목만이 남아 있다. 윤동주의 작품들은 그를 사랑한 가족, 친구들이 보관하고 있었기에 독자들이 만날 수 있게 되었다. 생전에 시집을 펴내지 못한 게 끝내 아쉬울 뿐이다. 그는 이처럼 자신이 인기 있는 시인이 될지 상상하지 못했을지도 모른다. 하지만 윤동주는 일찍이 시를 창작하면서 시인의 길을 닦아갔다. 1935년 9월 숭실중학교 3학년에 편입한 후 1936년 3월까지 7개월 동안 시 10편, 동시 5편 등 무려 15편의 작품을 썼다. 고국인 평양에서 쓴 시들이다. 지금 학제로 보면 고등학교 시절이다. 이 시기에 그에게 가장 많은 영향을 끼친 사람은 앞에서도 밝혔듯이 정지용 시인이었다. 그 시절 그의 친구들에 의하면, 그의 가방 안에는 정지용의 시집이 항상 들어 있었다고 한다. 정지용 시인의 시가 그의 삶에 얼마나 큰 영향을 끼쳤는지 알 수 있다. 그 인연은 일본 유학 시절에도 이어졌다. 정지용 시인이 졸업한 교토의 도시샤대학에 윤동주가 입학한 것만 보아도 알 수 있다. 현재 도시샤대학에 두 시인의 시비가 나란히 세워져 있다.

　윤동주는 우리나라의 수도 경성(서울)에서 연희전문학교를 졸업한 뒤, 일본으로 건너가 도쿄에서 릿쿄대학교 문학부 영문과에 입학하여 다니다가 중퇴하였다. 그리고 교토의 도시샤대학교 문학부 영문과로 전학하여 재학 중에 경찰에 체포된 뒤 감옥에서 사망하는 바람에 제적당하고 말았다. 그의 재판기록과 판결문의 요지는 한민족에 대한 애착이 반제국주의 행위이므로 치안유지법 위반이라는 것이다. 그의 2년 형 징역형의 이유는 어릴 때부터 민족학교 교육을 받고 사상적 문화적으로 심독(甚毒)했으며, 치열한 민족의식을 갖고 일본과 조선의 차별 문제에 대해 원망을 가졌다는 것이다. 특히 일본의 조선 통치를 비판하면서 조선 독립의 야망을 실현하려고 망동을 했다는 것이 죄가 되었다. 간단히 말하면 몹시 독하게 독립운동을 펼친 게 죄였다. 그는 시를 일본어가 아닌 한글로만 썼다. 그 역시 큰 죄에 포함되었을 것이다. 일제강점기였던 그 시대에는 한글을 쓸 수 없었고, 우리말을 마음대로 할 수 없던 시대였으니 그렇다.

그런데 그가 사망하여 제적시킨 도시샤대학에서 2025년 2월 16일 그가 순국한 지 80주년이 되는 날, 명예 문화 박사학위를 수여했다. 학교 측은 지켜주지 못한 미안한 마음을 담은 결정이라고 했다. 올가을에는 첫 유학지 도쿄의 릿쿄대학교에서 그의 기념비를 세울 예정이라는 소식도 전해지고 있다. 그는 죽었으나 우리나라는 그가 원하던 일제로부터 해방되었다. 무엇보다 다행인 것은 죽어서나마 그가 빛나는 별이 되었고, 빛나는 시인이 되었다는 점이다. 그와 그의 시는 우리 곁에서 영원히 반짝일 것이다.

(2)

핀슨관, 그 기숙사에
시가 머물렀다

윤동주기념관, 2층에 먼저 문을 열었다

서울의 연세대학교 핀슨관 1층에 <윤동주기념관>이 문을 열기 전 먼저 2층 1실에 <윤동주기념실>이 문을 열었다. 그 모습이다(사진 출처 연세대학교).

윤동주의 시를 읽기 시작한 뒤부터 윤동주를 좋아하게 되었다. 먼저 그의 체취가 남아있고, 숨결이 느껴지는 연세대학교(전 연희전문학교)의 핀슨관을 찾아갔다. 이 기숙사 건물에 <윤동주기념관>이 문을 열었기 때문이다. 개관 소식을 듣고 나는 곧바로 찾아가 관람했다. 좁지만 울림은 컸다. 윤동주(1917~1945)는 기숙사 건물이었던 핀슨관에서 1938년 입학하면서 고종사촌 형 송몽규(1917~1945)와 친구 강처중(1916~1950)과 룸메이트가 되어 생활했다. 이들 3명은 동갑내기다. 〈윤동주기념관〉이 들어선 핀슨관은 1922년에 연세대학교 남자 기숙사로 건립된 건물이다. 현재 이 건물은 2019년 12월 30일 대한민국의 국가 등록문화재 제770호로 지정되었으며 연세대학교의 현존하는 건물 중 1920년에 건립된 스팀슨 관에 이어 두 번째로 오래된 건물이다.

윤동주가 연희전문학교에 다닐 때 남자 기숙사로 사용되었던 핀슨관의 현재 전경이다. 핀슨관은 1922년 건립하였다.

핀슨관은 무엇보다 윤동주의 시가 꽃을 피운 건물이다. 그에게 또 다른 고향이었을지도 모른다. 그는 핀슨관에서 생활하면서 주요 작품들을 창작했다. 이곳은 윤동주의 체취와 숨결이 배어있는 건물이다. 그는 이곳에서 전국 각지에서 온 청년들과 문화적으로 교류하며 한층 성숙해진 시의 세계를 펼쳤다. 윤동주가 드나들었던 현관문과 오르내렸던 계단, 그리고 사계절 내내 내다보았을 창문 등도 그때의 모습 그대로다. 이 특별한 공간에서 그의 시선과 그의 손길과 그의 숨결을 그대로 느껴볼 수 있다. 윤동주가 지냈던 기숙사 건물이 현존하는 것부터 가슴 뛰게 한다. 지금 보아도 낯설지 않은 건물로, 돌로 지은 운치 있고 멋진 건물이다.

먼저 그의 대표작 「序詩(서시)」의 친필 원고대로 시를 소개하고, 현재의 맞춤법에 맞게 정리한 원고를 함께 싣는다. 이 시는 그가 연희전문학교 4학년 졸업을 앞두고 지은 시로 한자가 한 글자도 안 들어간 한글 시다. 무엇보다 나를 돌아보게 하는 시로, 내가 가장 좋아하는 시다. 원래는 이 시의 제목이 없었다. 그런데 시집 『하늘과 바람과 별과 詩』의 첫 부분을 장식한 서문(序文) 격인 시(詩)였으므로 의논 끝에 서시(序詩)라고 지어 부르게 되었다. 그것이 오늘날에 이르러 제목으로 정착하였다.

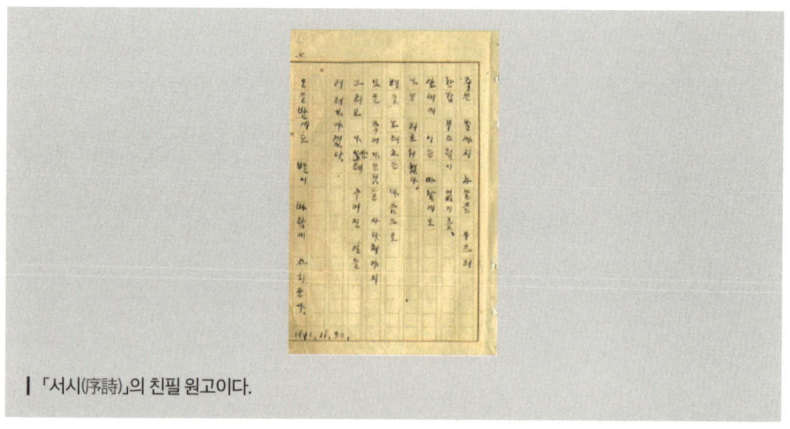

「서시(序詩)」의 친필 원고이다.

序詩(1941.11.20.) 원문

죽는 날까지 하늘을 우르러
한 점 부끄럼 없기를,
잎새에 이는 바람에도
나는 괴로워했다
별을 노래하는 마음으로
모든 죽어 가는 것을 사랑해야지

그리고 나안테 주어진 길을
거러가야겠다

오늘 밤에도 별이 바람에 스치운다

서시(1941.11.20.)

죽는 날까지 하늘을 우러러
한 점 부끄럼이 없기를,
잎새에 이는 바람에도
나는 괴로워했다.
별을 노래하는 마음으로
모든 죽어 가는 것을 사랑해야지
그리고 나한테 주어진 길을
걸어가야겠다.

오늘 밤에도 별이 바람에 스치운다

윤동주의 연희전문학교(현재 연세대학교 전신) 시절 기숙사 건물이었던 핀슨관 언덕 아래 '윤동주 문학동산'이 조성되어 있다. 그곳에 세워져 있는 「서시」의 시비(詩碑)와 언덕 위에 자리한 핀슨관의 모습이다.

〈윤동주기념관〉으로 변신한 연세대학교의 핀슨관 건물은 공사비 마련을 지원한 미국 남 감리교 총무 핀슨(Pinson) 박사의 이름을 따서 지었다. 초창기에는 남자 기숙사로 쓰이다가 신과대학, 음악관을 거쳐 학교법인 사무처에서 사용하였다. 윤동주는 1938년에 입학하여 1941년 졸업할 때까지 기숙사에서 3년도 채 머물지 않았다. 기숙사를 나와서 잠깐씩 하숙했기 때문이다. 그는 연희전문학교를 다니면서 사색하고, 고뇌하면서 시 쓰기에 전념하였다. 서울은 그가 시인이 될 수 있도록 시 창작실의 역할을 톡톡히 해주었다.

| 〈윤동주기념관〉에 윤동주의 유족이 기증한 친필 원고 『하늘과 바람과 별과 詩』 표지의 모습이다.

윤동주가 연희전문학교 재학시절에 생활했던 기숙사 건물이 남아 있는 게 생각할수록 신기할 뿐이다. 기숙사 건물이었던 핀슨관은 1922년부터 1944년까지 기숙사로 이용되었다. 이곳에 50명 정도의 남학생들이 기숙사에서 생활하였다. 3층짜리 건물인데 지금 봐도 멋지다. 현재 이 건물에는 〈윤동주기념관〉이 들어서 있다. 윤동주가 방 하나 그것도 친구들과 옹색하게 쓰는 게 아니라 건물 전체를 통째로 쓰고 있다.

1941년 윤동주 시인이 졸업한 후에는 일제가 이 건물을 강제로 빼앗아 사용하였다. 더 이상 기숙사의 기능을 잃은 핀슨관은 1944년부터 대학의 신학관, 음악관, 대학신문 '연세춘추'의 공간으로 사용되다가 2018년까지 학교법인 사무처가 들어와 있었다. 현재 기념관에 거대한 금고가 남아 있는 이유다. 이 금고에 윤동주의 친필 원고 등 귀중품이 보관되어 있다. 〈윤동주기념관〉의 수장고로 쓰이고 있는 셈이다.

<윤동주기념관>에 윤동주의 귀중품이 보관되어있는 수장고의 모습이다.
전에 학교법인 사무처가 사용하던 금고가 수장고 역할을 하고 있다.

다행히 이곳에 2019년 〈윤동주기념관〉을 건립하기 위해 건립추진위원회가 정식으로 출범하였고, 건립추진위원이 위촉되었다. 그 뒤 이 대학의 독문과 75학번 동문 한 분이 후원하여 2020년 12월 30일 윤동주의 103번째 생일에 맞추어 〈윤동주기념관〉이 정식으로 개관되었다. 그 기념관 언덕 아래에는 '윤동주 문학동산'도 조성되었다. 이곳에 윤동주의 「서시」의 시비가 세워져 있다. 총학생회와 가족, 문인들의 뜻을 모아 세운 시비다. 이곳은 찾아가기 쉽지 않은 윤동주 묘소 대신 그를 추모하는 장소가 되었다. 그의 추모일에는 그를 사랑하는 많은 사람이 찾아와 헌화를 놓고 그를 기린다. 내가 순국 80주년을 맞이한 다음 날 찾아갔는데 그때는 헌화한 분들이 많아 꽃들이 쌓여있었다. 윤동주의 묘소는 중국의 지린성 연변 조선족 자치주 용정시 동산교회 묘지에 자리하고 있다.

윤동주의 숨결이 배어있을 연세대학교의 언더우드관, 스팀슨관, 아펜젤러관의 모습이다. 언더우드 동상이 있는 중앙에 1925년 들어선 언더우드 관이 있고, 왼쪽에 1920년 최초로 들어선 근대식 석조건물 스팀슨 관, 오른쪽에 1924년 들어선 아펜젤러 관이 있다. 교정의 사계절이 모두 아름답지만, 담쟁이 잎이 무성할 때 찾아가면 더 아름답다.

'윤동주 문학동산'에는 철판으로 만든 시판이 있다. 윤동주 시인을 포함한 연세 동문 작가들의 시가 새겨져 있다. 시를 감상할 수 있는 문학 마당이 마련되어 있다. 우리나라 최초로 노벨문학상을 수상한 한강(1970~) 작가도 윤동주 시인의 후배가 된다. 이곳은 볕이 따스한 오후나 야간에 찾아가 벤치에 앉아서 시를 감상하면 운치 있고 분위기가 좋다. 새들이 노래 부르고, 풀벌레들도 노래하는 곳이다. 그뿐인가. 파란 하늘이 펼쳐지고, 흰 구름이 바람과 노니는 장소로 마음을 평온하게 해준다. 시름을 달래기에 안성맞춤인 곳이다. 밤에는 윤동주가 무척이나 좋아했던 별빛이 분명 쏟아져 내릴 것이고, 달빛도 조심스레 내려와 그의 시를 낭송할지도 모른다.

'윤동주 문학동산'의 표석과 핀슨관으로 오르는 돌계단, 그리고 돌계단 아래에의 윤동주 시인을 포함한 연세 동문 작가들의 시를 감상할 수 있는 문학 마당이 마련되어 있다. 시가 새겨진 철판이 이색적이다.

〈윤동주기념관〉이 정식으로 개관하기 전에는 2층의 작은 공간에 그의 친필 원고와 유품 등의 전시물이 진열장에 전시되었다. 〈윤동주기념관〉이 아닌 〈윤동주기념실〉로 먼저 문을 열었다. 기숙사 방을 2개 정도 터서 기념실을 만든 것으로 보였다. 그런데 현재는 건물 전체가 어엿한 그의 기념관이 되었다. 기숙사로 사용되었던 1층의 여러 개의 방에 그가 남기고 간 흔적들이 서랍에 층층이 전시되어 있다. 중앙에 복도를 끼고 좌우에 있던 기숙사 방들이 전시실로 탈바꿈하였다. 기숙사의 모든 방이 윤동주의 방이 되었다.

윤동주가 드나들었을 핀슨관 출입문의 모습과 1층 복도의 모습이다. 출입문 밖에는 좌우로 <윤동주기념관>과 핀슨관의 표지판이 양쪽에 붙어있다.

기숙사 건물이었던 핀슨관은 그동안 여러 용도로 쓰이다가 2000년 5월 13일 이곳의 2층의 한 곳에 〈윤동주기념실〉이 마련되었다. 그리고 2012년 11월에 윤동주의 유족이 『하늘과 바람과 별과 詩』의 원고와 유고 및 유품을 연세대학교에 기증하면서 2013년 2월 28일 〈윤동주기념관〉 현판식을 하고, 학술 정보관에서 유고·유품 기증 특별전을 열었다. 특별전 개막과 함께 〈윤동주기념관〉의 현판식이 열렸다. 그리고 2020년 1월 20일, 핀슨관 전체가 〈윤동주기념관〉으로 재탄생하여 개관식이 열렸고, 오늘에 이르고 있다.

| <윤동주기념실>에 전시되었던 책상과 책, 그가 쓰던 모자, 그의 원고가 실린 기사 등의 모습이다.

처음에 2층에 기념실로 문을 열었을 때 윤동주의 자료를 한 곳에서 모두 만날 수 있었다. 그의 고종사촌 형인 송몽규의 자료도 함께 전시되고 있었다. 윤동주의 오래된 사진들과 책들, 성적표까지 있었다. 그때 그가 곁에 있는 것처럼 가슴이 두근거렸다. 무엇보다 그의 일대기를 한눈에 볼 수 있어 좋았다. 그러나 전시실로 옹색했고, 점점 그의 전시물이 늘어나면서 현재의 전시 형태로 바뀌었다. 기숙사의 방 하나를 그것도 친구들과 함께 사용했는데 이제는 기숙사 건물, 핀슨관 전체를 윤동주가 모두 차지하게 되었다. 윤동주가 이런 날이 오리라고 상상도 못 했을 것이다.

| 핀슨관 2층에 먼저 문을 열었던 <윤동주기념관>에 전시되었던 『우리말본』, 『소년』, <초상화> 등의 모습이다.

처음으로 인쇄되어 활자화된 시 「공상(空想)」

1935년 윤동주가 숭실중학교 재학 중 쓴 시 「공상」이 실린 학우회지 『숭실활천(崇實活泉)』이 전시되고 있다. 15세 때였으니 그가 시인으로서의 재능이 일찍부터 나타났음을 확인할 수 있었다. 이 회지는 중학교 때 윤동주의 시가 처음으로 인쇄되어 독자들과 만나게 되었다는 점에서 소중한 자료이다. 그가 중학교 때였으니 얼마나 좋아했을지 물어보나 마나다.

이곳에 『하늘과 바람과 별과 詩』 친필 시선 시집의 표지도 함께 전시되어 있었다. 그의 친필은 언제 보아도 따뜻하게 다가온다. 이곳에 전시된 소중한 자료들을 보면서 그를 만난 듯 반가웠지만 가슴이 뭉클했다. 「공상」의 시 원문을 그대로를 소개한다. 그가 쓴 한자 표기에 독자들의 이해를 돕기 위해 한글을 괄호 안에 넣었을 뿐이다. 띄어쓰기 등 맞춤법은 현재와 다른 것들이 있음을 이해하고 읽었으면 한다.

윤동주 시인이 숭실중학교에 재학 중이던 1935년에 쓴 시 「공상(空想)」이 실린 학우회지 『숭실활천(崇實活泉)』의 표지 모습과 그곳에 실린 원고 전문이다. 그의 시가 첫 인쇄 되고 활자화되었다.

空想(1935.10.)

空想(공상) -
내 마음의 塔(탑)
나는 말없이 이 塔(탑)을 쌓고 있다
名譽(명예)와 虛榮(허영)의 天空(천공)이다
문허질줄도 몰으고
한층두층 높이 싸ㅅ는다.
×
無限(무한)한 나의 空想(공상) -
그것은 내마음의 바다
나는 두팔을 펼쳐서
나의 바다에서
自由(자유)로히 헤엄친다.
金錢(금전) 知識(지식)의 水平線(수평선)을 向(향)하여.

윤동주는 평양의 숭실중학교로 전학을 갔지만 1년도 안 되어 고향으로 돌아와야만 하였다. 교장이 신사참배를 반대하여 해임되었고, 학교가 폐교되면서 이 학교를 졸업하지 못하였다. 그렇게 원하던 고국을 찾아가 공부하려고 했으나 꿈은 이루지 못했다. 고향으로 돌아와 고향의 광명중학교를 졸업할 수밖에 없었다. 그는 1936년 3월 문익환(배우 문성근의 아버지)과 함께 숭실중학교를 자퇴 후 고향인 용정으로 돌아와 광명학원 중학부 4학년에 편입했다. 숭실중학교가 폐교되면서 그는 「이런 날」이란 시를 썼다.

「이런 날」은 '일본의 국경일'을 말한다. 당시 만주에서는 일본의 국경일에 만주국 국기인 오색기와 함께 일장기를 함께 달았다. 어디에도 우리나라와 우리 민족을 상징하는 기념물은 없었다. 그런데도 대부분의 사람은 그것을 그리 중요하게 생각하지 않았다. 먹고사는 일이 훨씬 중요했기 때문이다. 그는 일찍이 나라 잃은 아픔에 괴로워한 것을 알 수 있다. 그가 저항 시인이고, 민족시인임을 부인할 수 없다. 이 시에 등징하는 '완고하던 형'은 바로 그의 고종사촌 형 송몽규를 말하는 것이라고 한다. 윤동주가 이 시를 쓸 당시에 송몽규는 중국의 난징에서 독립운동의 길을 찾다가 일제 경찰에 체포돼 조사를 받고 있었다. 윤동주에게 세계관을 넓혀 준 사람이 바로 그의 고종사촌 형 송몽규다. 그의 답답하고 안타까운 심정이 그대로 나타나 있는 「이런 날」의 시를 원문 그대로 소개한다.

이런 날(1936.6.10.)

사이좋은 正門(정문)의 두 돌기둥 끝에서
五色旗(오색기)와 太陽旗(태양기)가 춤을 추는 날
금을 그은 地域(지역)의 아이들이 즐거워하다.
아이들에게 하로의 乾燥(건조)한 學課(학과)로
해말간 倦怠(권태)가 깃들고
「矛盾(모순)」 두자를 理解(이해)치 못하도록
머리가 單純(단순)하였구나.
이런 날에는
잃어 버린 頑固(완고)하던 兄(형)을
부르고 싶다.

그동안 나는 윤동주 시인의 고향마을과 그가 태어나 자란 생가, 묘소, 그리고 그가 다닌 학교 등의 모습을 사진 자료로만 보았다. 그 사진들을 그의

1. 윤동주의 서울, 문학이 피어난 곳

기념관, 문학관, 유고(遺稿) 보존 가옥 등에서 여러 번 만나보았다. 그러나 사진은 사진일 뿐. 사진 크기만큼의 감동이 일었을 뿐이었다. 직접 눈으로 보는 것과는 비교가 안 되었다. 글을 쓰기 전에 내가 어디든 현장답사를 고집하는 이유다. 현장을 찾아가야 현장의 크기만큼 감동이 너울처럼 일렁인다. 그리고 어마어마한 추억으로 남는다.

핀슨관 2층에 먼저 문을 열었던 <윤동주기념실>에 전시되었던 윤동주 시인의 추억이 담긴 사진과 그의 대표작이라고 할 수 있는 『하늘과 바람과 별과 詩』의 친필 시집에 실린 「서시」의 친필 원고다.

핀슨관의 2층에 처음 문을 열었을 때는 1실의 작은 공간에 윤동주의 유품들이 전시되고 있었다. 그런데 전시실이 좁긴 좁았다. 한눈에 전시물을 볼 수 있어 나름 좋은 점도 있었다. 진열장을 통해 친필 원고, 학업 성적표, 신체 검사표, 추억의 사진들, 그리고 그의 손때가 묻은 책들과 필기도구, 모자, 연대 버클 등 많은 자료를 한눈에 볼 수 있었다. 그의 숨결뿐 아니라 그의 체취가 배어 있는 유품들이다. 3층 건물이었지만 그때는 2층의 그 전시실만 관람할 수 있었다. 1층 방들과 3층 다락방은 공개하지 않았다. 그러나 현재는 핀슨관 전체가 <윤동주기념관>이 되었다.

윤동주가 내다보았을 창밖의 풍경과 윤동주와 송몽규의 학업 성적표·신체 검사표의 모습이다. 둘 다 조선어(朝鮮語) 성적이 100점인 게 인상 깊었다. 일제강점기였지만 그 둘은 분명 조선 사람임을 증명해 주고 있다.

이제 2층 전시실의 모습은 모두 사라졌다. 그 대신 그곳에는 도서관이 자리하고 있다. 윤동주가 이곳 2층에서 친구들과 생활했다고 하니 더 반가웠다. 이곳 도서관에는 윤동주와 관계되는 책들이 모두 모여 꽂혀 있다. 윤동주의 도서관인 셈이다. 대신 1층에 새롭게 단장한 전시실이 관람객들을 맞고 있다. 상설 전시장으로 윤동주 시인의 삶과 시를 시간의 흐름과 공간의 이동, 그리고 그와 함께한 사람들을 통해 그의 숨결을 느낄 수 있다. 총 3층 건물인 핀슨관에 〈윤동주기념관〉이 재탄생하여 자리하게 되었다.

〈윤동주기념관〉이 재탄생하기 전 먼저 2층에 문을 열었던 〈윤동주기념실〉에서 찍은 사진이다. 이 또한 역사가 되고 기념이 되리라.

기숙사 건물 전체가 윤동주기념관

현재 윤동주의 기숙사 건물이었던 핀슨관에 〈윤동주기념관〉이 새롭게 단장하고 문을 열었다. 좀 색다른 전시관의 모습이다. 기숙사 형태 그대로 좁은 복도를 따라 방마다 전시실이 되었다. 2인 1실의 기숙사 방이라 그런지 방이 아주 작은 편이다. 복도의 남쪽 끝에는 휴게공간까지 마련되어 학생들이 담소와 휴식을 취할 수 있다. 암울했던 그 시대에 이곳 기숙사에서 지내면서 여러 나라의 작품을 읽고 세상을 들여다볼 수 있는 공부를 했다고 하는 것은 크나큰 혜택이요, 크나큰 축복이다. 지금 봐도 멋진 건축물이다. 기숙사 방에 침대, 책상, 책꽂이까지 있는데 무슨 불평을 할 수 있을까.

〈윤동주기념관〉의 1층은 전체가 상설 전시장으로 꾸며져 있고, 중앙 복도를 따라 양쪽의 방방에 전시물이 전시되고 있다. 전시실의 방 이름은 그의 작품 제목으로 붙였다. '서시'의 전시실을 시작으로 '별똥 떨어진 데'의 전시실, '소년'의 전시실, '새로운 길'의 전시실, '자화상'의 전시실, '별 헤는 밤'의 전시실, '종시'의 전시실 등이 있으며, '길', '창' 등의 전시실과 '흐르는 거리'의 전시실까지 10개의 아담한 방에서 윤동주의 삶과 시를 만날 수 있다. 〈윤동주기념관〉의 설명을 토대로 한 방 한 방 전시실을 소개해 보겠다.

첫 번째 방은 '서시'의 전시실이다. 이 방은 윤동주의 삶과 그의 시에 접속하는 입구다. 그가 쓴 친필 원고와 그의 체온이 지금도 묻어나올 것 같은 책들을 만나볼 수 있는 유일한 장소다. 그의 대표작이라고 할 수 있는 「서시」를 비롯하여 그의 친필 원고들이 등록문화재 712호가 되었다. 그 친필 원고들이 관람객들을 맞는다. 친필 원고를 기숙사였던 핀슨관에서 직접 만나볼 수 있다는 것이 꿈만 같다. 이 특별한 공간을 마련해준 분들께 머리 숙여 감사드린다. 그의 친필 원고를 첫 번째 방부터 만나니 감동이 쓰나미처럼 몰려온다.

두 번째 방은 '별똥 떨어진 데'의 전시실이다. 이 방은 한 권의 시집도 출간하지 못했던 그가 어떻게 우리나라 사람들이 가장 애송하는 시인이 되었는지를 가늠하게 해준다. 윤동주 시집의 초판본과 이후 주요 판본들이 출간된 과정, 그리고 추도식 방명록, 최초 소개 지면, 유족이 주고받은 편지 등을 만나볼 수 있다. 유족이 주고받은 편지들을 보니 자필로 쓴 편지라 그런지 정겹게 다가왔다.

세 번째 방은 '소년'의 전시실이다. 이 방은 윤동주가 태어나 자란 고향 풍경을 만날 수 있는 공간이다. 이곳에는 그의 시가 최초로 활자화된 『숭실활천』, 친구들과 찍은 사진, 습작 노트 등을 만나볼 수 있다. 소년 동주는 두만강 건너 북간도라는 공간에서 식민지 현실의 단단한 벽을 감지하면서도 겁 없이 한글로 시를 쓰기 시작했다.

네 번째 방은 '새로운 길'의 전시실이다. 이 방은 윤동주가 어떻게 새로운 길을 걸어가게 되었는지 가늠해 볼 수 있다. 최현배, 손진태, 정인섭, 이양하 등의 스승을 통해 세계의 첨단 학문과 더불어 다른 곳에서는 접하기 어려웠던 조선어와 민족의 역사를 배웠다. 나라는 이미 빼앗겼지만, 그의 민족정신은 강하게 살아 있었다. 그의 모교인 연희전문학교 졸업 기념 벨트 버클, 수업 장면, 윤동주의 기숙사였던 핀슨관, 그리고 현재 연세대학교의 중심 교통로인 백양로의 옛 모습 등 귀한 자료를 사진으로 하나하나 만나볼 수 있다.

다섯 번째 방은 '자화상'의 전시실이다. 이 방은 윤동주(1917~1945)가 교내 잡지에 발표한 시와 정병욱(1922~1985), 송몽규(1917~1945), 강처중(1917~1950?), 김삼불(1920~?) 등 그가 교류했던 친우들, 자필 원고, 산문집 등을 소개한다. 윤동주뿐 아니라 한 시대를 함께 걸어갔던 청년들의 자화상을 마주할 수 있다. 내가 그의 시들 중 대표작 「서시」보다 더 「자화상」을 좋아해서인지 이 관에서 한참을 서성댔다. 그의 시가 세상에 알려질 수 있도록 크나큰 공헌을 한 후배 정병욱과 둘이 나란히 찍은 사진도 서랍 안에서, 아니 밖으로 나와서 나를 바라본다. 너무나 감사하다.

여섯 번째 방은 '별 헤는 밤'의 전시실이다. 이 방은 윤동주에게 시인의 길로 갈 수 있도록 문학적 자양분이 된 책들과 대표 시들을 감상할 수 있다. 윤동주는 깊이 있는 통찰을 간결한 한글 시어로 풀어내면서 자신의 시가 독백에 머물지 않고 타자와의 대화로 확장되기를 꿈꾸었다. 이곳에서 윤동주의 시 창작의 토대가 된 문학, 철학, 사상이 담긴 소장 도서들과 그가 엄선했던 시편들을 만나볼 수 있다. 이 방에서는 윤동주의 가족들 사진을 볼 수 있다. 대가족임을 알 수 있다. 대가족 사진을 보니 옛 어른들이 많이도 그리워진다. 아울러 가족의 사랑이 느껴진다. 이처럼 많은 가족이 서랍 안에서 그에 관해 두런두런 이야기를 나누고 있는 것만 같다.

일곱 번째 방은 '종시'의 전시실이다. 윤동주의 생애 마지막 시간을 생각하는 공간이다. 그의 일본 유학 시절의 자취를 더듬고, 그의 '육첩방'이라는 이국의 공간에서 그것도 우리나라를 빼앗은 일본에서 시를 쓴다는 것이 쉬운 일이 아니다. 처절히 고민하며 써 내려간 그의 시들을 만나볼 수 있다. 그것도 한글로 시를 썼으니 무슨 말이 더 필요하겠는가. '육첩방'은 1평이 다다미 2개가 들어갈 만한 공간이니 3평 정도의 공간을 말한다. 그가 짧게나마 웃을 수 있었던 학우들과 소풍 갔던 장면도 이 방에서 사진으로나마 볼 수 있다.

윤동주는 일본 교토의 도시샤대학 학우들과의 소풍을 끝으로 독립운동의 혐의로 체포되었고, 그 후 가족들은 전보를 통해 그의 죽음을 알게 되었다. 가족들이 일본의 후쿠오카 형무소로 찾아가 시신을 수습하여 화장한 뒤 뼛가루만 고향으로 가져와 1945년 3월 6일 장례를 치렀다. 그 뒤 단옷날(음력 5월 5일)인 6월 14일에 "詩人尹東柱之墓(시인윤동주지묘)"라고 새긴 묘비를 그의 묘소 앞에 세우게 되었다. 지난해 나는 북간도의 용정을 찾아가 그의 묘소에 참배한 게 그나마 위안이 된다. 그의 생가와 그의 묘소를 다녀온 뒤 그에 대한 아픔이 조금은 식었다.

여덟 번째 방은 '길'의 전시실이다. 이 방은 요즘 미디어 시대에 맞게 윤동주의 시와 생애를 빛과 소리로 감상할 수 있는 미디어아트 공간으로 꾸몄다. 윤동주가 거닐던 골목길의 담벼락에 비친 그의 그림자가 마치 그가 서 있는 것처럼 보인다. 그의 손에는 역시 책이 들려있다. 그가 출간하고 싶어 했던 19편의 필사본이 아닌가 싶다. 그의 고향 예배당 모습도 보이고, 나무들도 보인다. 나는 비록 그림자지만 윤동주를 바라보며 손을 내밀었다. 그리고 반갑게 인사를 했다. 그 모습을 사진으로 찍은 뒤 현재도 나의 카톡 방 대문 사진으로 올려놓았다. 나는 그와 눈 맞춤을 한참 했다. 그가 하늘을 올려다보면 나도 하늘을 올려다보고, 그가 나를 바라보면 나도 그를 바라보았다. 그는 끝까지 손에서 책을 놓지 않았다.

  이 방에는 그가 들여다보던 우물도 만들어 놓았다. 「자화상」의 모티브가 된 우물에 그가 보았을 법한 사계절 풍경과 파란 하늘이 펼쳐진다. 그 모습이 마음을 아프게 한다. 2024년 지난해 여름, 그의 고향 용정을 찾아가 그가 들여다보았을지도 모를 용두레 우물을 나도 들여다보았기 때문이다. 이 방에서는 유족이 윤동주의 묘소와 고향마을에서 녹음해 온 자연의 소리를 듣는 특별한 경험도 할 수 있다. 어둠 속에서 비, 바람, 풀벌레, 새, 그리고 예배당의 종소리에 가만히 귀 기울여보면, 그가 관람객들을 그의 고향으로 이끈다. 그의 생가와 그가 뛰어놀았던 고향의 골목들, 그가 다녔던 학교들, 그가 올려다보았을 나무들 등등 직접 다녀온 그의 고향 모습이 눈에 선하다.

  아홉 번째 방은 '창'의 전시실이다. 이 방은 윤동주의 기숙사 방이 현재도 존재하는 것처럼 여겨지게 한다. 나는 그의 기숙사 방이 그 시대에 어떤 모습인지 너무나 궁금하였다. 그래서 이 문학관을 여러 번 찾아왔는지도 모른다. 그런데 재현해 놓지 않아 막연하게 상상만 했다. 그런데 재현해 놓았다. 생각보다 너무 멋있었다. 침대가 있고, 책상이 있고, 책상 옆에 창문이 있고, 책꽂이도 있다. 거기에 고향으로 돌아갈 기차표도 있었다. 기차표를 보는 순간 윤동주가 얼마나 설레고 기뻤을지 궁금해할 이유가 없었다. 이곳에서는 날짜와 시간, 날씨가 주기적으로 변화한다.

 내가 방문한 날 마침, 첫 번째 기획전이 열리고 있었다. 1938년 7월 25일 여름방학을 앞둔 어느 비 오는 저녁 시간으로 나를 안내한다. 그날은 바로 윤동주가 서울의 연희전문학교에 입학하여 처음 맞는 여름방학 날이다. 책상 위에는 룸메이트의 수업 시간표도 있다. 윤동주와 친구들이 어떤 영화와 어떤 책을 보았을지, 침대 위 귀향 보따리엔 무엇을 꾸렸을지, 그 당시 구상하고 있던 시는 무엇인지 궁금하게 만든다. 여름방학을 맞이한 윤동주의 귀향 준비로 분주한 기숙사의 분위기가 나까지 설레게 한다. 그 시절, 그때의 윤동주 모습이 상상이 된다. 이 방에서 그가 창가에 앉아 정지용 시인의 고향을 그리는 시 「향수」를 읽고 있지 않았을까 싶다.

 열 번째 방은 '흐르는 거리'의 전시실이다. 나중에 별도로 설치한 2층으로 오르는 계단 앞의 방이다. 이 방은 윤동주의 대표 시이자 많은 사람들이 애송하는 「서시」, 「별 헤는 밤」, 「쉽게 씌워진 시」를 한국어, 영어, 일본어, 중국어로 감상할 수 있는 공간이다. 윤동주의 익숙한 시가 이국의 언어로 들리는 낯선 체험은 새로운 경험이 될 것이다. 전 세계 10여 개국 언어로 번역된 윤동주의 시는 끊임없이 새로운 시각과 언어로 해석되면서 재조명되고 있다. 반가운 일이다. 기숙사 방들이 있는 중앙에 계단이 원래 있지만, 이 방에서 2층으로 오를 수 있는 계단이 새롭게 설치되어 있다. 그 철제 계단 위로 올라서면 2층이다.

 〈윤동주기념관〉의 2층은 현재 도서관이다. 윤동주와 관련된 전 세계의 자료들이 모이는 공간이다. 윤동주와 관련된 다양한 장르의 서적뿐 아니라 그를 기리는 행사 포스터나 기사들, 학위 논문, 그리고 지난 70여 년간 그의 시가 지속적으로 실려 온 한국의 문학 교과서 등 흥미로운 자료들을 한눈에 볼 수 있다. 윤동주의 후배인 동문 문인들의 작품도 한쪽에 놓여 있다. 관련 자료들을 보내주는 전 세계 분들이 있어 도서관은 더욱 풍성해지고 있다고 한다.

 이곳 2층은 기숙사로 사용할 당시 오픈 공간 혹은 개실 공간으로 다양하게 사용되었으며, 윤동주는 3학년 무렵 이곳에 머문 것으로 추정되고 있다. 반복되는 창문으로 환하게 빛이 들어오는 이 공간은 새로운 지식이 생산되는 윤동주의 도서관으로 조성하면서 현대적이고 오픈된 분위기로 연출하였다. 창이 많아 운치가 그만이다. 그 창 안으로 세상의 모든 것이 윤동주를 향했을 것이다. 윤동주가 시인으로 자리 잡게 했을 것이다. 연희전문학교 시절 이곳에서 많은 시를 써냈으니 하는 말이다. 기념관은 오랜 세월 동안 여러 겹의 페인트와 벽지 등의 마감이 더해진 내부 벽을 노출하여 시간의 켜를 드러냈다. 오랜 세월의 발자국을 느낄 수 있는 공간이다. 그런데 생각해 보니 이 건물의 나이가 100년을 막 넘었고, 윤동주가 순국한 지는 80년밖에 안 되었다. 하지만 이곳은 자료를 기록 보관한 파일과 기록 보관한 레코드 자료들로 둘러싸인 열린 공간이다. 그러므로 이곳 2층은 윤동주의 도서관으로 과거 유산이 새롭게 창조되고 미래로 확장되는 의미를 담고 있다.

〈윤동주기념관〉의 3층은 시몬느 홀과 기획전시실이다. 이곳은 다락형 천장으로 경사진 지붕의 경사면 위로 튀어나온 작은 지붕이 있는 창이 있다. 이를 도머창(Dormer window)이라고 하는데 멋진 공간이다. 목재 마감재 사이로 비치는 햇살은 시처럼 아름다운 공간을 연출한다. 아직은 이 공간이 비어 있는 상태다. 앞으로 다양한 기획을 통해 복합적 문화 체험을 제공할 것이라고 한다. 현재는 가운데 작은 방에서 윤동주와 함께 중학 시절을 보냈던 분을 비롯한 11명의 인터뷰도 들을 수 있다. 100여 년의 세월을 버틴 천정의 목재에는 압록강을 건너 내려온 흔적이 남아 있단다. 압록강을 건너온 목재와 두만강을 건너온 윤동주가 한 공간에 있었다고 생각하니 묘한 기분이 든다. 앞으로 이 공간은 미래를 여는 새로운 창작과 영감의 산실이 될 것이다. 미래 세대의 '시 창작 교실'로 사용해도 좋을 듯싶다.

〈윤동주기념관〉을 나오면 언덕 아래 앞에서도 소개했지만 '윤동주 문학동산'이 자리하고 있다. 이곳에는 1968년 11월 총학생회와 가족, 문우가 뜻을 모아 세운 최초의 윤동주 시비로 「서시」가 새겨져 있다. 매년 그의 추모일에는 많은 추모객의 발걸음이 이어지고 있는 곳이다. 볕이 따스한 오후, 나무 아래 벤치에 앉아서 야간에는 은은한 조명으로 빛나는 동문의 시 판을 바라보며 삶의 무게를 내려놓을 수 있다. 핀슨관 바로 아래에 자리한 '윤동주 문학동산'이 좀 작지만, 계절마다 아름다움을 자아내고 있다. 이곳을 찾으면 왠지 시를 써야만 할 것 같고, 시인이 되어야만 할 것 같다.

〈윤동주기념관〉에는 전시실로 꾸민 방마다 서랍장들이 설치되어 있는 게 큰 특징이다. 전시품이 들어있는 서랍장의 서랍은 모두 252개나 된다. 전시물의 글씨가 작아 눈으로 확인하기는 어렵다. 커다란 돋보기가 서랍장 위에 올려져 있는 이유다. 방마다 페인트가 벗겨져 있는가 하면 곰팡이가 핀 자국도 보인다. 오히려 그 모습이 윤동주의 학창 시절로 돌아간 듯 정겹다. 그의 체취가, 그의 숨결이 배어있는 것 같아 오히려 반갑다. 그냥 그대로 그 모습에 나도 스며든다.

윤동주에게 흠뻑 빠지다

처음에 〈윤동주기념관〉이 문을 열었을 때와 달리 전시 형태가 완전히 바뀌었다. 진열장 안이 아닌 서랍에 전시물이 층층이 들어있다. 서랍마다 윤동주 시인의 흔적이 들어가 있다. 서랍을 열면 그가 반갑다고 손을 내민다.

서랍 하나하나를 열면 윤동주의 이야기가 하나하나 펼쳐진다. 참으로 이색적이다. 앞에서도 소개했지만, 이런 전시 형태는 처음이다. 유족과 그의 지인들이 기증한 유품을 토대로 해설가의 해설을 통해 설명을 들을 수 있고, 해설이 끝난 뒤 자유 관람을 통해 전시품을 천천히 감상할 수 있다. 2013년 그의 유족들이 친필 원고와 유품 전체를 연세대학교에 기증하였다. 기증받은 친필 원고는 현재 등록문화재로 등록되었다.

正音社(정음사)에서 정식으로 출간한 윤동주 시인의 첫 시집 『하늘과 바람과 별과 詩』와 윤동주가 가장 고마워할 후배 정병욱과 윤동주의 유족이 대여한 도서들이다.

1층의 상설 전시장을 관람하노라면 윤동주가 이곳 기숙사에서 생활한 지 2025년 올해로 85년이 다 되어오고 있다. 그런데 이곳에 오면 윤동주가 몇 백 년 전 아주 옛날 사람처럼 느껴진다. 그래서 신기할 뿐이다. 한편으로는 그가 20대 청년 시절에 생을 마감하여 그때의 모습만 남아 있어 그런지 나의 동창들 또래처럼 여겨진다. 그는 20대에 머물러있다. 영원히 늙지 않고 있다. 아무튼 이곳을 관람하노라면 시대를 착각하게 된다. 처음 개관 때의 전시 형태와 달리 전시실로 꾸민 방마다 서랍장을 비치하여 그의 추억과 발자국을 서랍 안으로 모두 불러들였다. 독특한 전시 형태다. 단점은 한눈에 그의 일대기를 조망해 볼 수 없다. 커다란 돋보기는 비치되어 있지만 글씨도

작고, 많은 서랍을 일일이 열어봐야 하니 관람하는 데도 긴 시간이 걸리는 게 단점이다.

<윤동주기념관>에서 그의 체온이 깃든 책들과 친필 원고를 만나볼 수 있다. '별똥 떨어진 데' 전시실의 한 서랍을 여니 찾아주기를 기다린 듯 윤동주 시인이 정병욱 교수와 찍은 사진이 반갑게 인사를 한다.

전시실은 주제를 정해 윤동주에게 빠져들게 기획을 잘했다. 윤동주의 삶과 시에 접속하는 1층 전시실은 앞에서 자세히 소개했듯 10개의 전시실 이름이 윤동주를 더 그립게 한다. '서시'의 전시실을 시작으로 '별똥 떨어진 데'의 전시실, '소년'의 전시실, '새로운 길'의 전시실, '자화상'의 전시실, '별 헤는 밤'의 전시실, '종시'의 전시실 등이 있으며, '길', '창' 등의 전시실이 있다. 2인 1실이라 그런지 방이 전시실로는 좁긴 좁다. 하긴 그때 그 시절, 일반 가정에서는 그만한 크기의 방에서 발을 맞대고 10명도 잤으니 할 말은 없다. 할아버지, 할머니, 부모님 세대까지는 대부분 그렇게 살았다.

'별똥 떨어진 데' 전시실의 유족이 주고받은 서신들 모습과 '별 헤는 밤' 전시실의 보기 드문 대가족 사진이다. 1936년 4. 17일 찍은 사진으로 이때는 윤동주가 고향에 살고 있을 때다. 가족의 사랑이 느껴진다.

앞에서 자세히 소개했듯이 전시실의 서랍마다 윤동주를 만날 수 있다. 서랍이 그의 추억 창고로 보물창고다. 한 서랍을 여니 고향 들판에서 친구들과 그가 찍은 사진과 가족사진이 내 마음을 사로잡는다. 그중 가족사진이 유난히 정겹게 다가온다. 조선시대와 일제강점기의 우리 선조들 모습이다. 가장 슬프게 다가온 서랍은 윤동주 시인의 친필 원고와 그의 장례식 사진이 들어 있는 서랍이다. 윤동주도 그 서랍 안에서 많이도 슬퍼하고 있을 것만 같다. 나도 그 서랍을 여는 순간 슬펐다.

또 다른 서랍을 여니 윤동주 시인과 함께 공부한 친구들의 졸업 사진이 들어있다. 이 사진을 찍을 무렵! 식민지 시대를 살아가고 있긴 해도 기뻤을 것이다. 그런데 학사모를 쓰고 찍은 그 졸업 사진이 윤동주의 영정사진이 되고 말았다. 그를 떠올릴 때면 항상 그 사진이 가장 먼저 떠오른다. 꽃미남으로 사진도 잘 나와서 그런가 보다. 서랍 안에 있는 그와 그의 친구들 모습을 보니 그들이 서랍 안에서나마 행복했던 대학 생활 이야기를 나누고 있으면 좋겠다는 생각이 들었다. 졸업 사진에 그가 연한 미소를 짓고 있다. 그 미소가 나를 더 슬프게 만든다. 윤동주를 비롯한 친구들 모두가 꽃미남들이다. 강처중, 김삼불, 송몽규….

전시실로 꾸민 방마다 비밀의 서랍처럼 서랍 칸 칸에 윤동주 시인이 들어 있다. 그에 관한 이야기가 서랍마다 가득하다. 서랍 안에서 가족과 친구들을 모두 만날 수 있다. 그를 비롯한 강처중, 김삼불, 송몽규 등의 졸업 사진도 만나볼 수 있다. 하나같이 꽃미남들이다.

마주보며 고향 이야기를 나누다

　10개의 방에 마련된 전시실이 각각 특징이 있지만 나는 '길'의 전시실에서 큰 감동이 일었다. 그 방에 들어가 미디어아트 공간을 관람하면서 감동이 밀물처럼 몰려왔다. 그가 거닐었던 고향의 골목길 담벼락에, 책을 들고 서 있는 윤동주의 그림자가 비치고 있었다. 그런데 그 그림자가 계속 움직이고 있다. 나는 그 그림자 곁으로 다가가 그와 마주했다. 그림자의 주인공이 바로 윤동주다. 비록 그림자지만 윤동주의 얼굴과도 마주하고 손도 잡았다. 그는 책을 들여다보기도 하고, 하늘을 우러러보기도 했다. 그와 눈을 마주한 순간 가슴이 뭉클했으나 윤동주를 가까이 만난 것 같아 반가웠다. 유족들이 고향에서 녹음해 온 고향의 비바람, 풀벌레, 새, 교회 종소리까지 실제로 들을 수 있었지만 그의 목소리는 남아 있지 않아 무척이나 안타까웠다. 하지만 그가 태어나 뛰어놀던 그의 고향 소리까지 들을 수 있어 몰입이 되고 그대로 그에게 끌려 들어갔다. 그리고 그가 더 그리워졌다.

미디어아트 공간에서 윤동주 시인과 반가워서 손을 잡았고, 같이 하늘도 바라보았다. 나뭇잎들도 바람에 내 심장처럼 계속 출렁거렸다.

　그의 그림자였지만 나는 그 옆에 서서 그의 얼굴을 한참 들여다보았다. 그의 고향나무들, 전신주와 전깃줄, 빨랫줄, 교회 종탑, 우물까지 재현해 놓았다. 그 우물을 가만히 들여다보니 우물 속에는 정말 달이 밝고 구름이 흐르고 하늘이 펼치고 파란 바람이 불고 가을이 있었다. 우물 안에는 가을뿐 아니라 봄·여름·가을·겨울 등 우리나라의 사계가 골고루 펼쳐졌다. 그러나 윤동주는 보이지 않았다. 자신이 미워져 돌아간 모양이었다.

여덟 번째 '길'이란 주제로 꾸민 방에 우물이 있다. 영상으로나마 우물 안에서 자연의 사계를 만나볼 수 있다. 윤동주의 고향 산천이 우물을 들여다보고 있다. 그러나 윤동주는 보이지 않는다.

그 방에는 그의 고향! 고향의 모든 것이 바람에 출렁였다. 지난여름에 그의 고향 용정을 다녀와서 그런지 더 실감이 난다. 반갑고, 흥미로웠다. 좀처럼 이 전시관에서 발길을 쉽게 떼기 어렵다. 그래서 빨랫줄에 빨래도 널어보았다. 그의 생가가 있는 그의 고향이 눈에 선하였다. 그곳에 내가 서 있는 느낌이었다.

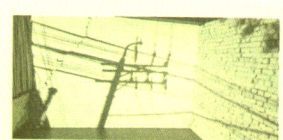  

윤동주의 고향에 있는 전깃줄, 빨랫줄, 교회의 첨탑 모습이다. 윤동주는 책을 읽고, 나는 헤어지기 아쉬워 그 곁에서 빨래를 널었다.

또한 '창'의 전시실에 그의 기숙사 방을 재현해 놓아 실감이 났다. 궁금했던 그의 기숙사 방의 모습이다. 그 시절의 기숙사 방에 들어온 느낌이었다.

그의 체취가 남아 있을 것만 같았다. 그러나 그 방이 또다시 가슴을 뭉클하게 만들어주었다. 창가에 작은 책상과 그가 읽었던 책들, 그리고 그가 서울로 유학을 와서 1학년 1학기를 마치고 여름방학을 맞이하여 고향으로 돌아가기 위해 사놓은 열차표가 있었다. 기숙사 방에 걸린 일력(日曆)은 1938년 7월 25일을 가리키고 있다. 나의 아버지를 떠올리게 하는 방이다. 아버지는 평생을 일력(日曆)과 함께 인생을 펼치다가 돌아가셨다. 돌아가신 후 아버지의 일력은 한동안 거실을 지키고 있었다. 구급차 타고 병원으로 가신 날짜 그대로….

이 방에서 나는 윤동주가 앉았을 창가의 책상 앞에 앉아보았다. 아직은 추운 겨울이다. 그가 죽어간 2월이다. 책상도 있고, 책꽂이도 있고, 침대도 깔끔하다. 그 시대에 상류층이 누릴 수 있는 기숙사 방의 모습이다. 기숙사 방치고 최상이 아닌가 싶다. 그래도 그를 생각하면 마음이 아프다. 그는 부모님이 대준 학비로 명동소학교에 입학하면서부터 일본 유학까지 공부만 하였다. 그리고 시만 썼다. 그는 그것을 죄송하게 생각하면서 안타까워하기도 했다. 하지만 그는 끝내 꿈을 펼치지 못하고 세상을 떠났다. 학비를 대준 부모님께 보답을 못 한 채 세상을 떠나고 말았다. 훌륭한 인재가 되기 위해 노력했는데 그의 짧은 인생이 너무나 안타깝다. 세상이 원망스럽기만 하다.

기숙사 방에 걸린 일력(日曆)은 1938년 7월 25일을 가리키고 있다. 윤동주 시인이 연희전문학교로 유학 온 뒤 첫 여름방학을 맞이하였다. 그의 기숙사 방에 고향인 중국의 용정으로 가는 열차표도 있다. 그의 책상 앞에 나도 앉아보았다. 그가 좋아했던 화가와 그가 읽었던 책들이 전시되어 있다. 말끔하게 정리된 침대가 가슴 짠하게 한다. 여름이라 홑이불이다.

그의 기숙사 방에는 어떤 책들이 꽂혔을지 궁금했는데 실제 책은 꽂혀 있지 않았다. 그가 독서광이었기에 궁금했다. 재현해 놓지 않았지만 아마 윤동주의 방에는 세종대왕 다음으로 한글의 정립과 보급에 가장 큰 역할을 한 것으로 평가받고 있는 최현배 교수의 『우리말본』이 꽂혀 있었을 테고, 정지용의 시집은 당연히 꽂혀 있었을 것이다. 그가 이 두 분을 가장 존경한 것 같아서다. 그리고 국내외 유명한 작가들의 시집과 철학, 심리학, 예술서 등등 다양한 책들이 꽂혀 있었을 것으로 짐작된다. 책 이야기를 하니 내 기분도 좋아진다.

2층으로 오르는 철계단 아래에는 '흐르는 거리'의 전시실이 있다. 이 전시실은 그의 대표 시 「서시」, 「별 헤는 밤」, 「쉽게 씌워진 시」 등을 한국어, 영어, 중국어로 감상할 수 있는 공간이기도 하다. 그의 시는 전 세계 10여 개국의 언어로 번역되어 있다. 앉아서 윤동주의 시를 읽을 수 있는 공간도 아늑하게 꾸며져 있다. 아울러 이 전시실의 한쪽에는 윤동주가 떠난 후 기숙사가 아닌 신학관·음악관으로 사용되다가 마지막으로 학교법인 사무처가 들어와 있었음을 알 수 있도록 그들의 흔적을 철계단 옆 코너에 전시해 놓았다. 현재는 〈윤동주기념관〉이 되었다.

1층의 마지막 10번째 방으로 '흐르는 거리'의 전시실 모습이다. 2층으로 오르는 중앙계단 말고 별도로 설치한 계단 바로 아래 이 전시실이 있다. 윤동주의 시를 한국어, 영어, 중국어로 감상할 수 있다.

중앙의 기존 계단 말고 오른쪽에 1층에서 2층으로 오르는 철계단이 별도로 설치되어 있다. 그 계단 바로 아래 자리한 '흐르는 거리'의 전시실을 지나 2층으로 오를 수 있다. 2층은 라이브러리로 도서관이다. 윤동주와 관련된 전 세계의 자료들이 모여 있는 공간이다. 책을 읽을 수 있는 공간도 있다. 이곳에서 책을 읽다가 돌아와도 기분이 꽤 괜찮은 도서관이다. 윤동주가 내다 보았을 창문도 여러 개가 있다. 그는 연희전문학교 시절 800권이나 되는 책을 읽었다고 한다. 1주일에 4권 정도의 책을 읽은 셈이다. 그 시절이 가장 행복했을 윤동주다.

2층의 도서관 모습이다. 윤동주의 도서관이다. 윤동주 시인에 관한 전 세계자료가 다 모여 있다. 서적, 학위 논문, 그의 행사 포스터, 기사, 한국의 문학 교과서 등이 비치되어 있다.

도머창이 있는 다락방

〈윤동주기념관〉의 3층은 다락방이다. 앞에서 소개했듯이 '시몬느 홀'과 '기획전시실'로 사용되고 있다. 그 공간에 들어서면 왠지 윤동주 시인이 나타나서 오라며 손을 맞잡을 것만 같다. 다락형 천장과 지붕에 창을 단, 도머창(dormer window) 구조를 그대로 간직한 그 시절 그대로의 공간이다. 목재 마감재 사이로 들어오는 햇살이 운치 그 자체다. 마침, 햇살이 좋은 날 그곳을 찾아 그 햇살의 운치를 맛보았다. 정말 이곳을 찾는 사람들은 꼭 시를 써야 할 것 같은 분위기를 연출해 주고 있다. 이 공간은 미래를 여는 새로운 창작과 영감의 장이 되고도 남을 분위기를 자아낸다. 〈윤동주기념관〉 2층에서 잠깐 영감이 떠오르면 3층 다락방으로 올라가 창작하다가 돌아와도 좋다. 책상도 놓여 있다.

2층에서 철계단 말고 중앙계단을 올라오면 3층 양쪽에 커다란 다락방이 있다. 그 다락방에, 지붕창이라 할 수 있는 도머창이 여러 개 달려 있어 하늘을 내다보고, 자연의 사계를 내다보며 시심을 불태울 수 있었을 것이다. 지붕 골조가 그대로 드러나 있는 게 특징이다. 그 모습 그대로 멋지다. 그곳의 창으로 햇살과 달빛, 별빛도 들어왔을 것이다. 그뿐인가? 파란 하늘은 물론 빗소리, 바람 소리, 새소리 등등, 자연의 소리가 모두 들어왔을 것은 분명하다. 그곳에서 바라본 밤하늘의 별들은 더없이 초롱초롱 빛났을 것이고, 별을 헤느라 잠을 설칠 때가 많았을 것이다. 달빛도 도머창으로 얼굴을 들이밀었을 것이다. 무엇보다 그에게 시들이 들어왔을 것이다. 그의 첫 시집 초판본에 실린 19편의 시들 모두 그가 연희전문학교 재학 중에 쓴 시들이니 그렇다.

도머창이 있는 3층 다락방의 현재 모습이다. 현재 좌우의 다락방을 세미나실과 자료 전시실로 사용하고 있다. 창가에 앉아 햇빛·별빛·달빛과 이야기를 나누어도 참 괜찮은 장소다.

이곳 3층은 바로 도머창이 있는 다락방으로 어린 시절 고향 집의 다락방을 떠올리게 하는 아름다운 곳이다. 천혜의 창작실로 이곳에서 윤동주가 창작의 꿈을 꿀 수 있었을 것이다. 나의 고향 집 다락방에 도머창은 아니었지만, 하늘을 내다볼 수 있는 작은 창이 아래, 위층에 있었다. 하늘과 구름, 햇빛, 별빛, 달빛, 그리고 바람과도 친해질 수 있는 곳이었다. 그곳에서 나의 꿈도 자라났다. 윤동주는 도머창이 있는 이 기숙사에서 연희전문학교 1학년 때 산문 「달을 쏘다」를 1938년 10월에 써서 1939년 1월 23일 〈조선일보〉에 발표하였다. 그리고 2주 지난 2월 6일에는 시 1937년 10월 24일에 쓴 「유언」을, 10월 17일에는 1938년 9월 15일 쓴 「아우의 印象畵(인상화)」라는 작품을 '윤주(尹柱)'라는 이름으로 〈조선일보〉에 발표하였다. 조금은 낯선 작품인 「아우의 印象畵(인상화)」를 원문대로 소개해 본다. 이 시에도 달이 등장한다.

아우의 印象畵(1938.9.15.)

붉은 이마에 싸늘한 달이 서리어
아우의 얼굴은 슬픈 그림이다.

발걸음을 멈추어
살그머니 애딘 손을 잡으며
"늬는 자라 무엇이 되려니"
"사람이 되지"
아우의 설은 진정코 설은 對答(대답)이다.

슬며시 잡았던 손을 놓고
아우의 얼굴을 다시 들여다 본다.

싸늘한 달이 붉은 이마에 젖어
아우의 얼굴은 슬픈 그림이다.

3층 도머창은 지금도 가장 사랑받는 공간이 되고 있다. 창 앞에 앉으면 시인이 된 것만 같다. 그리고 바로 시를 써야만 할 것 같다. 윤동주가 살았던 곳이라 그런가 보다. 이 도머창은 경사 지붕 아래 공간을 넓게 쓰고자 돌출시킨 지붕의 창이다. 그 시대 기숙사 건물을 어찌 이렇게 운치 있게 지었는지 모르겠다. 요즘 지은 건물들과 맞짱 떠도 손색이 없다. 오히려 멋지다. 이곳은 바깥 풍경을 그대로 바라볼 수 있는 곳으로 시심을 불태울 수 있는 공간이다. 누구든 이곳을 찾으면 시인이 아니어도 시상이 떠오를 것 같은 분위기다. 자연의 사계도 매일 같이 서성댄다.

 그러니 윤동주가 「달을 쏘다」란 산문을 이곳 기숙사 3층에서 쓸 수 있었을 것이다. 연희전문학교(현재 연세대학교) 1학년 시절부터 윤동주는 도머창이 있는 3층 다락방에서 잠 못 이루는 밤을 보냈다. 윤동주의 둘째 동생인 윤일주 교수의 아들 윤인석 성균관대 건축과 명예교수가 쓴 글이 있어 소개한다. 그는 「윤동주와 관련된 가족사에 대한 단상」 중의 한 부분에 습유(拾遺) 작품의 대부분은 윤동주의 연희전문학교 학우였던 강처중이 가지고 있다가 윤동주의 동생인 윤일주에게 전해준 것이라 하였다. 윤인석은 윤동주의 친동생 윤일주의 아들로 윤동주에게 조카다.

 윤인석 교수에 따르면, 큰아버지 윤동주가 도쿄 릿쿄대학에 재학하던 1942년 6월 무렵, 큰아버지의 절친 강처중에게 보낸 편지 속에는 앞서 언급한 「흰 그림자」를 비롯해 총 5편의 시가 적혀 있었다고 한다. 그중 마지막에 실린 「봄」이라는 시는 편지지 중간에서 끝난 뒤 바로 편지 사연이 이어졌는데, 편지 속 내용이 당시로서는 위험하다고 판단되어 해당 페이지를 없애버렸다는 것이다. 그 결과 오늘날 우리가 읽는 「봄」은 시의 일부만 남아 있는 셈이 되었다. 훗날 그 편지를 정리하던 강처중은 편지 내용은 지웠지만 이어진 시를 따로 옮겨 적지 않은 점을 무척 아쉬워했다고 한다. 강처중은 혹시라도 친우에게 피해가 갈까 염려하여 유품 하나하나를 세심히 챙기고, 무게

있는 작품만을 남기려 애썼던 것으로 보인다. 이는 연희전문학교 시절 맺은 깊은 우정과, 큰아버지 시에 대한 애정이 만들어낸 선택이었을 것이라고 교수는 설명했다.

  2019년 3.1운동 100주년 기념으로 〈윤동주, 달을 쏘다〉란 창작 가무극이 예술의 전당에서 막을 올렸다. 2016년 개봉한 흑백영화 〈동주〉도 윤동주의 삶을 모티브로 삼아 만들어 냈다. 그가 남긴 문학작품이 가무극에도, 영화에도 큰 영향을 미치고 있다. 이 두 작품을 나는 모두 보았다. 윤동주가 1938년 연희전문학교 1학년 2학기 때 쓴 수필 「달을 쏘다」 전문이 길지만 원문대로 소개한다. 그의 순국 10주년인 1955년 정음사에서 발간한 초판본에서 옮겼다. 이 작품은 1939년 1월 〈조선일보〉 학생란에, 1949년 7월 8일 〈학풍(學風)〉에 발표했다. 서울에서 윤동주가 이 작품을 쓸 때는 그의 꿈이 뭉게뭉게 피어날 때였다. 그의 첫 산문이라 의미가 크다.

달을 쏘다(1938.10.)

번거롭던 四圍(사위)가 잠잠해지고 時計(시계) 소리가 또렷하나 보니 밤은 저윽히 깊을 대로 깊은 모양이다. 보던 冊子(책자)를 冊床(책상)머리에 밀어놓고 잠자리를 수습한 다음 잠옷을 걸치는 것이다. 「딱」 스위치 소리와 함께 電燈(전등)을 끄고 窓(창)역의 寢臺(침대)에 드러누우니 이때까지 밝은 휘양찬 달밤이었던 것을 感覺(감각)치 못하였었다. 이것도 밝은 電燈(전등)의 惠澤(혜택)이었을까.

나의 陋醜(누추)한 房(방)이 달빛에 잠겨 아름다운 그림이 된다는 것 보담도 오히려 슬픈 船艙(선창)이 되는 것이다. 창살이 이마로부터 콧마루, 입술 이렇게 하얀 가슴에 여민 손등에까지 어른거려 나의 마음을 간지르는 것이다. 옆에 누운 분의 숨소리에 房(방)은 무시무시해진다. 아이처럼 황

황해지는 가슴에 눈을 치떠서 밖을 내다보니 가을 하늘은 역시 맑고 우거진 松林(송림)은 한 폭의 畵墨(화묵)다. 달빛은 솔가지에 솔가지에 쏟아져 바람인 양 쏴-소리가 날 듯하다. 들리는 것은 時計(시계)소리와 숨소리와 귀뚜리 울음뿐 벅쩍 고던 寄宿舍(기숙사)도 절간보다 더 한층 고요한 것이 아니냐?

나는 깊은 思念(사념)에 잠기우기 한창이다. 딴은 사랑스런 아가씨를 私有(사유)할 수 있는 아름다운 想華(상화)도 좋고, 어릴 적 未練(미련)을 두고 온 故鄕(고향)에의 鄕愁(향수)도 좋거니와 그보담 손쉽게 表現(표현) 못 할 深刻(심각)한 그 무엇이 있다.

바다를 건너온 H군(君)의 편지 사연을 곰곰 생각할수록 사람과 사람 사이의 感情(감정)이란 微妙(미묘)한 것이다. 感傷的(감상적)인 그에게도 必然(필연)코 가을은 왔나 보다.

편지는 너무나 지나치지 않았던가. 그중 한 토막,

"군아, 나는 지금 울며울며 이 글을 쓴다. 이 밤도 달이 뜨고, 바람이 불고, 人間(인간)인 까닭에 가을이란 흙냄새도 안다. 情(정)의 눈물, 따뜻한 藝術學徒(예술학도)였던 情(정)의 눈물도 이 밤이 마지막이다."

또 마지막 켠으로 이런 句節(구절)이 있다.

"당신은 나를 永遠(영원)히 쫓아버리는 것이 正直(정직)할 것이오."

나는 이 글의 뉴안쓰를 解得(해득)할 수 있다. 그러나 事實(사실) 나는 그에게 아픈 소리 한마디 한 일이 없고 설은 글 한쪽 보낸 일이 없지 아니한가. 생각컨대 이 罪(죄)는 다만 가을에게 지워보낼 수밖에 없다.

紅顔書生(홍안서생)으로 이런 斷案(단안)을 나리는 것은 외람한 일이나 동무란 한낱 괴로운 存在(존재)요 友情(우정)이란 진정코 위태로운 잔에 떠 놓은 물이다. 이 말을 反對(반대)할 자 누구랴. 그러나 지기(知己) 하나 얻기 힘든다 하거늘 알뜰한 동무 하나 잃어버린다는 것이 살을 베어내는 아픔이다.

나는 나를 庭園(정원)에서 發見(발견)하고 窓(창)을 넘어 나왔다든가 房門(방문)을 열고 나왔다든가 왜 나왔느냐 하는 어리석은 생각에 頭腦(두뇌)를 괴롭게 할 必要(필요)는 없는 것이다. 다만 귀뜨람이 울음에도 수줍어지는 코쓰모쓰 앞에 그윽히 서서 닥터 삐링스의 銅像(동상) 그림자처럼 슬퍼지면 그만이다. 나는 이 마음을 아무에게나 轉嫁(전가) 시킬 심보는 없다. 옷깃은 敏感(민감)이어서 달빛에도 싸늘히 추워지고 가을 이슬이란 선득선득하여서 설운 사나이의 눈물인 것이다.

발걸음은 몸뚱이를 옮겨 못가에 세워줄 때 못 속에도 역시 가을이 있고, 三更(삼경)이 있고, 나무가 있고, 달이 있다.

그 刹那(찰나) 가을이 怨望(원망)스럽고 달이 미워진다. 더듬어 돌을 찾아 달을 向(향)하야 죽어라고 팔매질을 하였다. 痛快(통쾌)! 달은 散散(산산)히 부서지고 말았다. 그러나 놀랐던 물결이 자자들 때 오래잖아 달은 도로 살아난 것이 아니냐, 문득 하늘을 쳐다보니 얄미운 달은 머리 위에서 빈정대는 것을……

나는 곳곳한 나무가지를 고나 띠를 째서 줄을 매어 훌륭한 활을 만들었다. 그리고 좀 탄탄한 갈대로 화살을 삼아 武士(무사)의 마음을 먹고 달을 쏘다.

윤동주가 기숙사 생활을 했던 핀슨관은 그의 작품「달을 쏘다」라는 작품이 탄생할 만한 곳이다. 이 작품은 윤동주가 남긴 산문 5편 중 한 편이다. 그는 이 외 산문시로「투르게네프의 언덕」을 산문으로「별똥 떨어진 데」,「화원(花園)에 꽃이 핀다」,「종시(終始)」등을 남겼다.

「투르게네프의 언덕」에서 윤동주를 읽다

윤동주의 작품 중 산문 시 「투르게네프의 언덕」은 1939년 그가 연희전문학교 2학년 재학 중에 쓴 시다. 이 작품을 읽노라면 암울했던 식민지 시대의 서울(경성) 풍경이 그려진다. 부유한 집에 태어나 부모님이 보내주는 학비로 유학하고 있는 그가 그 당시 서울 거리의 풍경을 그대로 묘사한 작품이다. 작품에 그의 마음이 사진을 찍은 듯 드러나 있다. 그렇기에 내 마음이 아프다. 그때 그 시절, 나라를 잃고 거지 같이 살아갔던 어려운 가정의 아이들 모습이 작품에 그대로 나타나 있다. 이 모습이 아주 오래된 모습도 아니다. 우리나라를 되찾은 지 80년밖에 안 되었다. 바로 나의 아버지, 삼촌들의 생활상일 수도 있다. 그 시절 거지같이 살아가야만 했던 모든 분께 감사할 뿐이다. 그분들이 묵묵하게 어려움을 이겨냈기에 오늘의 대한민국이 있다고 본다.

솔직히 윤동주는 유복한 집에 태어나 고생 없이 학업에만 열중했다. 어쩌면 그가 서울에 유학하면서 세상을 바라보는 시야도 넓어졌을지도 모른다. 아니, 그랬을 것이다. 윤동주의 고향 간도보다 서울의 형편이 더 어려웠을지도 모른다. 그는 고생 없이 책 읽고, 글 쓰고, 공부에만 매달렸다. 그나마 그가 어려운 사람들의 마음을 헤아릴 줄 알았다는 게 다행이다. 아쉬운 것은, 그가 적극적으로 나서서 거지들에게 도움을 주지 못한 것이다. 그렇기에 그의 작품이 애잔하고, 뭔지 모르게 아쉽고 마음이 아프다. 답답하게 여겨지기도 한다. 솔직히 그는 사람의 마음을 헤아리고 도움은 주고 싶어 한다. 그러나 선뜻 행동으로 실천하지 못한다. 그러니 늘 부끄러움에 반성하는 작품들이 많다. 용기가 없어도 너무 없다.

그가 쓴 산문 시 「투르게네프의 언덕」만 보아도 그렇다. 러시아의 시인이며 소설가인 이반 투르게네프(1818~1883)의 「거지」란 산문 시를 읽고 모방해 쓴 작품임은 틀림없다. 그러나 두 작품은 작가의 의도가 완전히 다르다. 철학적 사고가 다르고, 삶의 방식이 다르기에 그럴 것이다. 나는 두 작품 중 이반 투르게네프의 산문시 「거지」가 진정성이 더 느껴진다. 투명하게 메시지 전달이 되어 작품에 쉽게 동화되고, 공감이 간다. 작가가 전달하고자 하는 따뜻한 메시지가 있어 가슴이 뭉클해진다. 이반 투르게네프의 산문 시 「거지」를 소개하고 뒤에 조금은 답답한 윤동주의 산문 시 「투르게네프의 언덕」을 원문 그대로 소개한다.

거지(1878.2.)

투르게네프

길거리를 걷고 있었지요. 늙은 거지 한 명이 내 발길을 멈추게 했습니다. 눈물 어린 붉은 눈, 파리한 입술, 다 해진 누더기 옷, 더러운 상처... 아아, 가난이란 어쩌면 이다지도 잔인하게 이 불행한 사람을 갉아먹는 것일까요! 그는 벌겋게 부어오른 더러운 손을 나에게 내밀었습니다. 그는 신음하듯 중얼거리듯 동냥을 청했습니다. 나는 호주머니란 호주머니를 모조리 뒤져 보았습니다... 지갑도 없고 시계도 없고 손수건마저 없었습니다. 나는 아무것도 가진 것이 없이 외출을 했던 것입니다. '이 일을 어쩌나...' 그러나 거지는 여전히 기다리고 있습니다. 그 손은 힘없이 흔들리며 떨고 있었습니다. 당황한 나머지 어쩔 줄 몰라, 나는 힘없이 떨고 있는 거지의 손을 덥석 움켜잡았습니다. "미안합니다, 형제, 내 급하게 나오느라 아무것도 가진 게 없구려." 거지는 붉게 충혈된 두 눈으로 물끄러미 나를 올려다보았습니다. 그의 파리한 두 입술에 가느다란 미소가 스쳐 가는 것을 볼 수 있었습니다. 그리고 그는 자기대로 나의 싸늘한 손가락을 꼭 잡아주었습니다. 그러면서 그는 혼자 중얼거리듯 말했습니다. "괜찮습니다, 선생님. 그것만으로도 고맙습니다. 그것도 역시 적선이니까요." 나는 그때 깨달았습니다.

거꾸로 이 형제에게서 내가 적선을 받았다는 사실을....

투르게네프의 언덕(1939.9.)

윤동주

나는 고갯길을 넘고 있었다...... 그때 세 少年(소년) 거지가 나를 지나쳤다.
첫째 아이는 잔등에 바구니를 둘러메고, 바구니 속에는 사이다병, 간즈메통, 쇳조각, 헌 양말짝 等(등) 廢物(폐물)이 가득하였다.
둘째 아이도 그러하였다.
셋째 아이도 그러하였다.
텁수룩한 머리털, 시커먼 얼굴에 눈물 고인 充血(충혈)된 눈, 色(색) 잃어 푸르스름한 입술, 너덜너덜한 襤褸(남루), 찢겨진 맨발,
아아, 얼마나 무서운 가난이 이 어린 少年(소년)들을 삼키었느냐! 나는 惻隱(측은)한 마음이 움직이었다.
나는 호주머니를 뒤지었다. 두툼한 지갑, 時計(시계), 손수건 ......있을 것은 죄다 있었다.
그러나 무턱대고 이것들을 내줄 勇氣(용기)는 없었다. 손으로 만지작 만지작거릴 뿐이었다.
多情(다정)스레 이야기나 하리라 하고 "얘들아." 불러 보았다.
첫째 아이가 充血(충혈)된 눈으로 흘끔 돌아다볼 뿐이었다.
둘째 아이도 그러할 뿐이었다.
셋째 아이도 그러할 뿐이었다.
그러고는 너는 相關(상관)없다는 듯이 自己(자기)네끼리 소곤소곤 이야기하면서 고개로 넘어갔다.
언덕 위에는 아무도 없었다.

짙어가는 黃昏(황혼)이 밀려들 뿐.

윤동주의 「투르게네프의 언덕」의 산문 시도 투르게네프의 산문 시 「거지」에서처럼 윤동주가 거지들과 마주치며 느낀 감정을 그대로 표현한 작품이다. 시를 잘 모르는 내가 윤동주의 시를 좋아하는 것은 그의 정직한 마음이 작품에 그대로 나타나 있어서다. 두 작품에 등장하는 거지들 모두 불쌍하지만 그래도 윤동주의 작품에 등장하는 첫째, 둘째, 셋째 아이가 더 불쌍하다. 나라까지 잃은 나라에서 어린아이들이 거지로 살아가야 했으니 얼마나 불쌍한가. 그때는 온 민족이 불쌍했다. 윤동주도 불쌍하다. 그의 호주머니에 두툼한 지갑, 시계, 손수건 등등이 있으면서도 선뜻 도와주지 못했으니 불쌍한 게 아닌가. 그의 용기 없는 행동으로 그의 부끄러움은 그렇게 늘어만 갔다.

「투르게네프의 언덕」은 제목부터 근사하다. 윤동주가 독서광이었음이 드러난다. 그의 시 제목을 탄생시킨 투르게네프는 도스토옙스키, 톨스토이와 함께 19세기 러시아 문학의 부흥기를 이끈 작가다. 그의 작품은 우리나라에 1910년대부터 1920년대 초반에 걸쳐 소설과 산문시가 집중적으로 소개되었다. 그러니 윤동주가 그의 작품을 안 읽었을 수가 없다. 더욱이 일본에서 그의 산문시는 문학청년들 사이에서 인기가 높았다. 프랑스 상징주의 시처럼 난해하지 않으면서도 범상치 않은 인생의 지혜를 담고 있어서였다. 윤동주가 연희전문학교 다닐 때 우리 민족이 일본의 식민지로 살아가고 있었으니 당연히 이 책은 일본을 통해 번역되어 우리나라까지 들어왔을 것이다.

고국에서 마지막 작품으로 「참회록(懺悔錄)」을 쓰다

윤동주는 1941년 연희전문학교를 졸업한 뒤 일본에 유학하여 대학 과정을 다시 밟고자 하였다. 그러나 이때 일본에 유학하려면 필수적인 것이 창씨개명(創氏改名)이었다. 그는 1939년 9월 이후 1940년 12월까지 1년 2개월 동안 시를 쓰지 않았다. 중학교 시절부터 하루에도 몇 편씩 시를 쓰던 시인이 절필하였다. 이유는 그즈음의 상황을 통해 짐작할 수 있다. 1939년 11월 10일, 일본은 '조선인의 씨 명에 관한 건' 이른바 '창씨개명'을 공포하였다. 일본은 우리나라와 우리말을 빼앗은 것도 모자라서 민족의 성과 이름마저 빼앗겠다는 심보였다. 이런 일본의 만행에 윤동주는 매우 화가 치밀었을 것이다. 무엇보다 그렇게 좋아하던 시를 쓸 의욕마저 빼앗아 가 버렸다.

신사참배 거부로 숭실중학교를 자퇴까지 했던 윤동주지만, 결국 일본 유학을 떠나기 위하여 성씨를 '히라누마도주(平沼東柱)'라고 바꾸게 되었다. 윤동주는 1942년 1월 29일 졸업증명서 등 일본으로의 유학을 위하여 연희전문학교에 창씨개명 계를 제출하였다. 그는 그에 앞서 5일 전인 1월 24일 「懺悔錄(참회록)」이라는 시를 썼다. 이 시를 쓰지 않을 수 없었을 것이다. 고국에서 쓴 마지막 작품이 바로 「懺悔錄」이다. 그가 쓴 한자에 한글을 병기(倂記)했을 뿐 윤동주가 쓴 친필 원고의 원문(原文) 그대로를 옮겨 싣는다. 그러다 보니 현재 우리의 맞춤법에 맞지 않는 게 있다.

懺悔錄(1942.1.24.)

파란 녹이 낀 구리거울속에
내 얼굴이 남어 있는 것은
어느 王朝(왕조)의 遺物(유물)이기에
이다지도 욕될가

나는 나의 懺悔(참회)의 글을 한줄에 주리자
―滿二十四年―介月(일만이십사년일개월)을

1. 윤동주의 서울, 문학이 피어난 곳

무슨 기쁨을 바라 살아 왔든가

내일이나 모레나 그 어느 즐거운 날에
나는 또 한줄의 懺悔錄(참회록)을 써야한다.
— 그때 그 젊은 나이에
왜 그런 부끄런 告白(고백)을 했든가

밤이면 밤마다 나의 거울을
손바닥으로 발바닥으로 닦어 보자.

그러면 어느 隕石(운석)밑으로 홀로 걸어가는
슬픈 사람의 뒷모양이
거울속에 나타나온다.

「참회록」의 시는 일제가 강요하는 창씨개명에 굴복한 자신에 대한 참회로, 시에서 나오는 '일만이십사년일개월'은 1917년 12월 생으로 1942년 1월에 만 24년 1개월이 된 자신을 지칭하는 것이다. 당시에 유학을 위해서 어쩔 수 없는 창씨개명하였고 그로 인해 상당한 괴로움을 표현했다. 그리고 그의 괴로움과 번민은 시 본문뿐 아니라 원고 여백에 쓴 낙서들에서도 잘 드러나 있다. 내 나라에서 지은 이름을 없애고, 일본식 이름으로 개명했으니 어찌 슬프지 않겠는가. 완전 일본 사람이 되어가는데….

[3]

누상동 하숙집과 수성동계곡, 시인의 숨결이 깃든 자리

서울은 윤동주의 거대한 시 창작실

윤동주 시인(1917~1945)은 연희전문학교에 입학하여 1학년 때 기숙사에서 지내다가 2학년 때 급식 등 그 환경이 급속도로 나빠져 기숙사를 나와 서대문구 북아현동과 중구 서소문동에서 하숙하였다. 그리고 3학년 때 다시 기숙사로 돌아와 친구들과 지내다가 4학년에 올라가면서 다시 나왔다. 이후 종로구 누상동의 마루터기에서 1개월, 서울 종로구 누상동의 함경남도 함주 출신인 소설가 김송(1909~1988)의 집에서 후배 정병욱(1922~1982)과 4개월 정도를 지냈다. 이때 많은 작품을 썼다.

윤동주가 연희전문학교 시절 기숙사를 나와 후배 정병욱과 소설가 김송의 집에서 하숙을 잠깐 했던 그 집이다. 한옥이었던 옛 하숙집의 모습은 남아 있지 않다.

윤동주는 1939년 연희전문학교 2학년 때 하숙하면서 이웃에 살던 정지용의 집을 여러 번 방문했다. 『문장』, 『인문평론』등을 사서 읽던 시절이었다. 그런데 그는 1939년 9월 이후부터 1940년 12월까지 1년 이상 절필(絶筆)하였다. 절필한 지 1년 3개월 만에 다행히 「병원」, 「위로」, 「팔복」 등 3편의 시를 썼다.

1940년 3학년이 되면서는 하숙 생활을 접고 다시 연희전문대학 기숙사로 돌아왔다. 이때 신입생 정병욱을 만나 룸메이트가 되었다. 그런데 또 정병욱과 함께 기숙사를 나와 소설가 김송의 집에서 하숙을 함께 하면서 지냈다. 그때가 윤동주가 4학년이었다. 1941년 5월 그믐부터 9월 초 여름방학이 끝날 때까지 김송의 집에서 하숙하면서 어느 곳보다 많은 작품을 썼다. 「무서운 時間(시간)」, 「눈 오는지도(地圖)」, 「太初(태초)의 아침」, 「또 太初(태초)의 아침」, 「새벽이 올 때까지」, 「십자가(十字架)」, 「눈감고 가다」, 「못 자는 밤」, 「돌아와 보는 밤」, 「看板(간판) 없는 거리」, 「바람이 불어」, 「또 다른 故鄕(고향)」, 「길」, 「별 헤는 밤」, 「서시(序詩)」, 「肝(간)」 그리고 산문 「종시(終始)」를 썼다. 이 작품들 모두 무르익은 작품들이 아닌가 싶다.

그 기간에 그의 첫 시집 제1부에 실린 많은 시를 썼다. 인왕산과 수성동계곡이 윤동주에게 창작실 역할을 크게 해주었던 모양이었다. 그러나 너무나 많이 알려지고 사랑받고 있는 「자화상」은 1939년 2학년 때 연희전문학교 기숙사를 나와 하숙하면서 그해 9월에 위의 시들보다 먼저 썼다. 어쩌하든 서울은 윤동주에게 거대한 시의 창작실이 되어주었다.

윤동주는 소설가 김송의 하숙집을 나와 마지막으로 서대문구 북아현동 하숙 전문집에서 9월부터 12월 말 졸업 때까지 4개월 정도 하숙하였다. 안타깝게도 졸업을 앞두고 전시(戰時)에 접어들면서 학제가 단축되기에 이르렀다. 그 결과 졸업이 3개월이나 앞당겨졌다. 그는 그가 그렇게 바랐던 연희전문학교 문과에 입학하여 졸업하였다. 그러는 동안 학교의 기숙사에만 있었던 게 아니었다. 기숙사를 나와 하숙을 이곳저곳에서 했다. 그는 연희전문학교 기숙사에서 2년 정도, 여기저기 하숙집에서 2년 정도를 지냈다. 1938년 4월에 연희전문학교에 입학하여 서울 생활을 4년 못 미치게 하였다. 그래도 서울의 구석구석을 들여다보고, 많은 것을 보고 느꼈을 것이다. 보고 느낀 것들을 시로 쏟아낸 것만 봐도 알 수 있지 않은가.

앞에서 이미 밝혔으나 원래 「序詩(서시)」는 제목이 붙어 있지 않았다. 시집 『하늘과 바람과 별과 詩』의 첫 부분을 장식한 서문(序文)격으로 쓴 글이다. 윤동주가 1941년 11월 20일 졸업하기 바로 전에 쓴 시였다. 그런데 그의 동생 윤일주와 후배 정병욱이 그 시의 제목을 「序詩」라고 명명했다. 그 이후 그의 대표작으로 가장 인기가 많다. 그가 연희전문학교 4학년이 되면서 기숙사를 나와 하숙집을 옮겨 다닐 때 그때가 별이 쏟아지듯 시상이 떠 오를 때였나 보다. 그때 쓴 시들 중 친필로 쓴 원고 「十字架」를 원문 그대로 먼저 소개하고, 이어 「별 헤는 밤」도 친필로 쓴 원고 그대로를 소개한다. 한자 표기에 한글을 넣었을 뿐 원문 그대로다. 윤동주는 「별 헤는 밤」보다 「十字架(십자가)」의 시를 먼저 썼다. 윤동주는 기독교 집안의 아들로 기독교 신자였다.

十字架(1941.5.31.)

쫓아오든 햇빛인데
지금 敎會堂(교회당) 꼭대기
十字架(십자가)에 걸리었습니다.

尖塔(첨탑)이 저렇게도 높은데
어떻게 올라갈수 있을까요.

鐘(종)소리도 들려오지 않는데

휫파람이나 불며 서성거리다가,

괴로왓든 사나이,
幸福(행복)한 예수·그리스도에게
처럼
十字架(십자가)가 許諾(허락)된다면

목아지를 드리우고
꽃처럼 피어나는 피를
어두어가는 하늘 밑에
조용이 흘리겠읍니다.

별 헤는 밤(1941.11.5.)

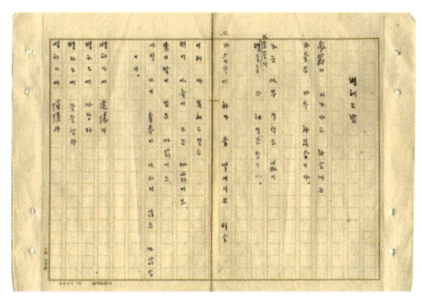

季節(계절)이 지나가는 하늘에는
가을로 가득 차 있습니다.

나는 아무 걱정도 없이

가을 속의 별들을 다 헤일 듯합니다.

가슴속에 하나 둘 색여지는 별을

이제 다 못헤는것은
쉬이 아츰이 오는 까닭이오,
來日(내일) 밤이 남은 까닭이오,
아직 나의 靑春(청춘)이 다 하지 않은 까닭입니다.

별 하나에 追憶(추억)과
별 하나에 사랑과
별 하나에 쓸쓸함과
별 하나에 憧憬(동경)과
별 하나에 詩(시)와
별 하나에 어머니, 어머니.

어머님, 나는 별 하나에 아름다운 말 한마디씩 불러 봅니다. 小學校(소학교) 때 冊床(책상)을 같이 했던 아이들의 일홈과, 佩(패), 鏡(경), 玉(옥), 이런 異國少女(이국소녀)들의 일홈과, 벌써 애기 어머니 된 계집애들의 일홈과, 가난한 이웃사람들의 일홈과, 비둘기, 강아지, 토끼, 노새, 노루, '프랑시쓰 짬', '라이넬·마리아·릴케' 이런 詩人(시인)의 일홈을 불러봅니다.

이네들은 너무나 멀리 있습니다.
별이 아슬이 멀 듯이.

1. 윤동주의 서울, 문학이 피어난 곳

어머님,
그리고 당신은 멀리 北間島(북간도)에 계십니다.

나는 무엇인지 그리워
이 많은 별빛이 나린 언덕우에
내 일홈자를 써 보고,
흙으로 덥허 버리였습니다

따는 밤을 새워 우는 버레는
부끄러운 일홈을 슬퍼하는 까닭입니다.

그러나 겨울이 지나고 나의 별에도 봄이 오면
무덤우에 파란 잔디가 피여나듯이
내일홈자 묻힌 언덕우에도
자랑처럼 풀이 무성할게외다.

윤동주는 연희전문학교 1학년 때 기숙사에서도 여러 편 썼지만 4학년 때 더 많은 시를 썼다. 인왕산 자락에서 하숙할 때였다. 그가 인왕산을 자주 올랐으니 「별 헤는 밤」을 쓸 수밖에 없었을 것이다. 하숙집과 인왕산은 맞닿아 있다. 그곳에서 올려다본 밤하늘은 그대로 별 밭이었을 것이다. 이 동네에 내가 살아봐서 안다. 별뿐 아니라 달을 관찰하기도 좋은 곳이다. 하늘과 맞닿은 동네라 「별 헤는 밤」 같은 명시를 탄생시켰음은 물론이다. 나도 이 동네에 살면서 하늘의 별을 헤아려 보곤 했다. 내가 좋아하는 카시오페이아, 북극성, 북두칠성, 작은 곰, 전갈 자리 등을 고개가 아프고, 눈이 피곤할 정도로 찾곤 했다.

지구가 공전하기 때문에 별자리의 위치는 계절마다 조금씩 변화한다. 처음에는 고향 집 마당에서처럼 익숙하지 않아 별자리를 찾는 데 오래 걸렸으나 점차 인왕산 자락에서도 잘 찾았다. 나의 별자리 찾기는 초등학교 때부터였다. 자연 시간에 별자리에 관해 공부한 뒤부터 밤하늘을 올려다보는 게 습관처럼 되었다. 그러나 나는 별에 관한 명작을 쓰지는 못했다. 첫 수필집에 실린 「카시오페이아」 한 편을 썼다. 이 작품은 내 고향의 밤하늘이 선물한 작품이다. 유독 별자리 중 카시오페이아자리를 좋아했다.

윤동주의 「별 헤는 밤」을 읽으면서 작품에 소학교 때 책상을 같이 했던 아이들의 이름이 '패, 경, 옥' 등이 등장하여 좀 낯설었다. 중국 소녀들의 이름이라고 한다. 그가 다녔던 명동촌의 명동소학교는 중국 땅이지만 조선인이 세운 개척 마을이었기에 중국인은 거의 없었다. 그런데 문제는 당시 중국 관내 한인 학교 졸업생은 소학교 졸업 자격을 인정받지 못했다. 그러므로 명동소학교를 졸업한 뒤 멀리 떨어져 있는 화룡 현립 제1소학교를 1년 더 다녀야만 했다. 불쌍하게도 중국에 치이고, 일본에 치이고 살았음을 알 수 있다. 국력이 백성들에게 전혀 힘이 되지 못했던 시대였음을 뼈아프게 느낀다. 한인학교를 졸업하고도 중국 소학교에 편입해 마지막 학년을 더 다녀야 중학 입학 자격을 얻을 수 있었으니 하는 말이다. 윤동주와 송몽규가 명동소학교를 졸업 한 1931년 3월 바로 중학교에 입학하지 못하고 화룡 현립 제1소학교 6학년에 편입하여 1년 가까이 다닌 이유다. 윤동주는 서울에 유학하면서 그때 책상을 같이 했던 같은 반 중국 소녀들의 이름이 생각났던 모양이다. 별이 빛나는 밤에 그 소녀들이 그리웠나 보다.

소설가 김송의 집에서 후배 정병욱과 하숙

현재 윤동주가 그래도 가장 길게 하숙하던 소설가 김송의 한옥은 없어졌다. 그리고 그 터에 2층짜리 양옥이 들어서 있다. 오래전에 이 건물을 매입한다던 정부 관계자가 있었는데 아직도 진도가 나가지 않고 있다. 윤동주가 살았던 장소의 느낌을 시민들에게도 전해줄 수 있는 계기가 되도록 이 터를 사드리겠다는 뜻을 밝힌 바 있다. 그러나 현재까지 이 하숙집터를 매입하지 못한 모양이다. 전과 변한 게 아무것도 없다. 이 말이 나온 지 오래되었는데 깜깜무소식이다. 이 하숙집에서 수성동계곡까지 '윤동주의 길'을 조성해도 좋을 듯싶다. 수성동계곡을 따라 올라가 치마바위까지 아예 '문학의 길'을 조성하면 어떨까 싶다.

1970년대 종로구 누상동 풍경으로, 왼쪽 한옥이 윤동주 시인이 정병욱 교수와 하숙했던 김송 소설가의 집이다. 이 골목 위로 보이는 수성동계곡을 뒤덮고 들어선 아파트가 내가 살았던 옥인 아파트다. 지금은 다행히 아파트를 헐어내고 수성동계곡이 복원되었다.

윤동주의 하숙집은 인왕산의 수성동계곡 바로 아래 주택가에 자리 잡고 있었다. 이 하숙집에서 180m쯤 올라가면 수성동계곡이 있다. 나는 이 수성동계곡을 뒤덮고 지어진 옥인 아파트에서 신혼 때 3년을 살았다. 1980년대 중반 내가 살았을 때는 윤동주 시인의 하숙집이 있던 곳인 줄 몰랐다. 그때만 해도 서촌이 그리 알려지지 않았기 때문이다. 그런데 윤동주가 하숙했던 서촌 일대가 오늘날 의미 있는 공간으로 방문객들의 발길이 끊이지 않는다. 내가 그의 하숙집 앞으로 반찬거리를 사기 위해 통인시장을 오갔고, 책을 읽기 위해 교보문고를 오갔다. 경복궁도 자주 들락거렸다. 이것만으로도 기쁜 일이었다. 인왕산 자락에서 올려다본 밤하늘은 내가 봐도 별 밭이었다.

　나는 시를 쓸 줄 모르면서 일찍이 윤동주 시인의 삶과 시에 빠져들었다. 그동안 시간만 나면 서울의 윤동주 발자취를 찾아가 걷곤 하였다. 이상할 정도로 그에게 마음이 갔고, 그의 모습이 자꾸만 눈에 밟혔다. 그러다 간절히 바라고 있던 나의 소원이 드디어 이루어졌다. 나는 시인은 아니다. 등단한 지 30년을 훌쩍 넘긴 수필가다. 수필을 쓰면서 시를 무지 좋아한다. 그러나 시는 써 보지 않았다. 윤동주의 시를 읽으면서 그를 좋아하게 되었고, 이렇게 윤동주를 쓰면서 그를 더욱 좋아하게 되었다. 그 결과 지난해 윤동주가 태어나 잠든 중국에 이어 올해 그의 숨결이 배어있고, 그가 옥사한 일본을 찾아가 그를 만날 수 있었다. 이 또한 영원히 기억될 가슴 벅찬 추억이 될 것이다.

누상동 하숙집과 인왕산 치마바위

　윤동주가 연희전문학교에 유학하면서 후배 문우 정병욱과 하숙했던 때는 인왕산·북악산 등의 통행이 자유로웠을 것이다. 그러니 그가 수성동계곡을 따라 인왕산에 올라 성곽길도 마음대로 걸었을 것이다. 김송 소설가와 인왕산의 치마바위를 자주 올랐나고 한다. 또한 중턱까지 걸어 올라가 계곡물에 세수하고 내려왔다는 글을 읽은 적도 있다. 인왕산의 청계천 발원지에서 세수하였을지도 모른다. 조선 제11대 왕 중종과 원비인 단경왕후 신씨의 애틋한 사랑 이야기가 전해오는 치마바위를 자주 올라간 것을 보면 아마 한양 성곽도 모두 걸었을 것으로 여겨진다. 인왕산뿐 아니라 북악산, 남산, 낙산 등도 여러 번 걸었지 않았을까 싶다. 그에 관한 기록이 없으니 알 수 없는 노릇이지만 ….

수성동계곡 앞에서 찍은 인왕산의 가을 모습이다. 수성동계곡 위로 치마바위가 올려다보인다. 인왕산은 사계절 내내 아름다운 경치를 자아내고 있다.

그런데 1968년 1. 21사태 이후 인왕산은 통행이 금지되었다. 1980년대 내가 살고 있을 때만 해도 인왕산에 발을 들여놓을 수도 없었다. 청와대가 보인다는 이유에서였다. 그 이후 1993년이 되면서 인왕산 등산로가 개방되었다. 그때는 이미 이곳을 떠났을 때였다. 하지만 딸아이가 이곳에서 태어나 그런지 이곳이 늘 그리웠다. 이곳 아랫마을에서 세종대왕이 태어났고, 이 수성동계곡에 세종대왕의 3남인 안평대군의 별장이 있었다. 그리고 수성동계곡 위에 조선시대 때 놓은 기린교가 지금도 자리하고 있다. 그러고 보니 이곳은 조선 역사에 윤동주 시인의 역사까지 배어있다.

윤동주가 인왕산 자락에 살았을 때는 일제강점기로 그때는 청와대가 없었다. 대신 조선총독부 건물이었던 중앙청은 있었다. 중앙청이 1916년 착공하여 1926년 완공했으니 하는 말이다. 그 건물은 해방 이후 국립중앙박물관으로 사용되다가 1996년 완전히 철거되었다. 예전에 경복궁을 찾을 때면 근정

전의 정문인 근정문 앞을 조선총독부 건물이 턱 하니 막고 있어 숨통이 막힐 것 같았는데 시원하게 잘 철거해 버렸다. 윤동주도 경복궁을 거닐어보았을 테고, 조선총독부 건물도 자주 보았을 것이다. 그가 자주 올랐던 인왕산의 정상에서 서울 시내가 한눈에 들어온다. 그러니 경복궁의 근정전 정문 앞을 막고 지은 조선총독부를 수시로 내려다보았을지도 모른다. 이런 고국의 모습에 윤동주 역시 숨이 막혔을 것이다.

아무튼 내가 살고 있을 당시만 해도 인왕산은 물론, 청와대가 보인다는 이유로 아파트 옥상에도 오를 수조차 없었다. 6층의 아파트였는데 그랬다. 약수터도 제한된 시간에만 문을 열어주고 경비가 삼엄했다. 그런 가운데 약수를 떠다 먹을 수 있었다. 약수터는 새벽에만 문을 열어주었다. 나는 기다렸다는 듯 인왕산의 등산로가 개방되자마자 가족과 함께 개방된 청와대 앞길을 걸었고, 인왕산에 올랐다가 돌아왔다. 그 후에도 윤동주의 발자국이 스며들었을 수성동계곡과 인왕산의 성곽길을 여러 번 찾아가 걸었다. 이곳을 떠나온 지 오래되었는데 이상하리만큼 이곳이 늘 눈에 밟혔다.

| 인왕산 성곽길과 성곽길에서 내려다본 서울 시내 모습이다. 경복궁과 청와대가 내려다보인다. 맑은 날은 멀리 창덕궁까지 보인다.

윤동주가 하숙했고, 내가 잠시 살았던 곳이 서촌이다. 언젠가부터 서촌이 알려지게 되면서 이곳을 찾는 사람들이 많아졌다. 해외여행객들도 많이 찾았다. 나도 가끔 찾아간다. 통인시장과 서촌의 골목은 예전과 달라진 게 별

로 없다. 그래서 낯설지가 않다. 지금은 내가 살았던 아파트는 헐리고 수성 동계곡이 부활하였다. 그 아름다운 계곡 위에 아파트를 지었다는 게 두고두고 이해가 안 되었다. 아름다운 계곡을 9개 동의 아파트가 뒤덮었다. 다행히 아파트는 모두 걷어냈고, 겸재 정선의 〈인왕제색도〉를 토대로 수성동계곡에 물이 시원스레 흐르도록 복원되었다. 기린교도 하늘을 보게 되었다.

　서촌에서는 문인들을 비롯하여 많은 예술가가 탄생하였다. 윤동주, 이상, 서정주, 노천명, 겸재 정선, 추사 김정희, 천경자, 이중섭, 이상범, 박노수 등등. 이곳을 기반으로 활동을 한 예술가들이 많다. 누구보다 청년 윤동주는 이곳에서 하숙할 때 거의 매일 인왕산의 치마바위를 오르며 시를 구상했다고 하지 않는가. 그 길은 윤동주가 오르내렸으므로 시인의 길이고, 그 밖의 많은 문인들이 오르내렸을 테니 문학의 길이다. 하숙집과 인왕산은 지척에 있다. 윤동주는 이곳에 몇 달 정도 살면서 지은 시가 10편이나 된다니 놀랍다. 그 시들이 모두 명작이니 더 놀라지 않을 수 없다.

작가 이상(1910~1937)이 살았던 집이다. 이상의 옛집은 윤동주의 하숙집에서 통인시장 쪽으로 내려오다 보면 만날 수 있다.

(4)

윤동주문학관,
침묵 속에 그가 살고 있다

영혼의 가압장

| 서울의 인왕산 자락에 자리한 <윤동주문학관>, 전경이다.

    2025년 올해가 그의 탄생 108주년이고, 순국한 지 80주년이다. 나는 뜻깊은 해를 맞이하여 그동안 몇 번 찾아가 본 곳들이지만 우리나라에 그가 남긴 발자취들을 다시 또 찾아다녔다. 서울의 발자취부터 찾아갔다. 그가 연희전문학교 시절의 기숙사 건물에 들어선 <윤동주기념관>에 이어 서울 종로구 누상동의 하숙집, 그가 오르내렸던 인왕산 산책길, 성곽길, 시인의 언덕 아

래 들어선 〈윤동주문학관〉을 차례차례 방문했다.

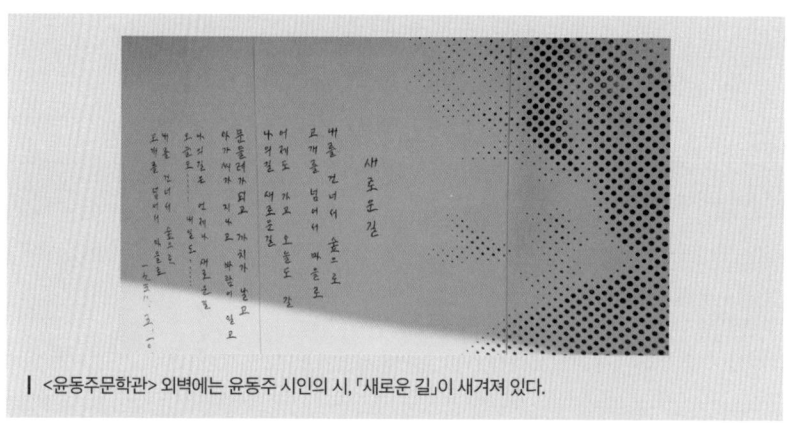
| 〈윤동주문학관〉 외벽에는 윤동주 시인의 시, 「새로운 길」이 새겨져 있다.

〈윤동주문학관〉의 외벽에는 그의 시 「새로운 길」이 새겨져 있다. 그 시를 친필 원고 그대로 소개한다. 이 시는 윤동주가 연희전문학교에 입학하여 처음 쓴 시로 알려져 있다. 1938년 그가 새로운 길을 찾아 서울의 연희전문학교로 유학 온 것임을 알 수 있다. 윤동주의 새로운 길은 과연 무엇이었을까? 그는 그가 꿈꾸었던 새로운 길을 찾기 위해 서울로 왔다. 이 시는 그가 대학에 입학한 지 얼마 안 되어 쓴 시로 「서시」에 이어 완전 한글로만 쓴 시다. 서울에 입성하여 쓴 첫 시가 바로 「새로운 길」이다.

새로운 길(1938.5.10.)

내를 건너서 숲으로
고개를 넘어서 마을로

어제도 가고 오늘도 갈
나의길 새로운길

문들레가피고 까치가 날고
아가씨가 지나고 바람이 일고

나의길은 언제나 새로운길
오늘도…… 내일도……

내를 건너서 숲으로
고개를 넘어서 마을로

　윤동주가 그리우면 그를 만나러 〈윤동주문학관〉을 찾았다. 내가 좋으면 누군가에게 소개하는 성격이라 동행하여 여러 번 찾았다. 이곳은 윤동주의 발자취와 그의 새로운 세상을 향한 시선을 기억하고자 2012년 문을 열었다. 인왕산 자락에 버려져 있던 '청운 수도가압장'과 '물탱크'가 의미 있게 문학관으로 변모하였다.

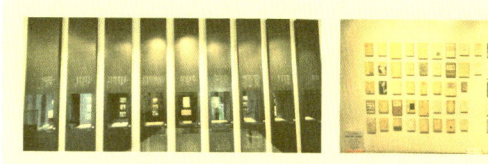

<윤동주문학관>에는 3개의 전시실이 있는데 그중 제1전시실의 전시물 모습이다. 이곳에 윤동주 시인의 일대기와 친필 원고 영인본이 전시되어 있고, 그의 고향 중국의 용정 명동촌에서 가져왔다는 사각 나무 우물틀이 전시되어 있다.

1. 윤동주의 서울, 문학이 피어난 곳

〈윤동주문학관〉은 재생의 효과를 크게 보고 있는 곳으로, 삶에 지치고 상처 입은 우리의 영혼을 위로해 주고 다독여주는 역할을 하고 있다. 수도가압장처럼 인생가압장 역할을 충분히 하고 있다. 이 문학관은 우리의 영혼에 끊임없이 펌프질하고 있다. 그러니 이 문학관을 '영혼의 가압장'이라고 부르는 게 아닌가.

〈윤동주문학관〉의 3개의 전시실 모습으로, 제1전시실은 그의 생애와 관련된 사진 자료, 친필 원고, 영인본과 우물이 있고, 제2전시실은 '열린 우물'로 하늘을 볼 수 있다. 그리고 제3전시실은 '닫힌 우물'로 하늘은 보이지 않고, 그의 일대기 영상을 감상할 수 있다.

〈윤동주문학관〉에는 3개의 전시실이 있다. 문학관 입구에 들어서면 펌프가 있던 제1전시실인 '시인 채'가 있다. 이곳에는 윤동주 시인의 생애에 따라 배치된 사진 자료들과 친필 원고 영인본이 전시되어 있다. 그리고 그 뒤쪽에 가압장의 물탱크를 활용한 제2전시실인 '열린 우물'이 있다. 이곳에서는 윤동주 시인의 시「자화상」의 우물에서 모티브를 얻어 용도 폐기된 물탱크의 윗부분을 뜯어내어 하늘을 볼 수 있다. 또 그 옆쪽으로 하나의 물탱크를 활용한 제3전시실인 '닫힌 우물'이 있다. 이곳은 용도 폐기된 다른 물탱크를 보존하여 전시실을 만들었다. 이곳에서는 하늘이 보이지 않는다. 닫혀버린 그의 인생을 생각하게 만든다. 이 전시실에서 닫혀버린 윤동주 시인의 일생을 담은 영상물을 감상할 수 있다. 영상물을 감상하노라면 저절로 숙연해지고 가슴이 아파진다.

제1전시실 '시인 채'와 제2전시실 '열린 우물'에서 예비 문사들과 함께 기념사진을 찍었다.

시인의 언덕에 올라

시인의 언덕에 싱그러운 봄과 만추가 찾아들었다. 사계절 언제 올라도 경치가 그만이다.

그의 문학관을 찾을 때면 천천히, 묵묵히 전시물을 관람한 뒤 시인의 언덕에 올라 서시정(序詩亭)을 찾는다. 이곳에서 서울 시내를 조망하고, 그가 걸었을 인왕산의 성곽길도 따라 걷곤 한다. 그러다 문학관에서 그를 만나면서 약간 다운되었던 기분이 조금은 나아진다. 이곳은 자연의 사계가 아름다워 찾아갈 때마다 영혼에 펌프질을 제대로 할 수 있다. 이곳의 자연 역시 인생가압장 역할을 톡톡히 해준다. 정신을 바짝 들게 해준다.

「서시」의 시비(詩碑), 그리고 서시정(序詩亭)의 모습이다.

인왕산 시인의 언덕에 올라 보면 사람들이 왜 높은 곳을 좋아하는지 금세 알게 된다. 인왕산에 오르면 서울이 그대로 내려다보인다. 어느 곳보다 서울의 5대 궁궐을 다 굽어볼 수 있어 좋다. 서울이 복잡하긴 해도 인왕산에서 내려다보는 풍경은 백미다. 윤동주도 시인의 언덕에 올라 시심을 불태웠을 것이다. 그가 하숙을 인왕산 아랫동네에서 했으니 그렇다. 시인의 언덕은 누구나 도시락 싸 들고 소풍을 와도 기분 좋은 장소다. 시와 자연을 음미하면서 전망 좋은 이곳 숲속에서 먹는 도시락의 맛, 평생 잊지 못할 추억이 되고도 남을 것이다.

시인의 언덕에서 바라본 전망이다. 남산 서울타워도 마주 보인다.

시인의 언덕에서 힐링하고, 윤동주의 산책길이었을 법한 길을 따라 내려오다 보면 〈청운 문학도서관〉을 만날 수 있다. 산책길이 아름다워 그대로 반하고 만다. 도서관 모습도 한옥이라 왠지 모르게 친근해진다. 이 도서관은 종로구 최초 한옥공공도서관이다. 이 도서관은 서울 종로구에 16번째 도서관으로, 독서와 사색, 휴식의 공간을 제공하고 있다. 이 도서관에 들어가 독서삼매경에 빠져 보는 것 역시 추천해 줄 만하다. 이곳 또한 힐링의 장소로도 으뜸이다. 이곳과 윤동주의 하숙집이 있었던 수성동계곡 아랫마을과 통한다.

인왕산 중턱에 자리한 <청운문화도서관>의 전경이다. 이곳 한옥으로 지은 도서관에서 내려다본 풍경은 이 또한 인왕산의 백미다.

(5)

내를 건너서 숲으로 도서관, 숭실의 시간과 연결되다

「새로운 길」이 도서관 이름을 선물하다

윤동주(1917~1945)의 서거 80주기를 맞아 그를 추모하기 위해 특별전을 열고 있는 <내를 건너서 숲으로 도서관> 외벽에 걸린 홍보물이다.

바람이 지나간 자리에 남는 것은 무엇일까? "잎새에 이는 바람에도 쉬이 괴로워했던, 그러나 일제와 끈질긴 대결을 한, 저항시인"을 특별히 기리는 도서관이 서울에 있다. 윤동주의 탄생 100주년을 기념하여 그 이듬해인 2018년에 서울특별시 은평구 증산로17길 51(신사동)에 문을 연 〈내를 건너서 숲으로 도서관〉이다. 우선 나는 도서관 이름에 홀려 그곳을 찾아가는데 망설임이 없었다. 윤동주의 발자취를 찾아 일본으로의 해외 문학 기행을 며칠 앞두고 찾아갔다.

윤동주 시인을 기리기 위해 문을 연 서울 은평구 신사동에 자리한 〈내를 건너서 숲으로 도서관〉의 정면과 측면에서 바라본 모습이다. 이 도서관의 왼쪽으로 아파트를 지나 언덕 위에 숭실중·고등학교가 자리하고 있다.

 이곳에서도 그의 순국 80주년을 맞이하여 2025년 2월 15일 오후 4시 '윤동주 별과 노래: 80년의 울림'이라는 주제로 강연과 음악회 행사를 열었다. 이리 보나 저리 보나, 이 도서관은 윤동주 시인으로 도배가 되어있다. 밖에도, 안에도 윤동주 시인이 사방에서 반갑다며 손짓한다. 〈윤동주문학관〉의 외벽과 마찬가지로 이 도서관의 외벽에도 윤동주 시인의 「새로운 길」의 시가 새겨져 있다. 그가 서울로 유학을 와서 연희전문학교에 입학한 후 처음으로 지은 시가 바로 「새로운 길」이 아닌가. 윤동주는 서울에 와서 그가 걸어갈 새로운 길을 찾아냈던 모양이었다. 이 시는 그가 자신의 새로운 길을 찾기 위해 찾아온 서울에서 희망의 앞날에 대해 다짐하고 쓴 시로 여겨진다. 윤동주의 마음이 고스란히 담긴 이 시는 안타깝게도 그의 장례식에 「자화상」과 함께 낭송되었다.
 〈내를 건너서 숲으로 도서관〉은 「새로운 길」의 시 중에 한 구절을 따서 지었다고 전해진다. 대부분의 도서관 이름은 지역이나 읍·면·동 이름을 따서 짓는데 은평구는 시에서 한 구절을 따 도서관 이름을 지었다. 나는 그것이 너무나 훌륭해 보였다. 도서관 이름 중에 으뜸이 아닌가. 시인 윤동주의 나라 사랑과 민족정신을 기리기 위해 세운 이 도서관이 자랑스럽다. 이 도서관을 모두 스캔하면 윤동주의 시 정신이 내 몸에 스밀 수도 있겠다 싶을 정도다. 도서관이 아닌 윤동주 전시관 같다. 이곳은 윤동주의 삶과 발자취가 담겨있는 특별한 도서관으로 여기도 윤동주, 저기도 윤동주, 윤동주가 그리우면 꼭 찾아가 볼 도서관이다.

　도서관으로 통하는 밖의 계단에도 윤동주의 「별 헤는 밤」의 시가 계단 칸마다 한 행씩 새겨져 있다. 그뿐 아니라 도서관 안의 계단에도 그의 시들이 걸려있다. 엘리베이터 안에도, 휴게실에도 윤동주 시인이 여기저기서 손짓한다.

<내를 건너서 숲으로 도서관> 밖의 계단에도 「별 헤는 밤」의 시(詩)가 칸칸이 새겨져 있다. 도서관 안의 계단에도, 엘리베이터 안에도, 휴게실에도 윤동주 시인으로 도배가 되어있다.

　2층에 올라가면 윤동주와 그의 후배 정병욱이 반갑게 맞이해준다. 누구보다 반가운 그들 앞에 앉아 사진을 찍었다. 둘의 표정이 행복해 보여 내 기분

도 좋았다. 가장 행복했던 연희전문학교 시절에 찍어서 그럴 것이다. 그 사진 뒤의 벽에는 윤동주가 첫 번째로 지은 시(詩) 「초 한 대」가 걸려있다. 1934년 17세 때 「삶과 죽음」, 「來日(내일)은 없다」와 더불어 쓴 최초의 시다. 그러니 이 시는 귀한 시 중의 하나다. 두터운 우정(友情)이 줄줄 흐르는 사진 아래에 「초 한 대」의 시를 원문 그대로 소개한다.

윤동주와 후배 정병욱이 사이좋게 나란히 찍은 사진이다. 그 앞에 나도 앉아 기념으로 사진을 찍었다. 둘이 찍은 이 사진이 다행히 남아 있어 둘의 찐한 우정을 확인할 수 있다. 둘의 모습이 행복해 보인다.

초 한 대(1934.12.24.)

초 한 대 –
내 방에 풍긴 향내를 맡는다.

光明(광명)의 祭壇(제단)이 무너지기 전
나는 깨끗한 祭物(제물)을 보았다.

염소의 갈비뼈같은 그의 몸,

그의 生命(생명)인 心志(심지)까지
白玉(백옥)같은 눈물과 피를 흘려
불 살려 버린다.

그리고도 책머리에 아롱거리며
선녀처럼 촛불은 춤을 춘다.

매를 본 꿩이 도망가듯이
暗黑(암흑)이 창구멍으로 도망한
나의 방에 풍긴
祭物(제물)의 偉大(위대)한 香(향)내를 맛보노라.

'이 도서관의 이름이 무슨 연유로 〈내를 건너서 숲으로 도서관〉이 되었을까?' 많이도 궁금했다. 알고 보니 시민 공모를 통해 윤동주의 시 「새로운 길」에 나오는 한 구절 '내를 건너서 숲으로'를 인용해 결정됐다고 한다. 일제의 암울한 시대를 살다 간 윤동주 시인의 민족사랑 정신과 문학을 기리고자 문을 연 도서관이다. 도서관 2층에 윤동주 관련 자료를 비롯해 다양한 시집과 문학 자료가 비치된 게 특징이다. 시문학도서관이기도 하다. 〈윤동주기념관〉과 마찬가지로 윤동주 주제 석박사 논문을 열람할 수 있다.

그런데 〈내를 건너서 숲으로 도서관〉 근처에 반갑게도 숭실중·고등학교가 있었다. 윤동주의 모교가 숭실중학교가 아닌가. 그는 고향인 용정을 떠나 고국의 평양에 자리한 숭실중학교에 편입하였다. 윤동주는 지금의 고등학교 과정을 평양의 숭실중학교에서 밟게 되었다. 그가 고향을 떠나 첫 유학지가 평양이었다. 그러나 학교장의 신사참배 거부로 학교가 문을 닫는 바람에 할 수 없이 고향으로 돌아와 광명중학교를 졸업했다. 윤동주가 다녔던 평양의

5년제 숭실중학교는 일제가 강요하는 신사참배를 계속 거부하다가 결국 조선총독부가 교장을 파면하였고, 학생들이 동맹휴학을 하며 저항하다가 1938년 자진 폐교하게 되었다. 그때 윤동주의 마음속에 반일 민족의식이 더 강하게 생겨난 계기가 되었을지도 모른다.

<내를 건너서 숲으로 도서관> 안으로 들어서니 '윤동주의 별과 노래 80년의 울림'이라고 쓴 안내 표지판이 먼저 반갑게 맞는다. 그리고 윤동주와 인연이 깊은 인물들이 자신을 소개하면서 어서 오란다.

문을 닫게 된 평양의 숭실중학교는 해방 이후 우여곡절 끝에 우리나라의 서울 은평구 신사동에 개교하게 되었다. 평양에서의 5년제 중학교가 아닌 각각 3년제 중·고등학교로 나뉘어 문을 열었다. 반가운 일이다. 평양에서 서울로 새로운 길을 연 학교라고 할 수 있다. 현재 가파른 언덕 위에 숭실중·고등학교가 나란히 자리하고 있다. <내를 건너서 숲으로 도서관>에서 420여m 떨어진 거리에 숭실중·고등학교가 있다. 북한의 평양을 찾아가 숭실중학교의 흔적을 찾아가 만나보고 싶지만 불가능한 일이 아닌가. 대리 만족으로 언덕의 경사가 심했지만 땀을 흘리며 숭실중·고등학교를 찾아갔다. 이 학교는 서울의 다른 학교들에 비해 학생 수가 줄지 않는다고 한다. 많은 인재를 길러낸 학교여서 그런가 보다. 무엇보다 이 학교가 이곳에 세워진 덕에 멋진 이름을 가진 <내를 건너서 숲으로 도서관>까지 탄생하게 된 것 같아

기뻤다. 시의 한 구절을 따서 지은 도서관도 반갑고, 평양에서 문을 연 숭실중학교가 이곳 서울에 자리 잡게 된 것도 반가웠다.

평양 숭실중학교에서 식민지의 그늘과 맞닥뜨리다

윤동주는 평양의 숭실중학교로 유학하였으나 폐교되는 바람에 7개월 만에 고향으로 돌아왔다. 평양의 숭실중학교에서 일제 식민지 현장과 맞닥뜨린 것이다. 아마 북간도에서 겪지 않았을지도 모를 참담한 식민지의 현실을 평양에서 맞닥뜨리면서 놀랐을 것이다. 그 당시 평남도지사는 1936년 1월 신사참배에 참여하지 않는 숭실중학교 교장의 인가를 취소하고 파면하고 말았다. 이에 학생들은 동맹휴학을 시작하였고, 윤동주는 3월에 친구 문익환과 숭실중학교를 떠나게 되었다. 기막힌 우리 민족의 현실을 눈앞에서 목격하게 된 윤동주다.

그러나 고향 분위기 역시 만만치 않았다. 그 사이에 학교가 일본인이 경영하는 친일 학교로 완전히 바뀌어 있었다. 그는 고향으로 돌아와 은진중학교에 다시 들어가지 않고 광명중학교에 들어가 2년 동안 창작 활동에 더욱 몰두하게 되었다. 그 결과 그는 연길에서 발행되던 잡지 『가톨릭 소년』에 「병아리」, 「빗자루」, 「오줌싸개 지도」, 「무얼 먹고 사니」, 「호주머니」 등 모두 5편의 동시를 발표하기도 했다. 시를 창작하면서 마음을 달랬을지도 모른다. 문학은 마음을 달래주고, 치유까지도 해주는 것으로 최고이니 그렇다.

이 무렵 19세가 된 그는 동시뿐 아니라 시도 썼다. 그때 「牡丹峯(모란봉)」이란 시를 썼다. 이 시는 1936년 3월 24일 작품으로 평양에 소재한 모란봉에서 일본어 노래를 부르는 아이들의 모습을 보고 쓴 시다. 이국 말로 노래하는 조선의 아이들 모습과 허물어진 성터의 모습은 식민지화된 조선의 모습을 잘 보여주고 있다. 이를 통해 느낀 시인의 분노를 문명이라는 이름으로 조국의 숨통을 조여오는 일제의 침략 행위를, 자동차를 통해 상징·표출하고 있다. 그는 나라 잃은 슬픔을 이렇게 시를 통해 표현하였다.

　작품의 제목이기도 한 모란봉(牡丹峯)은 평양의 기림리 금수산(錦繡山)에 있는 봉우리를 말한다. 모란봉의 높이는 96m에 이르며 절벽을 이루고 있는 모란봉 아래 대동강이 흐르고 있다. 원래 가장 높은 봉우리인 최승대(最勝臺)의 생김새가 마치 피어나는 모란꽃과 같다고 하여 모란봉이라고 하던 것이 점차 산 전체의 이름으로 불려 지게 되었다. 예로부터 모란봉은 천하제일(天下第一) 강산으로 이름이 높아 '평양팔경'으로 불리었다. 윤동주의 슬픔이 가득 배어있는 「牡丹峯(모란봉)에서」란 시의 원문을 그대로 옮겨 소개한다.

牡丹峯에서(1936.3.24.)

앙당한 소나무 가지에,
훈훈한 바람의 날개가 스치고
얼음 섞인 大同江(대동강) 물에
한나절 햇발이 미끄러지다.

허물어진 城(성)터에서
철모르는 女兒(여아)들이
저도 모를 異國(이국) 말로,
재질대며 뜀을 뛰고.

난데없는 자동차가 밉다.

　윤동주는 동시도 많이 썼다. 어쩌면 그가 나라 잃은 설움을, 동시를 쓰면서 달랬을지도 모른다. 창작은 아픈 마음을 치유하는 데 일등 공신(功臣)이니 그렇다. 그가 쓴 동시 중 「창구멍」을 원문대로 소개한다. 이 동시는 「가슴 2」, 「개 2」, 「울적」, 「야행」, 「빗뒤」, 「어머니」, 「가로수」 등과 같이 나중에 발굴되었다. 이 동시들은 19세 때인 1936년 초에 창작된 시로 추정된다. 아마 광명중학교 다닐 때 쓴 시가 아닌가 싶다. 일찍이 그는 시인이 될 만한 소질을 갖고 있었음을 알 수 있다.

창구멍(1936. 추정)

바람부는 새벽에 장터가시는
우리압바 뒷자취 보구싶어서
춤을발려 뚤려논 적은창구멍
아롱아롱 아츰해 빛이움니다

눈나리는 저녁에 나무팔러간
우리압바 오시나 기다리다가
헤끝으로 뚤려논 적은창구멍
살랑살랑 찬바람 날아듬니다

이 동시는 1999년 늦게 발굴된 작품이지만 윤동주가 용정의 은진중학교와 평양의 숭실중학교 시절에 쓴 시로 추정하고 있다. 고등학교 때 쓴 작품이라고 할 수 있다. 그는 시만 울림을 주는 게 아니었다. 내가 시를 보는 안목이 부족하여 그런지 그의 동시에 더 빠져들 때가 많다. 내 눈높이에 딱 맞는다. 「창구멍」의 1연에서 가족을 위해 새벽에 장터 가시는 아버지의 뒷모습을 보기 위해 침을 발라 창구멍을 내고 그 작은 창구멍으로 아버지를 바라보았던 윤동주의 애틋한 효심을 엿볼 수 있다. 그의 순수한 마음이 그대로 나타나 마음이 짠하다. 2연도 마음이 짠한 것은 마찬가지다. 눈 내리는 저녁에 나무 팔러 간 아버지를 그 작은 창구멍으로 내다보면서 기다리는 어린이의 효심이 엿보인다. 찬 바람까지 날아드니 걱정이 태산임을 느끼게 한다.

창호지를 바른 문에 침을 발라 구멍을 낸 뒤 그 작은 창구멍으로 장터 가시는 아버지를 바라보는 그의 모습이 한참 동안 어른어른 내 곁을 떠나지 않는다. 그의 시도 그렇지만 그의 동시도 나를 돌아보게 한다. 이 동시는 일찍이 가장이 되신 나의 아버지를 떠올리게 했다. 일제강점기에 강제 노역으로 일본에 끌려가신 할아버지께서 3년 만에 유골이 되어 가족의 품에 안겼으니 무슨 말이 더 필요하겠는가. 할아버지가 돌아오길 기다렸을 할머니와 아버지, 그리고 4명의 고모까지 생각나게 하여 눈가가 촉촉해진다. 모두 돌아가셨지만 그리움이 쓰나미처럼 몰려온다. 아마 할아버지를 기다리느라 읍내로 향하는 고향의 언덕배기가 닳고 닳아 평지가 되었을지도 모른다.

그는 북한의 평양 숭실중학교에서 머문 7개월 동안 나를 울리는 「창구멍」을 비롯한 15편의 시를 썼다. 시를 쓰면서 그가 작은 창구멍으로라도 들어오는 희망을 꿈꾸었을지도 모른다. 아니 꿈을 꾼 게 분명하다. 그러나 희망은 그렇게 쉽게 찾아오지 않았다. 2연의 마지막 행처럼 희망은 살랑살랑 찬바람으로 그에게 날아들었다. 나는 이 마지막 행을 읽고 이 동시에 더 반했다. 그 당시 윤동주에게 희망은 창구멍에 날아드는 찬바람이었음을 알 수 있다. 이 시대 우리 민족 모두가 힘들었고, 아프고 슬펐다. 희망이 보이지 않았다. 그러나 힘들었고, 아프고 슬펐던 그 시대를 꿋꿋하게 살아낸 선조들의 고생이 있어 오늘의 내가 편히 살고 있음을 다시 깨닫는다. 진심으로 감사드린다.

윤동주는 앞에서도 밝혔듯이 연희전문학교에 입학하기 전까지는 여러 학교를 옮겨 다녔다. 그는 중국의 용정 명동촌에서 1925년 4월 명동소학교에 입학하여 1931년 3월 20일 졸업하였고, 다시 화룡현립 제1소학교 6학년에 편입하여 소학교를 졸업하였다. 1932년 그가 중학교에 입학하기 전 그를 위해 1931년 가을, 윤동주 가족 모두는 명동촌의 생가를 떠나 용정으로 이사까지 하였다. 부모님의 교육열이 대단하셨음을 알 수 있다. 대대로 내려와 살던 고향을 떠난다는 게 쉬운 일이 아니니 그렇다. 고국이 아니라 그랬나 보다. 윤동주는 중학교 입학을 위해 생가를 떠나 이사한 용정에서 은진중학교에 입학하였다. 그는 은진중학교 시절 반 친구들과 함께 학교 문예지를 제작하고, 교내 웅변대회에서 '땀 한 방울'로 입상하기도 하였다. 또한 교내 축구 선수로 활약하였다. 이때가 부모님과 함께 살면서 가장 행복했던 시절이었을지도 모른다.

숭실중학교가 서울에 세워지다

그러나 그는 행복했던 은진중학교를 중퇴하고 북한의 평양으로 유학하여 숭실중학교에 편입하였다. 숭실중학교는 북한의 평양에 1897년(고종 34년)에 개교한 역사가 깊은 학교다. 평양의 숭실중학교 출신으로 우리나라의 독립 유공자에 선정된 애국자가 86명이나 된다. 그들의 독립 활동은 대한 제국 말기부터 일제강점기에 걸쳐 다양하게 펼쳐졌다. 독립운동을 펼쳤던 애국자들은 1905년에 을사늑약 반대 투쟁, 통감부 시기 애국 계몽 단체인 비밀결사 신민회 활동, 1910년대 조선국민회와 광복회 활동, 1911년 일제가 저항적인 민족주의 및 기독교계 항일 세력에 대한 통제를 위하여 데라우치 총독 암살모의 사건을 조작하여 최후로 105명의 애국지사를 투옥한 사건, 1920년대 이후 대한민국 임시정부 활동, 그리고 3.1운동, 광주학생운동, 신사참배 거부 운동 등 일제강점기 식민 통치에 항거하는 민족운동을 전개하였다. 이분들의 희생이 있어 나라를 되찾을 수 있었다. 윤동주가 숭실중학교 재학시절 문익환 목사 등과 찍은 사진이 남아 있어 소개한다. 둘은 명동소학교, 은진중학교, 평양 숭실중학교, 용정 광명중학교 동창이었다.

숭실중학교 시절의 윤동주(뒷줄 오른쪽). 뒷줄 가운데 안경 쓴 사람이 그의 동창생 문익환 목사다(사진 출처 중앙일보).

그런데 이렇게 독립 유공자를 많이 길러낸 숭실중학교는 윤동주가 재학 중인 1938년 3월 31일 신사참배를 거부하는 바람에 폐교되고 말았다. 그 후 10년이 지난 1948년, 남한의 서울에 숭실중학교가 재건되면서 현재 숭실중·고등학교로 나뉘어 나란히 자리하고 있다. 재개교하기까지 이전에 이전을 거듭하다가 서울 은평구 신사동에 재개교하여 자리를 굳건히 지키고 있다. 숭실중·고등학교는 훌륭한 인재가 많이 배출된 명문고로 현재도 훌륭한 인재를 길러내고 있다. 등굣길 울타리에는 인물 사전에 나오는 평양의 숭실중학교 출신자부터 현재 서울에 재개교한 숭실중·고등학교 출신자들의 사진과 소개 글이 걸려있다. 그 길을 걷는 재학생들은 자랑스러운 선배들로 인해 어깨가 으쓱할 것이다. 그리고 자신도 훌륭한 선배들의 뒤를 따르려고 마음을 다잡을 것이다.

1897년 10월 10일 설립한 평양의 숭실중학교가 폐교된 뒤 해방 후 1948년 서울에 재설립하면서 우여곡절을 겪었으나 현재 서울특별시 은평구 은평터널로7길 6에 자리 잡고 미래를 향해 발돋움하고 있는 숭실고등학교의 전경이다. 그 옆에 숭실중학교가 나란히 있다.

현재 숭실중·고등학교가 서울 은평구 신사동에 문을 열어 오랜 전통을 이어가고 있어서 다행이다. 1897년 우리나라 중학교 중 가장 먼저 개교한 숭실중학교가 평양을 떠나 서울에 재건한 것은 기쁜 일이다. 그뿐 아니라 숭실중학교와 가까이에 〈내를 건너서 숲으로 도서관〉이 개관한 것 또한 의미 있는 일이다. 숭실중학교를 다녔던 윤동주를 기리기 위해 지은 도서관이라고 하니 그렇다. 윤동주를 이 도서관의 층층에서 만날 수 있다. 아니 입구부터 반갑게 맞는다. 안과 밖의 계단 아래까지 그가 마중 나와 있다. 윤동주의 시 「새로운 길」의 한 구절이 도서관 이름을 탄생시켰다는 게 여간 기쁜 게 아니다. 윤동주가 다녔던 숭실중학교가 서울에 재건된 게 기쁘고, 그의 시 한 구절을 따서 도서관 이름을 지은 것 또한 기쁘다.

[6]

정병욱 가옥,
시를 지켜낸 우정의 보금자리

윤동주가 영원히 고마워할 후배 정병욱

| 연희전문학교 시절 윤동주가 후배 문우 정병욱과 함께 찍은 귀한 사진이다.

윤동주의 유고 시를 어머니께 부탁하여 보관토록 한 정병욱(1922~1982)의 가옥을 찾아갔다. 정병욱 가옥은 전남 광양의 망덕포구 앞에 자리하고 있다. 지난 2021년 가옥이 복원 중에 다녀왔고, 복원이 끝난 2024년 지난해 다시 다녀왔다. 현재 정병욱 가옥은 〈윤동주 유고 보존 정병욱 가옥〉으로 국가 등록 문화유산 되었다. 정병욱이 태어난 곳은 경남 남해군 설천면 문항리인데

유소년기는 경남 하동군 금남면 덕천리에서 보냈다. 그의 아버지가 하동에서 교원으로 있었기 때문이다. 그 후 가산이 기울면서 정병욱이 부산의 동래중학교에 다닐 무렵에 그의 집은 전남 광양으로 이사를 했다. 정병욱이 어린 시절을 보낸 경남 하동과 전남 광양은 서로 맞닿아있다.

정병욱 가옥은 1925년에 점포형 주택으로 지어졌다. 그런데 그의 가족이 터를 잡은 것은, 1930년 무렵이다. 경남 남해가 고향인 그의 아버지가 경상남도 교원양성소(뒷날의 진주사범학교)를 졸업하고 거제와 하동에서 임시교편을 잡았다. 그러나 일제 치하에서 마음이 편치 않아 사직하고, 양조 등의 사업을 하였다. 그랬기에 가옥 형태가 일반 살림집과 달라 좀 낯설다. 양조장과 주택을 겸한 보기 드문 건축물이기 때문이다. 광복 후 정병욱의 아버지는 미군정시대가 되면서 이곳 전남 광양의 진월면에서 면장을 역임하였다.

한편, 정병욱의 어머니는 일제의 징병에 끌려가게 된 큰아들 정병욱의 소원에 따라 위험을 무릅쓰고 윤동주의 유고 시를 이곳 광양의 집에 보존하였다. 오늘날 윤동주가 시인으로 빛날 수 있게 한 숨은 공로자가 바로 정병욱과 그의 어머니다. 그 두 분의 노력으로 소중한 문화유산을 넘겨받게 되었다.

윤동주의 친필 원고를 지켜낸 정병욱과 그의 어머니 덕으로 윤동주가 빛나는 별이 되었고, 이곳 전남 광양의 망덕포구도 유명해졌다. 정병욱의 가옥이 있는 망덕포구는 요즘 떠오르는 관광지가 되었다. 포구와 배알도까지 다리를 놓아 이곳을 찾아오는 관광객이 많아지고 있다. 나 역시 이 먼 거리를 운전도 못 하면서 두 번이나 다녀왔으니 말하면 무엇하랴. 다리의 이름도 '별 헤는 다리'다. 윤동주의 시 「별 헤는 밤」이 이곳 망덕포구에서 배알도를 연결한 다리의 이름을 탄생시켰다.

전남 광양의 망덕포구에 자리한 정병욱의 옛집과 복원한 현재의 모습이다. 현재는 포구 바로 앞에 집이 없고 뒤로 좀 물러나 있다. 집 앞으로 도로가 넓게 났기 때문이다. 집 뒤에서는 윤동주의 「서시」가 낮과 밤을 밝히고 있다. 한 점 부끄럼 없이 살라며….

「별 헤는 밤」의 시는 윤동주가 기숙사를 나와 정병욱과 인왕산 자락 등에서 하숙하던 시절에 쓴 시다. 윤동주는 인왕산 언덕에 올라 매일 밤 밤하늘의 별을 헤며 어머니를 그리워하고, 고향의 모든 것을 그리워했을 것이다. 그러다가 밤을 새웠을지도 모른다. 그곳에서 올려다보는 별들은 유난히 초롱초롱 빛났을 것이다. 밤마다 빛나는 별을 하나, 둘 헤며 고향을 그리워했을 윤동주다. 그리고 어머니를 소리 내어 불렀을 테다.

어머니뿐 아니라 소학교 때 친구들과 가난한 이웃 사람들의 이름, 그리고 비둘기, 강아지, 토끼, 노새, 노루, '프랑시스 잠', '라이너 마리아 릴케' 이런 시인의 이름도 불러 보았을 윤동주다. 윤동주는 명동소학교를 졸업하고 중국인 소학교인 화룡현립 제일 소학교 고등 과에 송몽규, 김정우와 함께 편입하여 1년간 다녔다. 이 시에 등장하는 친구들의 이름이 낯선 이유는 명동소학교 때 친구가 아니라 뒤에 편입해 다닌 중국의 화룡현립 제일 소학교 친구들이라 그렇다. 밤하늘의 별을 보며 패, 경, 옥, 이런 이국 소녀들의 이름까지 헤느라 고개가 아팠을 윤동주다. 하지만 반짝반짝 빛나는 별들이 그를 위로했을 것은 물론이다. 인왕산은 하늘과 맞닿아있어 별 헤기에 안성맞춤인 곳이다.

광양의 망덕포구, 별 헤는 다리

　인왕산뿐 아니라 윤동주의 유고 시를 보관했던 망덕포구도 빛나는 별을 만날 수 있는 곳이다. 망덕포구와 배알도 일대는 '섬진강 속 빛나는 윤동주의 별빛 아일랜드' 등 대규모 관광 개발이 활발히 추진되고 있다. 이미 배알도 주변에는 1,605개 조명이 별처럼 빛나고 윤동주의 시구가 곳곳에 새겨졌다. 앞으로 2027년까지 그의 시 「별 헤는 밤」에서 영감을 얻어 이곳에 야간 조명을 2,898개로 꾸밀 예정이라고 한다. '2898'이라는 숫자는 윤동주의 유고 시집 『하늘과 바람과 별과 詩』의 글자 수라고 한다. 광양시의 이런 세밀한 노력에 박수를 보내고 싶다. 앞으로 더 많은 사람이 이곳을 찾을 것으로 기대가 된다.

　섬진강 하류에 자리한 이곳 광양 포구에는 최초의 시집인 초간본에 담긴 31편의 시가 새겨진 시비와 함께 윤동주 문학공원으로 조성되었다. 정말 감사드릴 일이다. 그가 쓴 31편의 시는 윤동주의 연희전문학교 시절 룸메이트로 절친인 강처중이 보관하고 있던 12편의 유고와 정병욱이 보관했던 서문으로 쓴 「서시」를 포함한 19편의 친필 원고를 합친 것이다. 무엇보다 포구에서 배알도까지 '별 헤는 다리'가 놓여 운치를 더해준다. 밤에 그 다리를 건너노라면 누구나 하늘을 올려다보면서 별을 헤아려 보고 싶어질 것이다. 밤에 조명으로 인한 야경도 아름다움을 자아내고 있지만, 조명이 꺼진 후 올려다본 밤하늘의 별들은 서울의 인왕산에서 바라본 밤하늘의 별들과 마찬가지로 초롱초롱 빛이 난다. 이곳에서도 밤하늘의 별을 헤아리기는 좋다.

전남 광양의 망덕포구에서 '배알도 섬 정원'을 잇는 '별 헤는 다리'의 야경이다. 형형색색으로 자연과 어우러지고 있다.

1948년 2월 16일 서울 명동의 '플라워' 다방에서 윤동주의 순국 2주년을 추모하는 자리가 마련되었다. '윤동주·송몽규'의 첫 추도회를 가졌다. 정식 출간 전에 추모제에 참석한 지인들과 나눠 가지려고 최초 본으로 초간본 10권만 만들었고, 그 자리에서 고인의 선후배와 지인들이 나눠 가졌다고 한다. 이 시집이 윤동주『하늘과 바람과 별과 詩』의 최초의 시집이다. 이 책이 나오고 한 달 후 정상적으로 초판본 1,000부가 출간되었다. 그나마 윤동주가 시집 제목을 지어놓고 떠나 다행이다.

이 시집이 특별한 것은 친구 중의 친구인 강처중이 시집 편집을 주도한 까닭이다. 또한 윤동주 시인의 한글 사랑에 부응하고자 최초로 가로쓰기 시집으로 발행하게 되었다. 이런 희소성 때문으로 윤동주 탄생 100주년 무렵에는 10권만 만든 최초 본이 1억 이상 호가하는 보물이 되었다고 한다. 이 당시에 윤동주의 시 가치를 알고 있는 분들은 아마 이 최초의 시집으로 만든 초간본을 버리지 않고 지니고 있었을 것이다. 이분들 또한 대단한 분들이다.

동주(東柱)야! 몽규(夢奎)야! 창밖에 있거든 두다리라

윤동주의 최초 시집인 초간본 10권에는 그가 자필로 쓴 3권의 시집 중 후배 정병욱에게 맡긴 19편과 도쿄 릿쿄대학 다닐 때 강처중에게 편지와 함께 써 보낸 5편, 그리고 강처중이 소장하고 있던 7편을 합친 총 31편의 시가 들어 있다. 윤동주가 존경하던 시인 정지용(1902~1950?)이 서문을 썼고, 친구인 유영(1917~2002)이 「창밖에 있거든 두다리라」라는 추모 시를 썼다. 친구를 부르는 이 추모 시는, 애잔함에 읽노라면 눈물이 그대로 줄줄 흐른다. 발문은 가장 친한 친구인 강처중(1917~1950?)이 썼다. 강처중은 윤동주의 시를 높게 평하는 친구였다.

윤동주가 자신의 2주기 추모식에 찾아와 창밖에 서서 친구 유영의 애절한 추모 시 낭독을 듣고, 차마 문은 두드리지 못하고 눈물만 흘리고 서 있었을 것만 같다. 이 낭독을 들으면서 윤동주나 추모객이나 모두 눈물을 훔치지 않을 수 없었을 것이다. 1947년 2월 16일 윤동주의 순국 2주기 추모식에 친구 유영이 써서 낭독한 추모 시는 『하늘과 바람과 별과 詩』 최초의 시집인 초간본에 실렸다. 서울에서 열린 윤동주의 추도식에 스승 정지용, 이양하, 학우 안병욱, 김삼불, 정병욱, 유족 윤영춘, 윤일주 등 30여 명이 모였다고 한다. 이 시집은 윤동주의 3주기 추모식에 맞추어 1948년 1월 30일 초판본으로 정음사에서 정식으로 발행되었다. 그의 첫 시집인 셈이다. 다음 한자에 한글로 음만 달아 첫 시집에 실린 유영의 추모 시를 그대로를 옮겨 싣는다. 한자 표기에 독자들의 이해를 돕기 위해 괄호 안에 한글을 넣었을 뿐 원본 그대로다.

窓(창)밖에 있거든 두다리라(1947.2.16.)
---東柱(동주)·夢奎(몽규) 두 靈(영)을 부른다---

유 영(柳玲)

東柱(동주)야 夢奎(몽규)야
너와 즐겨 외우고
너와 즐겨 울던
三不(삼불)이도 炳昱(병욱)이도
그리고 處重(처중)이도……

아니 네노래 한구절 흉내에도 땀빼던 玲(영)이도 여기 와 있다.
차디찬 下宿房(하숙방)에
한술 밥을 노느며
詩(시)와 朝鮮(조선)과 人民(인민)을 말하던
詩(시)와 조선(朝鮮)과 인민(人民)과 죽엄을 같이하려던
네 벗들이
여기 와 기다린 지 오래다.

窓(창)밖에 있거든 두다리라.
東柱(동주)야 夢奎(몽규)야
너를 쫓아 바람곧이 滿洲(만주)에 낳게하고
너로 하여금 그늘 밑에, 숨어 詩(시)를 쓰게 하고
너를 잡아 異域(이역) 獄窓(옥창)에 눕게한
너와 나와 이를 갈던 惡魔(악마) 또한 물러가
게다소리 하까마 칼자루에 빠가고라 소리마저 사라졌다.
 ˙ ˙   ˙ ˙ ˙   ˙ ˙ ˙ ˙

너와 함께 즐겨 거닐다
한 잔 차에 시름 띠어
뭉킨 가슴 풀어보던
여기가 바로 茶房(다방) 허리울이다.
그렇다 피의 噴出(분출)을 가다듬어
怨讎(원수)의 이빨을 빼려다
급기야 강아지 발톱에 찢긴
여기가 바로 茶房(다방)

나는 믿지않는다 믿지 못한다
네 없음을 말해야 할 이자리란
금시 너의는 鴛鴦(원앙)새 모양 발을 맞추어
恒時(항시) 잊지 않던 微笑(미소)를 들고
너는 우리 자리에 손을 내밀 것이다.

창(窓)밖에 있거든 두다리라
그리고 소리쳐 對答(대답)하라.

모진 바람에도 거세지 않은 네 龍井(용정) 사투리와
고요한 봄물결과 같이
또 五月(오월)하늘 비단을 찢는 꾀꼬리 소리와 같이
어여쁘던 네 노래를 기다린 지 이미 三年(삼년)
시언하게 怨讐(원수)도 못갚은채 새원수에 쫓기는
울줄도 모르는 어리석은 네 벗들이
다시금 웨쳐 네 이름 부르노니

아는가 모르는가
"東柱(동주)야! 夢奎(몽규)야!"

1948년 윤동주(1917~1945) 3주기 추모식에 맞추어 첫 시집 출간 후 1955년 10주기 추모식에 여동생 윤혜원(1924~2011)이 고향인 북간도 용정에서 가져온 62편의 시를 추가하여 총 93편의 증보판 시집이 나오게 되었다. 그러나 최초 본인 초간본에 서문을 써 준 정지용 시인이 6.25를 겪고 난 냉전 시기에 납북되고 말았다. 거기에 절친 강처중마저 월북하고 말았다. 그 이유로 증보판에는 서문, 추모 시, 발문이 다 빠지고, 서문 없이 후배 정병욱이 '후기'를 쓰고, 동생 윤일주가 '선백(先伯)의 생애'를 써놓고, 김환기 화백이 표지 그림을 그린 시집이 재탄생하였다.

이 증보판은 우리에게 초판본으로 알려진 시집이다. 하지만 첫 시집은 아니다. 그 앞서 1948년 초간본으로 출간된 31편이 실린 시집 『하늘과 바람과 별과 詩』가 첫 시집이다. 그 후 친필 원고를 찾으면 증보하여 정음사의 증보판에는 5편의 산문과 함께 115편이 실리게 되었다. 그러나 현재 정음사 마지막 증보판에서 9편을 더 추가하여 윤동주가 서문으로 쓴 「서시」를 포함한 124편이 실린 『하늘과 바람과 별과 詩』의 시집이 출간되어 있다.

이처럼 샘물이 솟아나듯 자꾸 윤동주의 시가 여기저기서 나왔다. 그가 첫 시집을 내려던 19편과 그의 절친 강처중에게 일본 유학 시절 보내온 시 5편, 그리고 강처중이 갖고 있던 7편 등 31편이 실린 첫 시집만이 가장 소중하게 다가오는 것은 왜인지 모르겠다. 올해 그가 순국한 지 80주년이 되었고, 10권의 최초 본인 초간본이 나온 지 77년, 초판본이 나온 지 70년이 되는 해다. 2년 전 2023년에 최초로 31편이 실렸던 그의 유고집 복각본까지 출간되어 서점가에서 인기를 끌고 있다. 이 시집은 그가 내려던 시집에 12편이 더 해지긴 했으나 『하늘과 바람과 별과 詩』의 초판본이라 할 수 있다. 첫 시집이라고 할 수 있는 최초 본으로, 초간본은 급히 만드느라 제본 수준으로 만들 수밖에 없었나 보다. 인쇄가 더디게 진행되어 추모식 때 출간되지 못했던 모양이다. 다행히 그 이후에 초판본이 정식으로 출간되었다.

『병원(病院)』이라 불릴 뻔한 첫 시집

원래 윤동주는 첫 시집의 제목을 『하늘과 바람과 별과 詩』가 아닌 『병원(病院)』으로 붙였다. 후배 정병욱의 회고에 따르면 "당시의 세상이 온통 환자투성이"였기 때문이라고 한다. 서문을 쓴 정지용은 윤동주의 정신적 스승으로 당시 경향신문 주필(主筆)이었고, 추모 시를 쓴 유영은 윤동주와 연희전문학교를 함께 다닌 문우이자 시인이었으며, 발문을 쓴 강처중은 동주의 절친인 동시에 당시 경향신문 기자였다. 이처럼 윤동주의 사후에서나마 온전한 유고 시집이 나올 수 있었던 것은, 위험을 무릅쓰고 원고를 지켜낸 사람들뿐 아니라 그를 진정으로 사랑한 사람들이 있었기 때문이다. 윤동주는 세상이 온통 환자투성이였던 그 혼란한 시대에 태어나 그 환자들의 치료를 위해 공부에 공부를 거듭하다가 그만 아깝게 세상을 떠나고 말았다. 그가 세상은 떠났으나 그가 남긴 시들이 남아 있어 오늘날 그때의 환자들을 넘어 후손들의 영혼까지 치료해 주고 있다. 그가 쓴 「病院(병원)」이란 시를 친필 원고 그대로 옮겨 소개한다. 그 시절 그의 눈에는 세상이 온통 환자투성이로 보였다. 윤동주도 아팠다. 환자였다.

病院(1940.12.)

살구나무 그늘로 얼골을 가리고, 病院(병원) 뒷뜰에 누어, 젊은 女子(여자)가 힌옷아래로 하얀다리를 드러내 놓고 日光浴(일광욕)을 한다. 한나절이 기울도록 가슴을 알른다는 이 女子(여자)를 찾아오는 이, 나비 한마리도 없다. 슬프지도 않은 살구나무가지에는 바람조차 없다.

나도 모를 아픔을 오래 참다 처음으로 이곳에 찾어왔다. 그러나 나의 늙은 의사는 젊은이의 病(병)을 모른다. 나안테는 病(병)이 없다고 한다. 이 지나친 試鍊(시련), 이 지나친 疲勞(피로), 나는 성내서는 않된다.

女子(여자)는 자리에서 일어나 옷깃을 여미고 花壇(화단)에서 金盞花(금잔화) 한포기를 따 가슴에 꼽고 病室(병실) 안으로 살어진다. 나는 그 女子(여자)의 健康(건강)이 — 아니 내 健康(건강)도 速(속)히 回復(회복)되기를 바라며 그가 누엇든 자리에 누어본다.

근래 『하늘과 바람과 별과 詩』 그 표지 그대로 최초 본인 첫 시집 초간본과 제2집이 재출간되어 서점가에서 인기를 끌고 있다. 시집 띠지에 "하늘의 별이 된 시인 윤동주 10주년 기념 증보판 『하늘과 바람과 별과 詩』 1955년 정음사 오리지널 표지디자인"이라고 홍보하고 있다. 70년 전 표지 그대로라니 왠지 더 값져 보인다. 원고도 그때 실렸던 93편만 그대로 실렸다. 당연히 나는 근래에 발행한 첫 시집의 복각본을 비롯하여 제2집인 첫 증보판을 여러 권을 샀다. 나눠두고 싶어서였다. 31편이 실린 첫 시집이라 할 수 있는 초판본의 표지는 몇 해 전 판화가 이정(1924~1995)으로 70년 만에 밝혀졌고, 93편이 실린 제2집의 표지는 추상화의 대가 김환기 작가(1913~1974)로 알려져 있다. 표지도 작품이었다.

1948년 발행한 윤동주의 유고 첫 시집 『하늘과 바람과 별과 詩』 초판본과 1955년 발행한 제2집 모습이다. 첫 시집의 표지는 이정(이주순) 판화작가의 작품이고, 증보판으로 출간한 제2집의 표지는 김환기 작가의 작품이다. 두 시집 모두 윤동주의 시 31편이 각각 실렸다.

윤동주의 시가 오늘날 이처럼 사랑을 받을 수 있게 된 것은 계속 언급하지만, 누구보다 후배 정병욱의 큰 결단이었다. 그는 선배였던 윤동주가 연희전문학교를 졸업하고 일본으로 유학을 떠나기에 앞서 그에게 준 친필 원고를 잘 지켜냈다. 윤동주는 연희전문학교 졸업 기념으로 「서시」를 뺀 18편의 작품을 모아 시집 발간을 계획하였으나 일제강점기 상황에서 뜻을 이루지 못하고 자필로 3권을 묶어 은사 이양하(李敭河) 교수, 후배 정병욱에게 한 권씩 증정하고 한 권은 자신이 가졌다. 윤동주의 것과 이양하 교수께 증정한 것의 행방은 알 길이 없다. 그런데 정병욱한테 증정한 것이 온전하게 보관되어 오늘날 윤동주의 빛나는 시들을 만날 수 있게 되었다. 이 얼마나 다행한 일인가. 이 얼마나 감격할 일인가. 윤동주는 좋은 시도 남겼지만, 좋은 사람들도 많이 남겼다. 그와 함께한 사람들은 하나같이 윤동주를 사랑하고, 윤동주를 빛나게 해주었다. 평소 윤동주가 덕을 많이 쌓은 모양이다. 윤동주의 삶을 통해 사람과의 관계가 얼마나 중요한지를 깨닫게 된다.

목숨처럼 소중히 지켜낸 윤동주의 시

윤동주의 유고 시를 보관했던 전남 광양의 망덕포구 앞의 정병욱 생가 모습이다. 2021년 여름(좌)에 찾아갔을 때는 한창 복원 중이었는데 2024년 가을(우)에 다시 찾아가니 보수가 깨끗이 끝나 있었다. 현재 정병욱 가옥의 모습이다.

윤동주의 후배 정병욱은 1944년 일제 학병으로 끌려가기 전 전라남도 광양시 망덕포구에 자리한 본가를 찾아가 윤동주의 유고(遺稿) 시들을 어머니께 맡기면서 "목숨처럼 소중한 것이니 잘 간직해 달라."라고 당부하고 전장으로 떠났다. 바로 이 유고(遺稿)가 잘 보존되어 해방 후 윤동주와 그의 시들이 오늘날 빛나고 있다. 윤동주와 함께 하숙했던 정병욱이 윤동주의 원고를 이곳 전남 광양의 생가까지 가지고 내려와 보관하고 지켜냈기에 가능한 일이었다. 그 결과 정병욱의 생가는 국가 등록 문화유산이 되었다. 그의 집 앞이 섬진강 하류로 강과 바다가 만나는 곳이다. 경치 또한 아름답다. 그 섬진강을 따라 바다로 이어지는 산책길도 잘 조성되어 있다. 이 길은 인문 여행의 시간을 가질 수 있는 의미 있는 길이다. 야경도 가슴 설레게 한다. 밤하늘의 별도 하나하나 헤아릴 수 있다. 그러고 보니 윤동주는 북간도 만주부터 남해까지 한반도 전체를 그의 시로 물들게 했다.

윤동주의 유고(遺稿) 시를 보관했던 정병욱의 생가 맞은편에 '별 빛나길'이 조성되어 있다. 900m나 되는 그 길을 소개하는 표지판이다. 그 길에 윤동주와 정병욱이 정답게 나란히 앉아 있다.

윤동주와 정병욱이 나란히 앉아 있는 '별보다 빛나는 이야기를 품은 "나를" 찾아가는 여정'이란 표지판에는 정병욱이 남긴 말이 새겨져 있다. 그는 **"내가 평생 해낸 일 가운데 가장 보람 있고, 자랑스러운 일이 무엇이냐고 묻**

는 이가 있다면 나는 서슴치 않고 동주의 시를 간직했다가 세상에 알려줄 수 있게 한 일이라고 대답할 것이다."라고 말했다. 누가 생각해도 사실 그렇다. 정병욱도 훌륭한 교수였지만, 그의 선배 문우였던 윤동주의 주옥같은 시들을 보관토록 한 것이 그가 한 훌륭한 일 중 최고가 아닐까 싶다. 정병욱은 윤동주의 연희전문학교 2년 후배이고, 나이는 5세나 아래다. 그런데 그들은 선후배임에도 룸메이트가 되어 1년간 기숙사 생활을 하다가 함께 기숙사를 나와서 하숙도 함께하였다.

윤동주의 친필 원고가 보관되어 있던 전남 광양의 정병욱 생가의 낮과 밤의 모습이다. 윤동주의 시들이 집안 마루 밑에 보관되었음을 알 수 있다. 윤동주 시인이 쓴 「서시」가 집 뒤에서 한 점 부끄럼 없이 살라고 어두운 밤을 밝혀가며 경종을 울린다.

정병욱은 연희전문학교의 핀슨관에 들어선 〈윤동주기념관〉에 많은 자료를 기증하였다. 그곳을 방문해 보면 그 귀한 자료들을 만날 수 있다. 전시실의 방마다 서랍에 칸칸이 들어있다. 한눈에 볼 수 없어 관람하기가 좀 번거롭긴 하다. 몸에 익지가 않아 그런가보다. 천천히 서랍을 하나하나씩 열어서 관람해야 한다. '별똥 떨어진 데' 전시실에 들어서서 한 서랍을 열자 "언니를 따라 죽지 못한 것이 부끄러울 뿐입니다."라는 붓으로 쓴 글씨가 한눈에 들어와 깜짝 놀랐다. 설명을 읽어보니 정병욱이 1955년 윤동주 시인의 10주기 추모식 때 방명록에 쓴 자필이었다. 그 당시에 형을 언니라고도 했다고 한다. 둘의 사이가 어땠는지 짐작이 가고도 남는다. 정병욱은 그의 여동생을 그토록 따랐던 윤동주의 남동생 윤일주와 부부의 연을 맺게 했다. 둘은 선후배 사이에서 사돈간이 되었다. 방명록의 정병욱 자필이 감동을 준다. 윤동주를 사랑하는 그의 찐 마음이 그대로 배어있음을 알 수 있다.

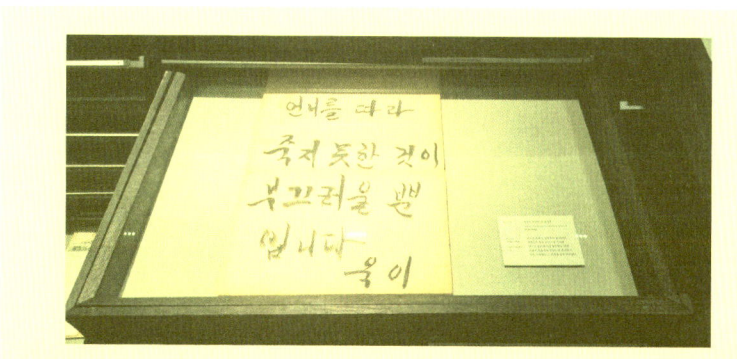

윤동주의 후배로 윤동주의 시가 세상 구경을 할 수 있도록 가장 큰 공헌을 한 정병욱의 자필이다. 10주기 추모식 때 방명록에 쓴 글이다.

〈윤동주기념관〉의 서랍에는 윤동주가 존경했던 여러 교수의 사진과 소개도 함께 들어있다. 우선 그에게 큰 영향을 미친 한글학자 최현배 교수(1894~1970)의 강의 모습과 그의 저서 『우리말본』, 그리고 역사를 가르쳐주신 손진태 교수(1900~?)와 이양하 영문과 교수(1904~1963)의 강의 모습과 사진 등이 서랍을 열면 관람객들을 반갑게 맞는다. 이처럼 윤동주의 관련 자료가 기념관 1층의 10개 방에 각각 나뉘어 전시되고 있다. 방방이 자리 잡은 전시실에 그의 흔적이 서랍마다 켜켜이 들어 있다. 전시실 중 그의 기숙사 방으로 꾸며놓은 곳에는 책상과 책꽂이, 침대가 놓여 있다. 그의 책꽂이에는 우리말을 가르치던 최현배 교수의 책이 항상 있었다고 한다.

윤동주는 최현배 교수가 쓴 『우리말본』을 손 닿는 곳에 놓고 수시로 꺼내 읽었다. 그만큼 우리말과 우리글을 좋아하고 지키려 하였다. 어느 시간보다 최현배 교수의 수업 시간을 좋아한 윤동주였다. 최현배 교수는 비록 우리 민족이 식민 통치를 겪고 있지만 우리말을 잊지 않고 배워야 한다는 것을 강조하셨다. 그는 한글 보편화에 가장 앞장선 인물로 대한민국의 독립 유공자가 되셨다. 아마 민족정신이 투철했던 윤동주의 멘토가 아니었나 싶다. 최현배 교수의 강의는 윤동주의 마음속에 오랫동안 남았다. 아니 늘 그 말씀이 죽음을 앞두고도 따라다녔을 것이다. 어쩌면 그가 우리말을 지키려고 애쓴 것이, 그를 죽음으로 몰고 간 원인 중의 하나가 되었을지도 모른다. 그는 언제나 우리말과 우리글로 시와 산문을 썼으니 그렇다. 우리말과 우리글을 마음대로 쓸 수 없었던 시대에….

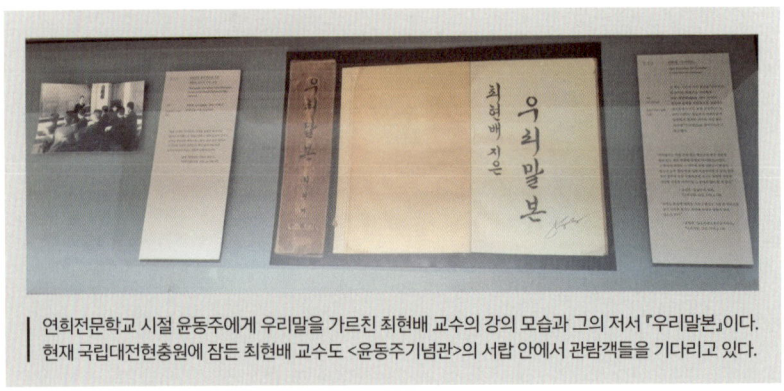

연희전문학교 시절 윤동주에게 우리말을 가르친 최현배 교수의 강의 모습과 그의 저서 『우리말본』이다. 현재 국립대전현충원에 잠든 최현배 교수도 <윤동주기념관>의 서랍 안에서 관람객들을 기다리고 있다.

최현배 교수는 한글을 현대화하여 오늘날 우리가 사용하는 형태로 만드는 데 결정적인 역할을 했으며, 세종대왕 다음으로 한글의 정립과 보급에 가장 큰 역할을 한 것으로 평가되고 있다. 그는 우리나라를 사랑하라면서 1930년에 발행한 『조선 민족 갱생의 도』란 책에서 "세계인이 되기 전에 먼저 조선인이 되거라. 조선을 구함으로써 세계를 구하라."고 하였다. 자신을 구하기 전에 민족을 구하라고 강조했다. 일제강점기에 그런 책을 써서 출판한 최현배 교수를 윤동주가 존경한 것은 당연한 일이었을 것이다. 윤동주의 생각도 그와 같았을 테니까. 최현배 교수는 일본의 히로시마고등학교를 나와 교토제국대학과 대학원에서 철학과 교육학을 공부했다. 그랬으면서 우리말과 우리글을 지키는데 누구보다 앞에 서셨다는 게 놀랍다. 일본을 이기기 위해 일본에서 최고의 학부까지 공부하신 게 아닌가 싶다. 존경할 수밖에 없는 위인이 바로 최현배 교수다.

또한 윤동주가 좋아했던 이양하 교수는 도쿄제국대학과 교토제국대학 대학원에서 공부한 분이다. 나도 학창 시절 피천득 선생님(1910~2007)의 수필도 좋아했지만 이양하 교수의 수필에 반했다. 그래서 내가 수필가가 되었는지도 모른다. 솔직히 그의 수필에 반해 수필을 쓰고, 수필을 사랑하게 되었다. 그의 수필 「나무」, 「나무의 위의(威儀)」, 「신록 예찬」 등은 나무를 통해 인생을 깨닫게 해주었다. 아니 삼라만상(參羅萬像)이 수필 소재가 되고 그들을 통해 인생을 배울 수 있음을 알게 해주었다. 두고두고 고마워할 분이다.

일제강점기에는 지식층들이 대부분 일본에 건너가서 공부했음을 알 수 있다. 그럼에도 천만다행히 그들이 일본화되지 않고, 더욱더 민족정신과 애국정신을 후학들에게 심어주었던 게 아닌가 싶다. 나아가 나라의 소중함을 일깨워주어 독립운동에 앞장서도록 했을지도 모른다. 윤동주가 따랐던 이양하 교수도 일본에서 대학교와 대학원을 나와 1934년 연희전문학교에 부임하여 영어와 영문학을 가르쳤다. 그 당시 재학생들은 평론이나 시를 써서 이양하 교수에게 지도와 조언을 받았다. 윤동주도 졸업 기념으로 자신의 시집을 내고 싶어 이양하 교수를 찾아갈 정도로 좋아한 교수였다. 그러나 이양하 교수의 만류로 끝내 시집은 출판하지 못했다. 시에 항일 정신이 배어있었기 때문이었다. 그 시집을 출간했더라면 윤동주는 더 일찍 죽음을 맞이했을지도 모른다.

영어와 영문학을 가르친 이양하 교수의 소개와 강의 모습이다. 그에 대한 자료는 <윤동주기념관>의 서랍 안에 있다. 서랍을 관람객들이 찾아와 열어주길 기다리고 있다.

2. 고향 중국, 시작과 끝이 머문 땅

윤동주의 뿌리이자
귀환한 자리

(1) 태어나 자란 생가의 툇마루에 앉아

- 중국으로 윤동주를 만나러 가다
- 윤동주가 나오길 기다리다
- 시(詩) 밭이 되어버린 고향마을

(2) 명동촌에 스민 그의 발자국

- 그의 본적은 함경북도 청진시 포항동 76번지
- '간도협약'으로 일본에 의해 간도 땅이 중국으로 귀속

(3) 명동 학교 옛터 기념관, 윤동주가 말을 건네다

- 소환된 윤동주의 일대기
- 명동소학교 교실에서 윤동주와 짝꿍

(4) 시인의 묘소에 고개를 숙이다

- 택시를 대절(貸切)하여 윤동주에게 가다
- 살구나무 곁에 잠든 윤동주

(5) 고종사촌 형, 송몽규를 기리며

- 명동촌의 송몽규(송한범) 옛집
- 낙양군관학교 제2기생, 투사의 걸음을 내딛다
- 동아일보 신춘 문예 당선
- 청년문사(靑年文士) 송몽규가 남긴 2편의 시
- 연희전문학교를 차석으로 졸업하다
- 송몽규의 묘소 참배

(6) 용두레 우물에 기억 속의 사나이가 있다

- 일송정(一松亭)을 바라보며 선구자 노래를 부르다
- 그리움만 가득한 용두레 우물
- 기억 속의 한 사나이가 가엾다

(7) 백두산에 떠오른 대형 무지개

- 천지 앞에서 만만세를
- 감동을 선물한 백두산의 슈퍼 무지개
- 잎새에 이는 바람에도 괴로워한 윤동주

【1】

태어나 자란 생가의 툇마루에 앉아

중국으로 윤동주를 만나러 가다

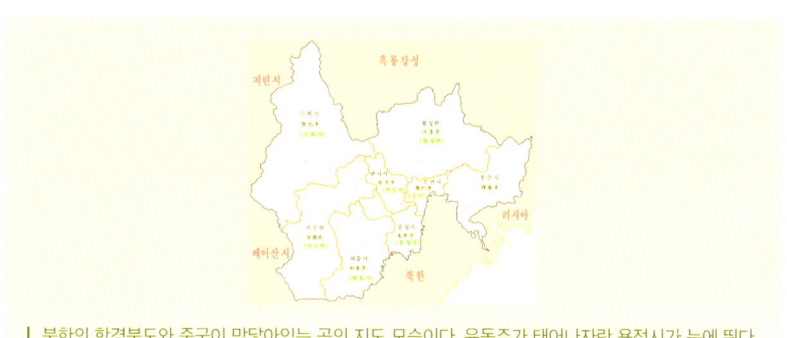

북한의 함경북도와 중국이 맞닿아있는 곳의 지도 모습이다. 윤동주가 태어나자란 용정시가 눈에 띈다. 북한과 아예 붙어있다.

그동안 윤동주의 발자취를 따라 우리나라의 곳곳을 찾아다녔다. 한 번 간 데는 없다. 보통 3, 4회는 다녀왔다. 그러다 2024년 지난해 여름, 윤동주의 발자취를 따라 더 멀리 걷고 싶어 해외 문학 기행을 계획하였다. 그 결과 먼저 윤동주가 태어나 자란 중국 길림성(중국 지린성) 연변 조선족 자치주 용정(龍井)을 찾아갔다. 생가가 자리한 용정시의 명동촌(明洞村)을 시작으로 그가 다닌 학교와 용두레 우물, 그리고 그가 잠든 묘소 등을 다녀왔다. 해외 문학 기행으로 백두산도 백두산이지만 윤동주의 고향을 찾아가 그의 발자취를 따라 걸어보고 그가 잠든 묘소를 참배하는 게 가장 큰 목적이었다.

윤동주가 태어나 자란 명동촌 입구에서 동행한 문인들과 찍은 기념사진이다.

그런데 현지 가이드 말로는 생가 관람은 가능하나 묘소 참배는 안 된다는 것이다. 그곳으로 들어가는 진입로가 공사 중이라 버스 진입이 어렵다는 게 이유였다. 그 말을 듣고 나는 현지 가이드에게 이번 여행의 가장 큰 목적이 윤동주 시인과 그의 고종사촌 형, 송몽규 수필가의 묘소를 찾아가 참배하기 위함이라고 말했다. 버스가 못 가면 비용을 대고 택시를 타고서라도 꼭 가고 싶다며 간절히 부탁하였다. 이 말에 인솔 가이드와 현지 가이드도 도저히 거절할 수 없나 보다. 마침내 택시를 이용하여 묘소를 참배토록 결정이 내려졌다.

윤동주의 고향인 명동촌 입구에 세워져 있는 안내 표석에 한글과 한자로 "윤동주 생가"가 있음을 안내하고, 이 마을이 '명동(明東)'이라고도 안내하고 있다.

윤동주의 묘소 참배에 앞서 그의 생가를 찾아갔다. 용정시(龍井市) 명동촌에 자리한 이곳은 그가 태어나 자란 집이다. 명동촌은 1910년~1920년대 중국 북간도 일대의 대표적인 한인 촌락으로 한인의 문화교육 운동 중심지였다. 이곳은 용정시 중심가에서 서남쪽으로 15km 떨어진 곳에 있으며, 문치정·남위언·김하규·김약연 등 네 집안이 함경북도 종성군에서 집단으로 이주하여 1899년~1905년에 형성된 마을이다. 명동촌이 자리한 곳의 원래 이름은 '비둘기 바위'라는 뜻을 지닌 '부걸라재(鵓鴿磖子)'였다. 그 뒤 김약연(1868~1942) 등이 이곳을 "동방. 곧 한반도를 밝히는 곳"으로 만들고자 '명동촌'이라고 이름하였다. 김약연은 윤동주의 외삼촌이다.

명동촌 입구에 '윤동주 생가'라고 새겨져 있는 한글 안내 표석이 반갑게 마중 나와 있다. 이 안내 표석이 이리도 반가울 줄 예상 못했다. 가슴까지 콩닥콩닥하였다. 꿈만 같았다. 커다란 자연석에 한글로 '윤동주 생가'라고 새겨져 있었다. 옆면에는 명동(明洞)이란 글자가 한글과 한자로 새겨져 있고, 뒷면에도 한자로 '尹東柱 生家'라고 새겨져 있었다. 한자는 간체자(简体字)로 새겨져 있다. 이 간체자는 1956년에 중화인민공화국 주도로 창안된 한자이다. 중국 어디를 가나 학창 시절 내가 배운 한자가 아닌 간체자로 대부분 표기되어 있다. 가뜩이나 짧은 한자 실력을 더 짧게 만들어주고 있다. 나는 동행한 문인들과 당연히 우리글인 한글로 새겨진 안내 표석 앞에서 자세를 취했다.

윤동주의 생가 입구에 자리한 매표소와 생가 입구 모습이다. 매표소에는 해설 가이드는 없고, 표 파는 여직원 1명이 앉아서 핸드폰을 만지작거리고 있다.

마을 어귀에서 언덕을 내려와 매표소 앞에 섰다. 그리고 생가 관람 표를 끊고 생가로 향했다. 꽃들이 방긋 웃으며 먼저 인사를 한다. 꽃들이 피어있는 마당 입구 쪽에 역시 간체자로 '中國 朝鮮族 著名 詩人/尹東柱 故居'라고 새긴 안내 표석과 '중국 조선족 저명 시인/윤동주 생가'라고 새긴 한글 안내 표석이 나란히 세워져 있다. 안내 표석이 직사각형으로 마치 플래카드처럼 길게 세워져 있다. 그런데 한자가 새겨진 표석을 앞에, 한글이 새겨진 표석을 뒤에 세워놓았다. 더 속상한 것은 윤동주 시인을 한국의 유명 시인이 아닌 중국의 저명 시인이라고 소개해 놓았다. 기분이 좋을 리 없었다.

윤동주 시인이 태어나 자란 생가 입구에 "윤동주 생가" 안내 표석들의 모습이다. '中國 朝鮮族 著名 詩人/尹東柱 故居(중국 조선족 저명 시인/윤동주 고거)'라고 새겨져 있다.

윤동주가 나오길 기다리다

안내 표석도 전에는 왼쪽에 한글로 '윤동주 생가', 오른쪽에 한자로 '尹東柱 故居'라고 새겨 넣은 표석이 세워져 있었다. 그런데 근래 들어 안내 표석의 한글과 한자의 위치가 바뀌어 소개되고 있다고 한다. 중국어인 한자를 왼쪽에 먼저 표기하고, 오른쪽에 한글로 표기를 하고 있다. 위에 한글이 표기되고, 아래에 중국어로 표기했던 안내 표석도 위아래가 바뀌었다. 안내 표지판도 마찬가지로 바뀌었다. 좌상우하(左上右下) 원칙에 따라 왼쪽인 좌(左)가 높기에 서열을 바꾸어 좌에 한자로 표기된 중국의 글자를 배치하였다. 아울러 아래보다 위가 서열에서 높으므로 위에 한자인 중국 글자를 배치해 놓았다. 조선족이 70%가량 거주하는 중국의 연변조선족자치주임에도 모두 교체했다고 한다. 바뀐 안내 표석과 표지판을 보니 마음이 안 좋았다.

윤동주의 생가로 내려가는 길에는 내 마음을 알 리 없는 코스모스가 가을을 재촉하고 있다. 코스모스뿐 아니라 고향에 피고 졌던 꽃들이 예쁘게 피어 반긴다. 돌에 새겨진 그의 명시들이 양쪽 길가에 나란히 서서 역시 반긴다. 그가 뛰어놀았을 생가 마당에도 온통 그의 명시들이 새겨진 시비들이 찾아온 손님들을 맞는다. 마당이 그냥 그대로 시 밭이었다. 그의 시집을 통해 읽은 시들이지만 생가에 와서 읽어보니 울림이 제대로 전해진다.

한참 동안 마당에 세워놓은 시비들에 새겨진 시를 읽어가며 꿈같은 시간을 보냈다. 동행한 문인들도 흥분을 가라앉히지 못했다. 그리고 생가의 툇마루에 걸터앉았다. 복원한 생가지만 윤동주가 방문을 열고 나올 것 같은 생각마저 들었다. 그가 나오길 기다리기라도 하듯 툇마루에 걸터앉아 자리를 뜨지 못했다. 왠지 머물고 싶었다. 아무리 생각해 봐도 이곳을 찾아와 그의 생가 툇마루에 걸터앉은 게 꿈만 같았다.

윤동주의 생가 입구부터 그의 시비(詩碑)들이 즐비하게 서 있다. 그를 대신하여 그의 정직한 마음이 깃든 시들이 꽃 속에서 기립한 채 맞이해주었다. 고맙고 반갑다.

억울하고 안타까운 것은 조선인들이 개간하여 옥토로 만들어 놓은 윤동주의 고향, 간도(間島)가 일본에 의해 완전 중국에 넘어간 것이다. 이곳에서 살고 있던 조선인들은 갑자기 중국인이 되어 살아갈 수밖에 없게 되었다. 윤동주도 이미 중국 땅이 되어버린 이곳 간도에서 태어나 자랐다. 윤동주는 조상 대대로 우리나라 사람으로 태어났고, 뼛속 깊이 우리나라 사람이었는데 중국에서는 완전 중국 저명 시인으로 소개되고 있다. 이 억울함을 어찌 달랜단 말인가.

윤동주의 생가 바로 옆에 '윤동주 생가 옛터' 안내 표지석이 초가지붕을 한 정자와 함께 세워져 있는 모습이다. 정자 안에 우물이 있다. 그런데 나무 우물틀이 새로 한 것이라 그런지 낯설다.

생가 바로 옆에 자리한 초가 정자가 이색적이다. 정자 안에는 우물이 있었다. 이곳의 나무로 된 우물틀이 인왕산 자락에 문을 연 〈윤동주문학관〉으로 옮겨 와 전시되고 있는 것이 맞나보다. 내가 문학관을 찾아 해설을 들을 때 윤동주의 고향 집에서 가져온 우물틀이라고 들은 적은 있었다. 그래선지 이곳 고향 집 우물 위에 새로 만들어 놓은 우물틀과 뚜껑이 세월의 흔적이 묻어있지 않아선지 정이 가지 않았다.

그 우물 정자 곁에는 1994년 8월 29일에 다시 세운 윤동주 생가를 자세히 소개하는 표석이 세워져 있다. 그 내용을 소개해 본다. "중국 조선족 유명 시인 윤동주의 생가는 1900년경에 그의 조부 윤하현 장로가 명동촌에 지은 것으로서 방 10간과 곳간이 달린 조선족 전통 구조로 된 기와집이다. 윤동주는 1917년 12월 30일에 이 집에서 태어났다. 1932년 4월에 은진중학교로 진학하게 되면서 그의 조부는 온 식구를 데리고 용정으로 이사하였다. 할아버지의 큰 결단이었다. 손자인 윤동주의 상급학교 진학이 어려웠기 때문이었지만 내가 왜 서운한지 모르겠다. 그 후 이 집은 매도되어 다른 사람이 살다가 1981년에 허물어졌다. 1993년 4월, 12년 만에 용정시 인민 정부는 역사적 의의와 유래를 고려하여 이를 관광지로 지정하고, 1994년 8월에 역사적 유물로서 윤동주 생가를 복원하였다."

윤동주는 이 집에서 태어나 자라났다. 윤동주의 발자국이 이 집은 물론 마을 곳곳에 스며들어 있을 것이다. 나와 문인들은 그의 생가 툇마루에 한참 동안 앉아 있었다. 윤동주가 방문 열고 나오면서 반갑다고 두 손을 잡아줄 것 같았다. 엷은 미소를 띠고 나타나 어떻게 이 멀리까지 왔냐며 무척이나 반가워해 줄 것 같았다. 그러나 생가엔 정적만 흘렀다. 침묵도 같이 흘렀다. 그러나 윤동주는 이미 곁에 와 있었다. 툇마루에서의 정적과 침묵을 깨고, 기념사진을 찍고 일어섰다. 그리고 그와 함께 그가 뛰어놓았을 마당과 마을길을 걸어보았다. 그의 고향에서 느끼는 감정은 그동안 그에 대해 느꼈던 감정보다 더 큰 울림으로 나에게 스며들었다.

윤동주의 생가 전경이다. 함께 간 문인들과 툇마루에 앉아 윤동주가 나오기를 하염없이 기다렸다. 이미 우리 곁에 와 있는 줄도 모르고….

시(詩) 밭이 되어버린 고향마을

나는 윤동주 시인의 생가를 찾아 중국의 저명 시인으로 둔갑한 그를 기리며 그가 뛰어놀았을 마당에 서서 다시 한참을 머뭇거렸다. 마당에 그의 시(詩)가 새겨진 시비(詩碑)들을 하나하나 읽어가며 그를 무척이나 그리워했다. 마당 끝은 봉숭아, 채송화, 달리아, 칸나, 국화 등이 피어있다. 그런데 그 꽃들보다 시들이 더 인기를 끌고 있다. 여기도 시비, 저기도 시비, 시비들이 그냥 그대로 꽃이었다. 다양하게 생긴 돌에 윤동주의 진심이 담긴 시들이 수놓아져 있었다.

윤동주의 대표작이라고 할 수 있는 「서시(序詩)」가 새겨진 시비의 앞뒤 모습이다. 시비 뒤에는 그의 일대기를 한자와 한글로 소개하고 있다. 윤동주의 연보.

윤동주의 시는 서정시로 읽는 이들의 마음을 그대로 빼앗아 간다. 솔직하고 정직한 그의 마음이 그대로 드러나 있어서, 공감이 되고 동화가 쉽게 된다. 시를 읽어가노라면 마치 그가 앞에 있는 것만 같아 말을 건네고 싶어진다. 금세 그와 한마음이 되어 그를 이해하고 그의 아픈 마음을 어루만져 주고 싶어진다. 시를 어렵지 않게 써서 좋다. 수필을 읽는 듯 내 머리로도 이해된다.

윤동주의 생가 마당 끝에 서 있는 「서시」의 시비와 그의 일대기를 일러스트로 그린 대리석 판의 모습이다.

어느 시비보다 「서시」의 시비가 반가움을 더했다. 대표작답게 시비 중 몸집도 가장 크다. 역시 그 시비가 인기가 좋았다. 그 곁에서 하나둘 사진을 찍었다. 나도 찍었다. '죽는 날까지 하늘을 우러러 한 점 부끄럼 없으면 얼마나 좋을까?'를 다시 또 생각하면서 윤동주 시인의 「서시」를 읊조려 보았다. 한 점 부끄러움 없이 살아가기는 어렵고, 그냥 나한테 주어진 길을 잘 걸어가 보기로 다짐했다. 시비 앞에서 문인들과 사진을 찍으면서 앞으로 나한테 주어진 길을 부끄럽지 않을 만큼 뚜벅뚜벅 걸어가기로 또다시 다짐했다. 어디 가나 「서시」가 인기 "짱"이었다. 수많은 시비 중 대장처럼 큰 이유를 알 수 있다. 앞으로 한 점 부끄럼 없이 살 수 있기를 가만히 바라면서 아쉬우나 그와 헤어졌다.

「참회록」, 「삶과 죽음」, 「눈감고 간다」, 「편지」 등의 시비 모습이다. 돌로 만든 시비들의 모습이 자연처럼 자연스러워 보기에 좋았다.

　윤동주의 생가 마당뿐 아니라 마을 길 곳곳에도 그의 시가 새겨진 시비들이 방문객들을 반갑게 맞이하였다. 명동촌에는 그가 쓴 시들이 대부분 시비에 새겨져 꽃처럼 예쁘게 마을을 수놓고 있었다. 윤동주의 시 밭을 넘어 야외 시비 박물관 같았다. 그가 태어나 자란 명동촌에 그는 떠났지만, 대신 그의 시들이 정답게 모여 살고 있다. 그의 영혼이 깃든 시들이 그의 생가 마을을 굳건히 지키고 있다. 그러나 이곳에 세워져 있는 시비들 모두는 중국식으로 한글 표기를 해놓아 좀 어색하게 읽혔다. 그의 시들은 가슴을 울리는 시들이 대부분이다. 영혼을 감싸주고 위로의 손을 내밀어주어 좋다. 그의 진심이 솔직하게 나타나 있어 좋다.
　많은 시비뿐만 아니라 그의 일대기를 대리석 판에 일러스트로 재밌게 표현해 놓아 흥미로웠다. 그러나 짧은 일대기라 그런지 바라보는 순간부터 마

2. 고향 중국, 시작과 끝이 머문 땅

음이 아팠다. 이들은 이곳에서도 대장 노릇을 하는 「서시」의 곁에 나란히 놓여 있다. 그를 수호하고 있는 것처럼 보였다. 결코 그의 삶은 한점 부끄럽지 않았다.

｜ 대리석 판에 윤동주 시인의 일대기를 일러스트로 표현해 놓은 모습이다.

(2)

명동촌에 스민
그의 발자국

그의 본적은 함경북도 청진시 포항동 76번지

윤동주는 이곳 용정시의 명동촌에서 태어나 자랐지만, 그의 본적은 이곳이 아니다. 함경북도 청진시 포항동 76번지이다. 윤동주가 태어나 자란 이곳 명동촌(明東村)은 원래 동간도(東間島)였다. 동간도는 버려진 땅으로 척박한 땅이었다. 중국 땅도 우리나라 땅도 아니었다. 그런데 이곳을 1899년(고종 36년) 함경도 종성 출신의 네 집안이 140여 명의 식솔을 이끌고 동간도로 집단 이주하였다. 그 후 윤동주의 조부인 윤하현 등이 합류하면서 "동방을 밝히는 곳"이라는 뜻을 지닌, 동간도 최대의 한인촌(韓人村)을 형성했다. 동간도를 우리는 북간도(北間島)라고 부른다. 우리나라에서 보면 간도가 북쪽에 자리하고 있기 때문인 모양이다.

조선 제26대 왕 고종 초기부터 함경도 사람들이 먹고살기 어려워지면서 두만강을 건너 개간지를 확대해 나갔다. 1860~1870년대 함경도에 대기근으로 많은 사람이 두만강을 넘어 간도로 이주하였다. 그러나 이곳은 정부의 관할 밖이었고, 사실은 중국의 국경을 침범하는 '범월(犯越)'이라고 하여 불법행위였다. 그래도 조선 정부가 이 개간지의 개척을 용인한 것은, 함경북도 종성군과 중국의 국경선을 흐르는 두만강의 가운데에 있는 퇴적된 섬이었기 때문이었을 것이다. 그나저나 우리 민족이 열심히 개간한 이 간도를 빼앗긴 게 생각할수록 억울하다.

간도에 형성된 명동촌(明東村)의 이정표와 '중국 조선족 교육 제1촌' 등등의 다양한 윤동주의 흔적이 배어있는 마을 풍경이다. 윤동주는 이곳에서 뛰어놀며 시인의 꿈을 키워갔다.

우리 민족이 피땀 흘려 개간한 간도에 윤동주의 고향이 있다. 이곳이 명동촌이다. 이 명동촌을 찾아가 걷는데 어디선가 수줍은 듯 윤동주가 손을 흔들며 나타날 것 같았다. 그가 나타나 그가 태어나서 자란 명동촌의 형성 과정부터 나의 궁금증을 자세히 들려줄 것 같았다. 어떻게 이곳에 들어와 살았으며, 살면서 어떤 일이 펼쳐졌는지, 고향에서의 추억은 무엇이 있는지, 흥미진진하게 이야기해 줄 것만 같았다. 그러나 윤동주는 이곳에 없다. 그의 가족과 친척들도 이곳에 남아 있지 않다. 윤동주의 가족은 윤동주의 중학교 입학을 위해 고향인 이곳을 떠났다. 자신들이 피땀 흘려 일궈놓은 명동촌을, 윤동주의 더 나은 미래를 위하여 떠났다. 해방 후에는 그의 동생을 비롯하여 그의 친인척이 대부분 우리나라로 들어와서 살게 되었다. 다행이라고 생각하면서도 먼 친척이라도 남아 고향을 지키고 있으면 찾아갔을 때 뭔가 울림이 더 컸을 텐데 좀 아쉬웠다.

현재 명동촌의 모습이다. 산천은 의구한데 인걸은 그야말로 간 데가 없었다. 동네에 관광객 외에 동네 사람들은 한 명도 안 보였다. 집들이 군데군데 있는데도 그랬다.

'간도협약'으로 일본에 의해 간도 땅이 중국으로 귀속

명동촌은 17세기, 중국의 지린성(吉林省) 동남부와 압록강·두만강 너머에 위치하며, 중국과 한국 긴 분쟁하던 지역이다. 19세기 중반부터 만주에 사는 조선인이 미간지(未墾地)를 개발하고 정착하면서 분쟁지가 되었다. 이곳은 중국 북간도 일대의 대표적인 한인 촌락으로, 용정의 서남쪽에 자리하고 있다. 19세기 후반부터 변두리였던 만주가 제국주의 침략을 받으면서 간도 문제는 국제 문제와 연동되었다. 그 후 1909년(순종 3년) 청나라와 일본이 맺은 '간도협약'으로 일본에 의해 간도는 중국으로 귀속되었다. 우리 민족이 땅을 치고 통곡할 일이다. 경술국치(庚戌國恥)인 한일합병(韓日合倂)이 완전히 이루어지기 전인데도 일본이 왜 간도를 지네 맘대로 중국에 넘겼는지 모르겠다.

간도(間島)라는 지명은 조선과 청나라 사이(間)에 놓인 섬(島)과 같은 땅이라는 데서 유래된 것이다. 그리고 보면 간도는 확실하게 땅 주인이 없었던 게 아닌가. 주인 없었던 그 땅을 우리 선조들이 고생고생하면서 개간하여 옥토로 만들고, 그곳에 정착하였으니 우리 땅이 분명하다. 그런데 빼앗기고 말았다. 그 당시 이미 우리나라의 주권은 일본으로 넘어가 있었으니 무슨 힘이 있었겠는가. 사실 일본제국은 1905년(고종 42년) 제2차 한일 협약으로 대한 제국의 외교권을 불법적으로 강탈한 상태였다. 그러니 힘을 잃은 우리나라가 간도를 중국에 빼앗길 수밖에 없었다.

생각할수록 기가 막힐 일이 일어나고 말았다. 지금이라도 일본에 의해 강탈을 당하고 만 간도를 찾을 수 없는지 모르겠다. 이래저래 일본은 우리에게 도움이 안 되었다. 중국은 땅이 그리도 넓으면서 이 땅까지 왜 빼앗아 갔는지 모를 일이다. 우리 민족들이 터전을 잡고 살고 있는데도 그런 만행을 저질렀다. 일본에 빼앗긴 우리나라를 다시 찾았으니, 이제라도 간도를 다시 찾아와야 하지 않을까 싶다. 일본으로부터 해방되자마자 간도를 되찾아와야 했다. 1910년 이전으로 돌아가 우리나라와 중국이 재협상을 하여 되찾아야 할 것 같다. 그런데 세월이 너무 많이 흐른 게 안타깝다.

그나저나 윤동주는 15세에 은진중학교를 입학하기 위하여 온 가족과 함께 명동촌을 떠났다. 명동촌 서쪽 용정이라는 소도시로 이사를 갔다. 쉽지 않은 결정이었을 것이다. 집과 농토를 소작농에게 맡기고 가족 모두 이사하였다. 고향인 명동촌과 중학교가 있는 용정까지는 30리 정도가 된다. 그러니 그의 할아버지는 어렵게 낳은 장손 윤동주의 중학교 입학을 위해서라도 용정 시내로 이사를 갈 수밖에 없었을지도 모른다. 그때 20평짜리 초가를 샀다. 이

집의 주소는 용정가 제2구 1동 36호였다. 그 후 윤동주의 아버지는 많은 식구들이 살기에 집이 좁아 큰 집을 사서 수리한 뒤 이사하였다. 다시 이사한 집의 주소는 용정시 정안구 제창로 1의 20이다.

이사를 온 용정에서 아버지는 인쇄소, 포목점 등 사업을 시작했다. 그러나 운영이 잘되지 않았다. 그래도 윤동주는 1932년 15세에 은진중학교에 고종사촌 형 송몽규와 문익환과 입학하였다. 그동안 그는 "해처럼 빛나라"라는 의미를 담은 그의 아명 해환(海煥)으로 불렸다. 소학교 때까지 해환으로 불리던 그의 이름은 중학교에 입학하면서 동주로 불렸다. 은진중학교에 입학한 윤동주는 교내 잡지를 만들기도 하고, 축구 선수로 뛰는 등 활기찬 학교생활을 하였다. 웅변대회에서 "땀 한 방울"로 1등을 하고, 자신감이 붙었다. 이런 걸 보니 내향적인 성격만은 아니었다. 외향적인 면이 많았다. 그런데 사춘기로 접어들면서 성격이 달라진 게 아닌가 싶다.

윤동주는 1934년 은진중학교 3학년 때 그가 최초로 시를 3편 썼다. 최초로 쓴 작품이 「초 한 대」, 「삶과 죽음」, 「來日(내일)은 없다」 등이다. 그는 17세부터 아예 시인으로의 길에 들어섰다. 이 시들은 현재 그의 시집에도 수록되었다. 그리고 1935년 은진중학교 4학년 1학기를 마치고 18세가 되면서 평양의 숭실중학교 3학년으로 편입하였다. 아쉽게도 한 학년을 낮춰 입학하게 되었다. 그런데 기쁜 일도 있었다. 숭실중학교의 교지 『숭실활천』에 「공상」이란 시가 처음으로 실렸다. 그의 작품이 활자화된 게 처음이다. 윤동주는 날아갈 듯 기뻤을 것이다. 그 외에 「거리에서」, 「창공」, 「남쪽 하늘」 등의 시와 동시로 「조개껍질」 등도 썼다. 그러나 그는 안타깝게도 숭실중학교를 졸업하지 못하고 다시 고향으로 돌아와야만 했다. 그 후부터 그는 시를 계속 써나갔다.

(3)

명동 학교 옛터 기념관, 윤동주가 말을 건네다

소환된 윤동주의 일대기

윤동주의 작품 소재의 자양분이 된 그의 고향 집에서 한참을 머물다가 그가 다녔던 〈명동 학교 옛터 기념관〉으로 향했다. 이 터에 윤동주가 다녔던 명동소학교가 있었다. 명동소학교는 그의 외삼촌인 김약연(1868~1942)이 세웠다. 1908년 윤동주의 외삼촌 김약연의 주도로 북간도 화룡현 명동촌에 세워졌던 민족교육기관이다. 명동 학교의 출신으로는 윤동주, 송몽규, 문익환, 나운규 등이 있다. 그중 김약연은 국내외 많은 독립지사를 길러낸 분으로 우리나라의 독립 유공자로 선정되었다. 그에게 1977년, 대한민국 정부는 김약연에게 건국훈장 독립장을 추서했다. 명동 학교는 명동 학교 옛터에 세워진 기념관에는 윤동주를 떠올릴 수 있는 여러 자료가 전시되고 있다. 그 자료들을 하나하나 관람했다. 기념관에서는 윤동주 일대기를 영상으로 볼 수 있고, 체험도 할 수 있다.

| <명동 학교 옛터 기념관>의 전경과 명동 학교를 세운 김약연의 흉상이다.

    윤동주가 어렸을 때 부모님과 함께 있는 단란한 모습도 볼 수 있었다. 이 모습을 보는 순간 가슴이 뭉클해졌다. 어머니·아버지와 함께 있는 모습이 눈시울을 적셨다. 한편, 일본의 후쿠오카 형무소에서 생체실험을 당하고 있는 듯한 모습의 안타까운 모형도 만나볼 수 있다. 일어나지 않아야 할 일들

이 그 앞에 펼쳐진 게 너무나 화가 났다. 그의 일대기를 소환한 것처럼, 한 곳에서 만나보니 마음이 더 아팠다. 그것도 그의 고향 명동촌에서라 그런지 그를 기리는 전시물들이 모두 슬픔으로 다가왔다. 다른 기념관들보다도 이 상하리만큼 〈명동 학교 옛터 기념관〉에서 그를 만나니 우울한 마음이 더했다. 좀처럼 그 마음이 가시지 않았다.

그리고 기념관 안에 세워져 있는 윤동주의 동상과 부모님과 함께 있는 윤동주의 어렸을 때 모습이다. 그리고 일본의 후쿠오카 형무소에서 생체실험을 당하고 있는 듯한 안타까운 모습이다.

　　기념관에 전시된 전시물은 사진으로 이미 여러 번 만나본 자료들이다. 앞에서도 밝혔지만, 나는 그가 고종사촌 형 송몽규, 친구 강처중과 기숙사 생활했던 모교 연희전문학교 핀슨관에 들어선 〈윤동주기념관〉에서도 만나보았고, 인왕산 자락에 들어선 〈윤동주문학관〉에서도 만나보았고, 전남 광양의 망덕포구 앞의 〈윤동주 유고 보존 정병욱 가옥〉에서도 만나보았다. 또한 영화 〈동주〉, 뮤지컬 〈윤동주, 달을 쏘다〉를 관람하면서도 만나보았다. 하지만 그가 태어나 성장한 그의 고향에 와서 만나니 생생함이 더했다. 생생함이 더한 만큼 아픔과 슬픔도 더 했다.

명동소학교 교실에서 윤동주와 짝꿍

　명동소학교의 옛터에 들어선 〈명동 학교 옛터 기념관〉에는 윤동주 시인의 소학교 시절을 재현하듯 교실도 마련되어 있다. 우선 기념관 안에 자리한 윤동주의 동상 옆에서 그와 사진을 찍었다. 그리고 기념관에 전시되고 있는 자료들을 꼼꼼하게 하나하나 관람한 뒤 교실로 들어갔다. 동행한 문우들과 윤동주가 앉아 있는 책상의 앞뒤로 앉아 잠시나마 학창 시절로 돌아갔다. 나는 윤동주 시인의 짝꿍이 되어 사진도 함께 찍었다. 내가 교복만 안 입었을 뿐이지, 잠시나마 윤동주 시인과 같은 반 학생이 되었다. 순간 미묘한 감정이 내 가슴을 복받치게 하였다.

기념관에 들어가 교실의 복도에 걸려있는 명동 학교 창시 인들과 명동 학교(明東學校) 소개, 그리고 명동 학교가(明東學校歌) 등을 천천히 읽어보았다. 그러다 보니 윤동주의 학창 시절뿐만 아니라 나의 학창 시절 추억도 곧바로 소환되었다.

　윤동주와 같은 교실에서 공부한 듯 내 얼굴에 화색이 맴돌았고, 잠시나마 웃음꽃이 탐스럽게 피었다. 그만큼 학창 시절이 행복한 것이다. 꿈과 희망이 샘솟으니 그렇지 않은가. 윤동주 덕분에 생각지 않은 학창 시절로도 돌아갈 수 있었다. 초등학교 때 담임 선생님들 얼굴이 한 분 한 분 떠올랐고, 동창들의 모습도 떠올랐다. 윤동주가 그 옛날 초등학교 시절의 추억들을 자연스럽게 소환해 주었다. 나는 그의 발자국과 그의 혼이 배어있는 명동소학교 옛터에 세워진 기념관에서 그를 불러내 함께 공부하고 짝꿍이 되어보았다. 그날 윤동주는 인기 최고의 날이었다. 그곳을 찾은 문인들이 서로 짝꿍을 하려고 줄을 섰으니 말하면 무엇하겠는가. 학창 시절에도 인기가 최고였을 것은 분명하다. 잘 생기고 특히 모범생이었을 테니 여학생들한테 인기 "짱"이었을 것은 분명하다. 내 맘에도 드니 그렇다.

명동 학교 교실을 재현해 놓은 모습이다. 칠판과 분필도 있었다. 책상 앞에 모두 앉아 옛 학창 시절로 돌아갔다. 나는 윤동주와 짝꿍이 되어보았다. 윤동주는 나에게 행복한 웃음도 한 보따리 선물했다.

윤동주와 같은 반이 되어 초등학교 시절로 돌아가 한참을 교실에서 재잘

대다가 복도로 나왔다. 그리고 그가 뛰어놀았을, 그야말로 동네 한 바퀴를 돌았다. 그의 고향마을 산책로에는 맨드라미, 백일홍, 과꽃, 금송화, 봉숭아 등등. 나의 고향 꽃밭에 피었던 꽃들이 명동촌 곳곳에도 피어있었다. 또한 가을의 문턱이라 그런지 코스모스가 하늘하늘 피어 사랑을 받았다. 꽃은 옛 모습 그대로인데 세상은 바뀌어도 너무 많이 바뀌었다. 내 모습도 그렇다.

  윤동주의 생가 곁에 그의 단짝인 고종사촌 형 송몽규의 옛집이 있었다. 둘은 같은 집에서 태어나 쌍둥이처럼 지냈다. 그리고도 한 동네서 같이 뛰어놀면서 자라났다. 송몽규는 윤동주의 고모 아들로 외가인 윤동주의 생가에서 윤동주보다 먼저 태어났다. 나는 윤동주의 생가도 좋고, 송몽규의 생가도 좋고, 마음 맞는 문인들과 한 이삼일 묵고 싶은 마음이 굴뚝 같았다. 마을에 민박집도 더러 눈에 띄었다. 하지만 그럴 수 없음에 아쉬운 발걸음을 돌려야만 했다. 이곳에 머물면서 윤동주의 시를 함께 읽고, 그의 마음을 함께 헤아려 보고 싶었다. 그러나 이곳까지 찾아온 것만 해도 행운이다. 큰 복이 아닐 수 없다. 더 큰 욕심은 내려놓기로 하고, 그의 고향 명동촌을 떠났다. 송몽규의 고향도….

(4)

시인의 묘소에
고개를 숙이다

택시를 대절(貸切)하여 윤동주에게 가다

윤동주의 묘소에서 찍은 가족사진의 모습이다. 눈물겹다. 윤동주의 고향인 용정의 명동촌 <명동 학교 옛터 기념관>에 전시된 사진이다. 묘소 앞에 '詩人尹東柱之墓'(시인윤동주지묘)라고 새겨진 묘비석을 세운 뒤 찍은 가족들 모습이다.

윤동주의 발자국이 고스란히 스며든 그의 고향을 떠나려니 아쉬웠다. 발길이 떨어지지 않아 자꾸 그의 생가 쪽을 바라보았다. 아쉽지만 생가가 자리한 그의 고향 명동촌을 떠나 그가 죽어서 안식을 취하고 있는 묘소로 향했다. 묘소와 좀 떨어진 곳에 버스는 멈춰 섰고, 약속한 대로 버스에서 내려 줄지어 기다리고 있는 택시에 올라탔다. 서너 명씩 나누어 택시를 타고 그가 잠든 공동묘지로 향했다. 그는 두 발로 걸어서 그의 고향을 떠난 뒤 한 줌의 재가 되어 고향의 용정으로 돌아와 동산(東山)에 있는 교회 공동묘지에 잠들었다. 나라 잃은 나라에서 태어나 목숨을 끝까지 지켜낼 수가 없었다. 나라가 힘이 되지 못해 아까운 목숨을 그대로 내놓아야만 했다. 청년 윤동주는 꿈을 펼치지 못한 채 한 줌의 재가 되고 말았다.

  동행한 문인들 모두 숙연해진 모습이었다. 옥수수밭 사잇길에 택시는 멈춰 섰다. 윤동주가 잠든 공동묘지 머리맡이었다. 끝이 보이지 않는 만주벌판의 옥수수밭을 달려왔는데 이곳에도 옥수수밭이 끝없이 펼쳐져 있다. 택시에서 모두 내려 공동묘지에 발을 들여놓았다. 공동묘지답게 묘지들이 빼곡히 들어차 있다. 수많은 영혼이 쉬고 있다. 나는 조선시대의 역사책을 쓰면서 조선왕릉을 비롯한 왕족들과 문무백관의 묘를 참 많이 찾아다녔다. 부관참시(剖棺斬屍)를 당한 묘소도 몇 군데 찾았다. 역사를 찾아가는 곳이라 생각하여 그런지 무섭게 느껴지지 않았다. 이곳 공동묘지도 윤동주를 만나러 왔다고 생각하니 무섭지 않았다.

윤동주와 송몽규의 묘소를 참배하기 위하여 타고 온 대절(貸切) 택시들과 공공묘지의 모습이다. 이 공동묘지 아래쪽에 윤동주와 송몽규의 묘소가 있다. 어느새 노을빛이 서산을 붉게 물들이고 있다.

  윤동주의 묘소는 공동묘지 아래쪽에 잠들어있었다. 그의 묘역에는 아주 낮은 펜스가 쳐져 있고, 묘소 앞에는 묘비석과 상석이 있었다. 묘비석에는 한자로 '詩人尹東柱之墓(시인윤동주지묘)'라고 새겨져 있었다. 그는 이곳에 잠들면서 영원한 시인이 되었다. 그를 사랑한 그의 가족이 그를 영원한 시인으로 인정해 주었다. 묘소는 1945년 2월 16일 그가 후쿠오카 형무소에서 죽은 뒤, 화장되어 고향에 돌아온 후 3월 6일에 가족들이 조성하였다. 조성 당시에는 봉분만 있는 평범한 잔디 묘였다. 날씨가 추워 묘역을 정비하기가 어려웠다고 한다. 그 뒤 1945년 6월 14일에 가족들이 봉분 앞에 묘비석을 세웠고, 그 묘비석은 지금까지 그 자리에 그대로 서 있다. 묘비석을 세운 날은 음력으로 5월 5일로 단옷날이었다.

중국 용정시에 자리한 윤동주 시인의 묘소 전경과 후경이다. 묘비석에는 '詩人尹東柱之墓(시인윤동주지묘)'라고 당당히 새겨져 있다.

살구나무 곁에 잠든 윤동주

그의 묘소를 찾아 그 앞에 조용히 섰다. 그의 묘소 왼쪽에는 그가 좋아했던 살구나무가 무성하게 자라고 있다. 살구꽃이 피는 봄에 찾아오면 예쁘겠다 싶었다. '詩人尹東柱之墓(시인윤동주지묘)'라고 당당히 새겨져 있는 묘비 앞에서 그를 향해 묵념하고 그의 명복을 빌고 또 빌었다. 마음은 아주 크게 그를 기렸으나 빈손으로 그의 묘소를 찾은 게 죄송했다. 핑계이지만 이곳 사정을 모르니 아무것도 준비하지 못했다. 꽃 한 송이 바치지 못해 정말 죄송했다.

묵념을 끝내고 한 시인이 1941년 11월 5일 지은 윤동주 시인의 「별 헤는 밤」을 낭송했다. 분위기는 더 숙연해졌다. 나도 오늘 밤에는 고향과 어머니가 그리워질 것 같다. 몇 해 전 세상을 떠나신 어머니를 생각하며 윤동주의 고향 용정에서 별을 헤아려 봐야겠다.

중국 용정시의 인민 정부가 2014년 '윤동주 묘'라고 한글과 한자로 돌비석에 새겨 놓았다. 그 모습이다. 이 돌비석은 윤동주의 묘소 양옆에 세워져 있다. 시인의 일생과 용정시 인민 정부에서 세운 '용정시 중점 문화재 보호 단위' 표시 비석들이다. 비석 뒤편에는 한글과 한자로 윤동주 시인의 생애를 각각 적어 놓았다. "중국 조선족 애국 시인"이라고 새겨져 있는 게 영 편치는 않았다.

윤동주의 장례식에서는 「우물 속의 자상화(自像畵)」와 「새로운 길」이란 시가 낭송되었다. 원래 「自畵像(자화상)」의 제목이 「우물 속의 자상화(自像畵)」였다고 한다. 장례식장에서 눈물 속에 낭송되었을 그 두 편의 시를 떠올리며 그의 묘소 아래쪽에 앉아 기념사진을 찍었다. 그가 나올 수 있게 문인들 모두 낮은 자세로 앉았다. 윤동주도 우리 문인들과 함께 사진을 찍었다. 나는 그의 시를 좋아할 뿐이지, 감히 시인의 꿈은 꾸지 못했다. 그래도 시인이 된 것처럼 기뻤다. 그나마 그가 하숙하면서 살았던 인왕산 자락에서 나도 살았기에 그것만으로도 기뻤다. 내가 그의 숨결이 배어있는 하숙집 앞을 3년가량 수시로 오르내린 것도 기쁜 일이다. 윤동주도 그 길을 수시로 오르내렸을 테니까. 물론 그가 이미 그곳을 떠난 지 40년이 다 되었을 때 내가 살았지만….

윤동주 시인의 묘소 앞에 서서 함께 간 문인들과 그의 명복을 빌었다. 그리고 그와 함께 사진을 찍었다. 살구나무도 반갑게 맞아 주었다. 그와 헤어져 그곳을 떠나오려니 섭섭해 머뭇거리다 떠나왔다.

(5)

고종사촌 형, 송몽규를 기리며

명동촌의 송몽규(송한범) 옛집

윤동주의 고종사촌 형 '송한범'의 사진이다. 송몽규의 본명이 송한범이다. 그는 1935년 18세의 나이로 <동아일보> 신춘 문예에 그가 쓴 콩트가 당선되었다. 그때 고등학생이었다.

윤동주의 묘소에서 왼쪽으로 10m 정도 떨어진 곳에 송몽규(1917~1945)의 묘소가 있다. 송몽규는 윤동주의 고종사촌 형이다. 인물 검색을 해보면 윤동주는 시인으로, 송몽규는 수필가로 소개하고 있다. 송몽규가 콩트로 신춘 문예에 당선되었기 때문인가 보다. 그는 시도 잘 썼다. 둘은 모두 독립운동가이고, 시인, 수필가로 각각 소개되고 있다. 둘 다 문인인 게 너무나 기쁘다. 송몽규는 1917년 9월 28일 중국 북간도 용정의 외가에서 윤동주보다 먼저 태어났다. 그는 윤동주보다 3개월 정도 먼저 태어나 외가에서 5세까지 살았다. 윤동주와 쌍둥이처럼 한 집에서 자라났다.

송몽규의 외가가 윤동주의 집이다. 외가인 윤동주의 집에서 나와 살았던 송몽규의 옛집은 윤동주의 집과 지척(咫尺)에 있다. 명동촌에 현재 송몽규의 집도 복원해 놓았다. 그러나 역시 아무도 살지 않아 적막감만이 맴돈다. 송몽규는 아버지 송창희와 어머니 윤신영의 장남으로 태어났다. 윤신영은 윤동주의 고모다. 윤동주가 태어나면서부터 둘은 함께 자랐다. 명동소학교와 은진중학교, 연희전문학교를 같이 다녔고, 일본 유학도 함께 갔다. 형제 이상으로 친했지만 둘의 성격은 확연하게 달랐다고 한다. 윤동주는 말이 없고 온순하고 침착한 성격이었던 반면, 송몽규는 활동적으로 행동파였다. 성격이 다르기에 친했을 수도 있겠다 싶다.

용정의 명동촌에 자리한 윤동주의 고종사촌 형 송몽규의 옛집 모습이다. 그가 태어난 윤동주의 생가는 그의 옛집 바로 곁에 있다.

송몽규가 윤동주보다 먼저 태어났다. 그러나 죽음은 외사촌 동생인 윤동주가 19일 먼저 맞이하였다. 그가 1945년 2월 16일 죽음을 맞이하였는데 송몽규 수필가가 3월 7일 맞이하였으니 그렇다. 둘은 태어난 장소부터 공부한 장소, 죽음에 이른 장소까지 거의 같았다. 인연도 보통 인연이 아니다. 둘이 다른 게 있다면 부모님이 다르고, 본적이 다르다. 윤동주의 본적이 함경북도 청진시 포항동 76번지이고, 송몽규의 본적은 함경북도 경흥군 웅기읍 웅상동 422번지이다. 그러나 현재 둘의 등록기준지는 충청남도 천안시 동남구 목천읍 독립기념관로 1(독립기념관)로 같다. 둘 다 독립운동가로 인정받았기 때문이다.

낙양군관학교 제2기생, 투사의 걸음을 내딛다

송몽규는 활달한 성격답게 김구(1876~1949)의 군관학교를 가려고 했다. 1935년 4월 그는 은진중학교 3학년을 다니다 가출하였다. 애국심이 불타올랐던 그때 송몽규의 나이는 18세였다. 가출 후 김구 선생이 이끄는 낙양군관학교에 제2기생으로 입학하고자 중국의 난징으로 갔다. 그러나 중퇴하고 고향으로 돌아와 대성중학교를 졸업하였다. 한인 반 2기로 입교했으나 한인 반 폐지에 따라 중퇴하였다. 낙양군관학교는 1933년 중국 허난성(河南省) 낙양에 설립되었던 국민정부 군관학교다. 중국과 만주에서 항일 무장투쟁에 앞장섰던 독립군 지도자의 대부분이 낙양군관학교의 교관이나 장교 후보생으로 훈련을 받았던 인물들이었다. 송몽규가 독립운동가로 인정받고, 건국훈장 애국장을 받은 것은 당연한 일이었다. 그의 용기에 박수를 보낸다.

윤동주와 송몽규는 대부분의 학창 시절을 같이 보냈고, 거의 평생을 동반자로 경쟁자로서 살아갔다. 『윤동주 평전』을 보면 그들은 사촌간으로 같이 연희전문학교에 다녔고, 일본 유학도 같이 갔고, 같은 도시에서 같은 사건 같은 죄목으로 얽혀서 체포되었고 재판을 받았으며, 같은 감옥에서 옥살이

하다가 옥사했다. 하긴 둘 중 하나만 잡혀가 옥사했어도 살아남은 1명의 마음은 안 좋았을 것이다. 어쩌면 죽음의 길까지 함께 걸어간 게 서로에게 위안이 되었을지도 모른다. 안타깝지만 둘의 관계는 죽음도 같이 해야 할 운명이었나 보다.

둘은 1943년 7월, 여름방학을 맞아 고향으로 돌아갈 채비를 하던 중 송몽규가 7월 10일, 윤동주가 4일 뒤인 7월 14일에 일본의 특고경찰에 체포되어 교토의 시모가모(下鴨) 경찰서에 구금되었다. 1943년 송몽규와 같은 하숙집에서 살던 고희욱도 이때 검거되어 교토 지방검찰국으로 3명이 넘겨졌다. 그 이후 1944년 3월 22일 구금 8개월 만에 윤동주와 송몽규는 기소되고, 고희욱은 기소유예로 1월 19일 석방되었다. 기소는 일반적으로 검찰이 일정한 형사사건에 대하여 법원의 심판을 요청하는 행위를 말한다. 일제는 윤동주와 송몽규에게 조선인 유학생을 모아놓고 조선 독립과 민족문화 수호를 선동했다는 죄목을 붙여 기소했다. 일제는 이 사건을 '재교토 조선인 학생 민족주의 그룹 사건'이라고 명명했다.

이들을 체포하여 구금한 시모가모 경찰서는 하숙집에서 철길 따라 10여 분 걸리는 거리다. 학교 다니는 길에 이 경찰서가 있다. 그러니 이곳에 체포되어 구금되어 있으면서 얼마나 학교를 가고 싶었겠는가. 그러나 둘은 풀려나지 못하고 교토 재판소에서 2년 형을 선고받고 학교가 아닌 후쿠오카 형무소로 향해야만 했다. 그리고 차디찬 그 형무소에서 옥살이 중 둘은 죽음을 맞이하였다. 윤동주는 1945년 2월 16일, 송몽규는 1945년 3월 7일, 형무소에서 19일 간격으로 옥사했다. 둘은 구차스럽게 살려고 목숨을 구걸하지 않았을 것으로 본다.

이처럼 송몽규와 윤동주는 평생을 두고 생과 사를 대부분 함께 나누었다. 그래서 윤동주를 이야기하려면 그의 고종사촌 형 송몽규를 이야기 안 할 수가 없다. 송몽규를 이야기할 때도 마찬가지다. 둘은 서로 의지하며 생과 사를 함께한 단짝 형제다. 다행히 둘 다 독립 유공자가 되었다. 대한민국에서 윤동주는 1990년 건국훈장 독립장을 받았고, 송몽규는 1995년 건국훈장 애국장을 받았다. 둘은 죽어서도 떼어 놓을 수가 없다.

　외향적이고 행동파였던 송몽규는 급기야 1935년 11월경에는 남경을 떠나 중국 산동의 제남에서 독립운동 단체에 가담하였다. 이때 윤동주는 왜 따라가지 않았나 모르겠다. 하지만 송몽규는 1936년 4월 10일에 일본 영사관의 경찰에게 체포되어 본적지인 함경북도 웅기경찰서로 압송되었다. 천만다행히 그는 체포 5개월 여만인 9월 14일 거주 제한의 조건으로 석방되었다. 그 후 1937년 4월에는 길림성 용정의 대성중학교에 4학년으로 편입하였고, 1938년 4월 9일에 연희전문학교 문과에 진학하였으며, 1942년 4월 1일에 교토제국대학 사학과 서양사 전공에 입학하였다. 그는 그야말로 시험에 한 번의 낙방도 없이 꿈을 향해 탄탄대로를 걸어갔다. 그러면 무엇 하겠는가. 꿈을 펼치지 못하고 청춘에 아깝게 목숨을 바쳐야 한 것을….

동아일보 신춘 문예 당선

　무엇보다 송몽규는 윤동주가 부러워하는 〈동아일보〉 신춘 문예에 콩트(엽편소설)로 당당히 당선되어 정식으로 등단하였다. 그때 나이가 18세로 은진중학교 3학년이었다. 〈동아일보〉 신춘 문예에 아명 송한범(宋韓範)으로 당선되었다. 「술가락(숟가락)」이란 제목의 글로 '콩트(엽편소설)' 부문에서 당선된 것이다. 1935년 1월 1일 자에 실린 이 작품은 숟가락을 소재로 생활고에 시달리는 부부의 에피소드를 다뤘다. 그의 신춘 문예 당선작이 실린 〈동아일보〉의 기사가 남아 있어 소개해 본다. 이 작품은 누가 읽어봐도 그 당시 시대상을 솔직하게 반영한 명작임을 알 수 있다. 가난한 부부의 이야기가 독자들의 마음을 울린다. 신춘 문예 당선은 아무나 하는 게 아님을 인지하게 만드는 작품이다. 감동에 감동을 더한 작품이다.

1935년 1월 1일 자 송몽규의 <동아일보> 신춘 문예 당선작「술가락(숟가락)」전문(좌)과 네모 안의 일부분 내용(우)을 확대한 모습이다.

윤동주는 신춘 문예에 당선한 그의 고종사촌 형 송몽규를 많이도 부러워했을 것이다. 어려서부터 송몽규를 따라가기에 바빴을지도 모른다. 윤동주는 무엇보다 송몽규의 진취적인 행동부터 많이 부러워했을 것이다. 그러나 저러나 윤동주는 신춘 문예에 당선한 송몽규에게 자극을 받았는지 송몽규가 신춘 문예에 당선된 뒤부터 자신의 작품을 소중히 챙기고 시작(詩作) 날짜를 원고 끝에 쓰기 시작하였다. 둘은 사촌 형제로 커가면서 서로 경쟁 관계를 유지해 나갔다. 송몽규가 형이긴 했으나 학업성적도 위였으니 윤동주가 은근히 스트레스를 받으며 성장했을 것이다.

『동주의 시, 백 편』을 쓴 이숭원 서울여대 명예교수는 "송몽규가 뚜렷한 독립 정신과 항일 의식으로 윤동주를 이끌었다고 볼 수 있다."라고 말했다. "재판 기록을 보면 둘 다 2년의 실형을 선고받았는데 송몽규는 체포·구금 일수를 제외하고 2년이어서 윤동주보다 더 길다."라고 전했다. 또한『윤동주』

와 『처럼』을 쓴 김응교 숙명여대 순헌칼리지 교수는 "1936년 윤동주가 쓴 「이런 날」이라는 시에는 '이런 날에는 잃어버린 완고하던 형을 부르고 싶다.'라는 구절이 나온다. 이 형이 바로 송몽규"라며 "송몽규는 윤동주의 세계관을 넓혀 준 사람"이라고 설명했다. 윤동주가 이 시를 쓸 당시에 송몽규는 중국의 난징에서 독립운동의 길을 모색하다가 일제 경찰에 체포돼 조사를 받고 있었다. 이처럼 송몽규는 독립운동을 몸으로 실천하려고 하였다. 그와 달리 윤동주는 독립운동을 행동이 아닌 시로 대신하였다.

한편, 홍성표 연세대 국학연구원 전문연구원은 "작품에서 일제 아래 억압받던 조선인의 삶에 대한 송몽규의 관심을 엿볼 수 있다."라며 "그는 인간을 존중했던 휴머니스트"라고 평했다. 윤동주가 본격적으로 시를 쓴 계기도 송몽규의 〈동아일보〉 신춘 문예 당선발표에 자극받아 그때부터 더 열심히 쓴 것으로 알려져 있다. 창작 날짜가 처음으로 명시된 윤동주의 첫 시는 송몽규의 신춘 문예 당선발표 후 1934년 12월 24일에 쓴 「초 한 대」, 「삶과 죽음」, 「來日(내일)은 없다」 등 세 작품이다. 신춘 문예 당선작 발표는 크리스마스 전후에 하니 발표가 나자마자 윤동주가 이들 작품을 쓴 모양이다. 그리고 이승원 교수는 "윤동주가 '나라고 가만히 있으면 되겠느냐. 시를 아주 철저히 써 보자.'라고 해 썼다."라며 "창작 날짜로 명시된 1934년 12월 24일은 송몽규 신춘 문예 당선 통보일과 같은 날짜일 것"이라고 전했다. 아울러 "1930년대 후반이면 독립의 가능성이 희박해 보이는 때였지만, 송몽규와 윤동주는 어떤 민족이든 다른 민족으로부터 억압받는 걸 용납할 수 없었다. 가능성이 아닌 당위의 영역에서 생각했던 것"이라며 "청년이 어때야 하는지를 온몸으로 보여준 이들"이라고 했다. 내가 보아도 이 둘의 삶은 고귀하고 훌륭하다. 둘은 진정한 경쟁자로 진정한 애국자였다. 서로를 발전시키는 아름다운 라이벌 관계였다. 그러나 식민지가 되어버린 나라가 그 둘을 지켜주지 못했다. 두 인재가 그대로 죽어가게 만들고 말았다.

송몽규의 묘소 앞에도 묘비석과 상석이 놓여 있다. 그는 아명인 송한범으로 1935년 〈동아일보〉 신춘 문예 당선에 이어 1938년 〈조선일보〉에 시 「밤」, 1941년 『문우』에 시 「하늘과 더불어」 발표하였다. 그런데 그는 펜의 힘보다 칼의 힘을 점점 더 믿었던 모양이었다. 원래 그는 행동력이 강했기 때문에 윤동주와 달리 문학보다는 독립운동에 헌신하였다. 윤동주보다 문단 이력이 좋으면서도 윤동주처럼 작품을 많이 남기지는 못했다. 그가 소설로 등단했는데 수필가로 부르고 있음은 수필을 더 많이 썼기 때문이 아닌가 싶다. 그는 시도 잘 썼다.

꿈별 송몽규 묘소 앞의 상석에 나무로 만든 시판(詩板)이 올려져 있다. 이 시판에 새겨넣은 시 제목은 「하늘과 더불어」다.

그의 묘소 앞 상석 위에는 1941년 발표한 「하늘과 더불어」란 시가 새겨진 시판(詩板)이 세워져 있다. 그의 묘비석에는 '청년문사송몽규지묘(靑年文士宋夢奎之墓)'라고 한자로 새겨져 있다. 그리고 상석에는 '용정중학동창회수선(龍井中學同窓會修繕)'이라고 새겨져 있다. 아마 용정중학교 동창회에서 이곳으로 묘소를 옮기면서 도움을 준 모양이다. 독립운동가이자 문사(文士)인 송몽규 묘소 앞에서도 문인들과 묵념하면서 그의 명복을 빌었다.

청년문사(靑年文士) 송몽규가 남긴 2편의 시

송몽규가 남긴 2편의 시, 「밤」과 「하늘과 더불어」의 전문을 싣는다. 그는 꿈이 밤보다 깊다고 노래하였다. 그런데 그만 꿈을 제대로 펼치지도 못하고 죽음을 맞이하였다. 그의 시 「밤」은 1938년 9월 20일 〈조선일보〉에 실렸고, 「하늘과 더불어」는 1941년 연희전문학교의 『문우』 지에 실렸다. 송몽규의 작품은 이 2편의 시와 〈동아일보〉 신춘 문예 당선작인 콩트 「숟가락(숟가락)」만 남아 있다. 송몽규의 이 3편의 작품마저도 윤동주의 작품에 가려져 주목받지 못하고 있다. 워낙 남아 있는 작품이 없으니 안타깝기만 하다. 그 역시 빈손으로 떠나간 게 아니다. 투철한 애국심과 명석한 두뇌를 그대로 지니고 떠난 게 너무나 아깝다.

나는 시를 잘 모르지만, 윤동주도 그렇고, 송몽규도 자신들의 마음을 그대로 나타내고 있어 이해가 그럭저럭 된다. 송몽규 작품도 정직하게 그의 마음을 드러내 좋다. 「하늘과 더불어」를 가만히 읽어보면 마지막 부분에서 "미풍(微風)이 웃는 아침을 기원(祈願)하련다/그 아침에/너와 더불어 노래 부르기를 가만히 기원(祈願)하련다."라고 했다. 송몽규는 일본으로부터 해방되어 모두 함께 더불어 노래 부르기를 바랐다. 이 시의 마지막에 그의 마음이 짙게 스며있다. 그래서 짠하다. 〈동아일보〉 신춘 문예 당선작 「숟가락(숟가락)」만 슬픈 게 아니다. 그가 남긴 2편의 시도 눈물을 흘리게 하는 작품이다. 한자 표기를 한글로 바꾸어 괄호 안에 넣었을 뿐 원고 그대로 소개한다.

밤(1938.9.12. <조선일보>에 발표)

고요히 沈澱(침전)된 어둠
만지울 듯 무거웁고

밤은 바다보다 깊구나

홀로 밤 헤아리는 이 맘은
험한 山(산)길을 걷고 -

- 나의 꿈은 밤보다 깊어

호수군한 물소리를 뒤로
멀-리 별을 쳐다 쉬파람 분다.

하늘과 더불어(1941. 연희전문학교의 『문우』에 발표)

하늘-
얽히여 나와 함께 슬픈 쪼각 하늘

그래도 네게서 온 하늘을
알 수 있어 알 수 있어…

푸름이 깃들고
太陽(태양)이 지나고
구름이 흐르고
달이 엿보고
별이 미소하여

너하고만은 너하고만은

아득히 사라진 얘기를 되풀고싶다.

오오- 하늘아-
모-든것이
흘러 흘러 갔단다.
꿈보다도 허전히 흘러갔단다.
괴로운 思念(사념)들만 뿌려 주고
미련도 없이 고요히 고요히

이 가슴엔 意慾(의욕)의 殘滓(잔재)만
쓰디쓴 追憶(추억)의 反芻(반추)만 남아

그 언덕을
나는 되씹으며 운단다.

그러나
戀人(연인)이 없어 孤獨(고독)스럽지 않아도
故鄕(고향)을 잃어 鄕愁(향수)스럽지 않아도

인제는 오직-
하늘속의 내맘을 잠그고 싶고
내맘속의 하늘을 간직하고 싶어

微風(미풍)이 웃는 아침을 祈願(기원)하련다.

그 아침에

너와 더불어 노래 부르기를 가만히 祈願(기원)하련다.

연희전문학교를 차석으로 졸업하다

앞에서 밝혔듯이 송몽규는 신춘 문예에 당선한 작가가 되어 연희전문학교 재학 당시 윤동주와 잡지『문우(文友)』발간에도 앞장섰다. 그 당시 일제의 조선어 사용 금지에 따라 원고 대부분을 일본어로 썼지만, 두 사람이 쓴 것을 포함한 시 13편은 한글로 수록됐다. 그 후 송몽규는 1942년 4월 일본 교토제국대 사학과에 입학하였고, 윤동주는 낙방하여 도쿄의 릿쿄대학에 입학하였다. 그런데 윤동주는 송몽규가 있는 교토로 대학을 옮겨왔다. 송몽규가 다니는 교토제국대학은 아니지만 도시샤대학 문학부 영문과로 편입학했다. 그리하여 둘은 한 학기 떨어져 있다가 교토에서 다시 만나게 되었다. 하지만 웬일인지 둘의 하숙집은 5분 거리로 떨어져 있었다.

연희전문학교 재학 시절 교내에서 찍은 것으로 앞줄. 오른쪽에서 두 번째가 윤동주, 세 번째가 송몽규이다(사진 출처 윤동주기념관).

송몽규(1917~1945)도 2025년 올해가 순국 80주년이 된다. 〈동아일보〉에서 송몽규와 14세 터울 지는 그의 남동생 송우규(1931~2008)의 딸 송시연 씨(56세)와 인터뷰한 내용이 있어 옮겨 싣는다. 그녀는 함경북도 출신으로 북한을 탈출하여 2007년 그녀의 딸과 함께 우리나라에 왔다. 중국에서 북송을 2번이나 겪고 3년간 떠도는 와중에도 큰아버지인 송몽규의 중학교 앨범과 사진을 가지고 나왔다. 이중 중국 북간도 용정의 한 들판에서 찍은 사진은 현재 남아 있는 윤동주와 송몽규의 가장 어릴 때 찍은 사진 중 하나다. 그녀는 앨범과 사진을 연세대학교(전 연희전문학교)에 기증했다. 그녀는 송몽규에게는 조카딸이다.

송몽규가 윤동주와 중학교 때 고향인 중국 용정의 들판에 앉아 찍은 사진이다. 오른쪽이 송몽규고, 왼쪽이 윤동주다. 송몽규의 조카딸 송시연이 기증한 사진이다.

그녀는 큰아버지인 송몽규가 18세 때 〈동아일보〉 신춘 문예에 당선되셨다면서 책을 쓰신 게 집에 한 보따리나 되었다고 말했다. 그녀는 송몽규의 헌화식 3일 전인 3월 4일 인터뷰에서 큰아버지 송몽규에 관해 들은 이야기를 회상하였다. 지난 2월 16일 윤동주(1917~1945)가 순국 80주년을 맞이하였고,

동갑내기 고종사촌 형이자 평생지기인 송몽규는 그다음 달인 3월 7일 순국 80주기를 맞이하였다. 그녀는 서울 연세대학교 〈윤동주기념관〉에서 열린 송몽규의 헌화식에 참석하였다.

 2025년 3월 7일 '송몽규(1917~1945) 선생 서거 80주기 헌화식'에 앞서서 조카딸인 송시연은 다음과 같은 증언을 했다. "일본 후쿠오카 형무소에서 큰아버지(송몽규)가 운명했다는 소식을 듣고, 할아버지 송창희와 아버지의 사촌 송희규가 시신을 찾으러 일본으로 갔습니다. 그런데 화장하려면 보름을 기다려야 한다고 해서 일본에 오래 머무를 경비도 부족해서 걱정했답니다. 그때 형무소에서 큰아버지를 담당했다는 일본인 여성 간수가 찾아와서 '너무 총명하고 대단한 사람을 일본이 죽여서 미안하다.'라며 빨리 화장해 돌아갈 수 있도록 주선해 줬다고 합니다. 그래서 3일 만에 화장을 한 후 유해를 당시 거주하던 중국 연길의 명동촌으로 모셔 올 수 있었다고 하더군요."라고 말했다. 큰아버지인 송몽규의 얼굴도 못 본 그녀가 그나마 송몽규의 가족으로 추모행사에 참여할 수 있음에 그나마 다행이다.

〈명동 학교 옛터 기념관〉에 전시된 송몽규의 소개와 활동사진이다. 송몽규는 항일투쟁에도 나설 정도로 활동적인 성격이었다. 그의 사진은 윤동주에 비해 많이 남아 있지 않다.

송몽규의 조카딸인 그녀는 〈동아일보〉 신춘 문예로 등단했던 큰아버지의 글들이 현재 남아 있지 않은 걸 못내 아쉬워했다. 한 보따리나 되는 큰아버지의 글들을 할아버지가 장롱 깊숙이 숨겨 보관했는데, 수시로 가택 수색을 당하자 태워 없앴다고 한다. "물론 나쁜 말은 없지만 북한에선 코에 걸면 코걸이니까. 할아버지께서 '혹시 잘못 걸리면 남은 자식들 앞날에도 해가 되겠다.' 싶어 모두 태우셨다고 들었어요."라고 말했다. 북한에서도 윤동주, 송몽규가 알려져 있을지 궁금했다. 그러나 그녀는 학창 시절 윤동주의 시를 배운 적이 한 번도 없다고 하였다. 중국에 있을 때 윤동주 시인의 여동생 윤혜원 여사가 시집(詩集)을 보내줘 처음 읽게 됐다고 했다. 「별 헤는 밤」을 그때 처음 읽고 '어떻게 이렇게 아름다운 시를 쓸 수 있나?' 싶었다고 말했다.

그런데 송몽규의 남동생인 송우규의 딸로 『윤동주 평전』 등 많은 책을 출판한 송우혜도 있다. 그녀는 안타깝게도 지난해 연말에 세상을 떠났다. 송우혜는 큰아버지인 송몽규를 닮았는지 〈동아일보〉 신춘 문예 중편소설 당선자로 비중 있는 책을 많이 냈다. 이들의 집안 내력은 잘 모르겠고, 송시연 역시 현재 우리나라에서 '국제펜클럽 망명북한펜센터' 회원으로 북한의 실상을 알리는 시와 소설을 쓰고 있다. 송몽규의 유전인자가 조카딸들에게 전수된 모양이다.

송몽규의 묘소 참배

1990 年清明, 由龙井中学同学会发起, 宋梦奎的骨灰被移葬在尹东柱墓的旁边

1990년 청명, 룡정중학교동창회의 발기로 송몽규의 골회는 장재촌 뒷산언덕에서 윤동주의 묘소 곁에 이장되었다

송몽규의 고향이자 윤동주의 고향인 명동촌의 <명동 학교 옛터 기념관>에 전시된 사진이다. '1990년 용정중학교 동창회의 발기로 송몽규의 골회는 장재촌 뒷산 언덕에서 윤동주의 묘소 곁에 이장되었다.'라고 소개하고 있다. 현재 윤동주의 묘소와 10m 정도 떨어진 곳에 송몽규의 묘소가 있다.

송몽규는 수재·천재로 알려져 있다. 그의 학력을 소개해 보면 더 알 수 있다. 그의 외사촌 동생 윤동주의 학력보다 덜 복잡하지만, 그도 만만치 않다. 그를 천재라고 표현한 사람들이 있듯이 그는 윤동주처럼 입학시험에 여기저기 낙방한 적이 없고, 연희전문학교도 차석으로 졸업할 정도로 수재였다. 그는 명동소학교(졸업), 화룡현립 제1소학교(졸업), 은진중학교(중퇴), 중화민국 중앙군관학교 낙양분교(중퇴), 대성중학교(졸업), 연희전문학교(문과/졸업), 교토제국대학 문학부(사학과 선과 생/제적) 등이다.

윤동주의 고종사촌 형인 송몽규의 묘소 현재 모습이다. 원래 송몽규의 묘소는 이곳과 좀 떨어진 곳에 있었는데, 윤동주 곁으로 옮겨왔다. 묘소 앞에 서서 송몽규를 기리며 참배하였다. 그리고 그와 문인들이 함께 기념사진을 찍었다.

이번 해외 문학 기행의 가장 큰 목표이긴 했지만, 윤동주와 송몽규가 잠들어있는 묘소를 찾아가 참배하게 되어 기뻤다. 뭔가 큰일을 해낸 것 같았다. 그의 묘비석에는 '靑年文士宋夢奎之墓(청년문사송몽규지묘)'라고 새겨져 있다. 그동안 유실된 줄만 알았던 송몽규 묘를 장재촌에서 찾아내 1990년 윤동주 묘소 옆으로 옮겨 왔다. 얼마나 다행한 일인가. 윤동주도 그렇지만 송몽규는 엄연히 문사(文士)다. 윤동주의 비문을 쓴 분이 송몽규 비문도 썼다. 둘의 비문까지도 같은 사람이 썼다. 이들의 묘소에 참배하면서 한편으로 가슴 뭉클했지만, 한편으로는 뿌듯했다. 『연금술사』의 저자 파울로 코엘료가 "자네가 뭔가를 간절히 원할 때 온 우주는 자네의 소원이 실현되도록 도와준다네."라고 말했듯이 정말 나의 간절한 소원이 이뤄진 것 같아 기뻤다. 중국의 용정시를 다녀오면서 이보다 큰 보람이 더 있을까 싶었다.

윤동주가 잠든 묘소를 일 등으로 내려가 만나고, 헤어지려니 섭섭하여 꼴찌로 올라와 대기하던 택시에 올라탔다. 어느새 태양은 하루의 수고를 아름다운 노을로 풀어놓고 서산으로 저물고 있다.

    1945년 2월 27일 윤동주의 아버지와 당숙인 윤영춘이 윤동주의 시신을 인수하러 후쿠오카 형무소(복강형무소)에 갔을 때 송몽규가 증언했다는 말이 생각난다. 송몽규는 살가죽과 뼈가 맞붙을 정도로 빼빼 마른 모습으로 '동주와 내가 이름 모를 주사를 맞고 있다.'라고 증언했다. 그때 송몽규는 안경알이 한 개밖에 없는 안경을 쓰고 있었다고 한다. 형무소에서의 참혹한 현실을 보여준 것이다. 그리고 송몽규가 윤동주의 뒤를 이어 죽었을 때 그의 아버지가 그의 시신을 수습하러 후쿠오카에 갔다. 아버지가 아들의 죽음 앞에서 얼마나 슬펐을지는 상상이 안 된다.
    송몽규의 시신은 후쿠오카의 한 화장장에서 화장되었다. 송몽규의 아버지는 화장 후 남은 뼈를 절구에 빻을 때 뼛가루가 자꾸 절구 밖으로 튀자 "내가 어찌 몽규의 뼈 한 점이라도 이 왜놈들의 땅에 남길 수 있겠느냐!"라고 분노

하며 그의 뼈가 튄 흙까지 쓸어 함께 수습했다고 한다. 이 말에 누구라도 가슴이 미어지고 눈물이 쏟아져 내릴 것이다.

    윤동주 시인과 송몽규 수필가가 잠든 공동묘지에는 어느새 석양이 깃들고 있었다. 하늘이 비둘기 빛과 주황빛으로 노을을 그려냈다. 나는 대기하고 있던 택시에 올라탔다. 타고 올라왔던 5대의 택시에 문인들이 나누어 타고 내려왔다. 그리고 문학 기행 내내 함께할 버스에 다시 올랐다. 윤동주 시인과 송몽규 수필가의 발자국이 배어있고, 숨결이 스며있는 이들의 고향 명동촌과 이들이 잠든 묘소를 찾아가 참배하는 일정으로 날은 저물어갔다.

(6)

용두레 우물에
기억 속의 사나이가 있다

일송정(一松亭)을 바라보며 선구자 노래를 부르다

　윤동주와 송몽규의 묘소를 찾아 참배한 다음 날 용두레 우물이 있는 '거룡우호공원(巨龍友好公園)'로 향했다. '용두레 우물'은 우리의 가곡 〈선구자(先驅者)〉 2절 가사에 나온다. 문인들과 버스 안에서 음악 선생님이셨던 한 수필가의 지휘에 맞추어 윤해영 작사, 조두남 작곡의 〈선구자〉를 불렀다. 이 노래를 만든 분들이 친일 행적으로 논란이 있지만 '비암산(琵岩山)' 정상의 '일송정(一松亭)'을 바라보고, '용문교(龍門橋)'와 '해란강(海蘭江)'을 건너가면서 이 노래를 합창하지 않을 수 없었다. 윤동주도 이 노래를 부르며 성장했을지도 모른다. 그 시대 용정에서 만들어진 노래이니 그렇다.
　이 노래는 1932년 아니면 1933년에 작곡 및 발표한 것으로 알고 있다. 3절까지 있는데 1절은 윤해영 작사, 2절과 3절은 조두남 작사·작곡의 가곡이라고 한다. 중국 용정(龍井)에서 작곡되어, 원래 제목은 〈용정의 노래〉였으나 광복 이후 〈선구자〉라는 제목의 노래로 대한민국에 알려지게 되었고 가사도 일부 바뀌었다. 작곡 시기를 비롯하여 작사자의 정체, 선구자의 의미 등을 둘러싸고 많은 논란이 있는 곡이기도 하다. 이 노래를 만든 분들이 친일 행적으로 논란이 되고 있지만 비암산의 일송정을 바라보고, 해란강 위에 놓인 용문교를 건너가면서 이 노래를 합창하였다.

 목청 높여 1절만 불렀으나 가슴은 벅차올랐다. 못내 아쉬운 것은 이 노랫말에 나오는 일송정 · 해란강 · 용두레 우물 · 용문교 · 용주사 · 비암산 등을 모두 만나볼 수 있는 곳에 왔는데 그 중 일송정에는 올라가 볼 수 없었다. 이곳도 공사 중이라 막아놓아 올라가 볼 수 없다니 다시 또 고집을 부리기 어려웠다. 멀리서나마 바라볼 수 있는 것만으로 위안을 삼기로 했다. 그 아쉬움에 〈선구자〉 노랫말을 3절까지 모두 소개해 본다.

선구자(1933.)

일송정 푸른솔은 늙어 늙어 갔어도
한줄기 해란강은 천년두고 흐른다
지난날 강가에서 말 달리던 선구자
지금은 어느곳에 거친꿈이 깊었나

용두레 우물가에 밤새소리 들릴때
뜻깊은 용문교에 달빛고이 비친다
이역하늘 바라보며 활을 쏘던 선구자
지금은 어느곳에 거친꿈이 깊었나

용주사 저녁종이 비암산에 울릴때
사나이 굳은마음 길이새겨 두었네
조국을 찾겠노라 맹세하던 선구자
지금은 어느곳에 거친꿈이 깊었나

노래 가사에서처럼 용정은 항일 독립의 요람지였음을 알 수 있다. 그동안 가슴 시리게 불렀던 노래 가사에 나와 있는 곳들을 직접 만나보고, 바라보니 신기했다. 이 노래는 학창 시절 음악 시간에 배워 부른 노래다. 우리 민족의 피와 땀이 배어있는 중국의 용정에 와서 이 노래를 부르니 왠지 좀 슬퍼지고, 진한 감동이 일었다. 그런데 이상하리만큼 노래 가사가 모두 생각났다. 노래는 기억력에 저촉을 받지 않는 모양이다.

그리움만 가득한 용두레 우물

〈선구자〉의 노래를 부르고 비암산(琵岩山)에 오르지 못한 아쉬움을 달래며 오다 보니 어느새 용두레 우물이 자리한 공원 입구에 버스가 다다랐다. 어제 이곳도 공사 중이라 그냥 지나가면서 봐야 한다고 현지 가이드가 말했었다. 하지만 여기까지 와서 이 유명한 우물을 직접 못 보고 가면 말이 안 된다며 또다시 부탁에 부탁을 거듭하여 오늘 만나보기로 하였다. 가이드의 말대로 인부들이 공원을 정비하고 있었다. 오나가나 여기저기 공사 중인 것은 우리나라 중국이나 마찬가지다.

그런데 예상외로 공사하는 분들이 우리를 밝은 표정으로 반갑게 맞아 주었다. 그 덕분에 약간의 긴장감이 풀렸다. 공사 감독관이 조선족인지 우리말을 잘하였다. 우리도 고마움에 "안녕하세요? 고맙습니다."라고 인사하면서 활짝 웃었다. 내 심장은 이미 바삐 바삐 뛰었다. 공원으로 들어서니 '룡정지명기원지우물'이라고 한글로 새긴 표석이 하늘 향해 우뚝 서서 어서 오라며 반겨준다. 이 비석은 용두레 우물 바로 뒤에 대장처럼 서 있다. 얼른 우물 앞으로 갔다. 우물 앞에 서니 가슴 짠하다. 내가 좋아하는 윤동주와 그의 시 「자화상」이 떠올랐기 때문이다.

그토록 만나보고 싶었던 내가 좋아하는 시 <자화상>의 모티브가 되었을지도 모를 용정의 용두레 우물 모습이다.

    우물 위에는 사각 뚜껑이 덮여있는데 아래는 돌담 쌓듯 둥근 돌로 둥글게 쌓았다. 둥근 모양의 우물이다. 서울의 <윤동주문학관>에 전시되고 있는 네모난 나무 우물틀은 이곳에서 가져간 것이 아니고, 윤동주의 고향 집 우물에서 떼어간 것이라고 한다. 우물틀이 네모난 것도, 나무로 되어있는 것도 신기했다. 이곳의 용두레 우물은 뚜껑만 네모나게 나무로 만들어 덮었다. 이곳에 오니 서울 종로구 인왕산 자락에 자리한 <윤동주문학관>의 1층, 제1전시실 '시인 채'에 나무로 된 우물틀이 떠 오른다.

서울 종로구 인왕산 자락에 자리한 <윤동주문학관>의 전경과 1층 제1전시실 '시인 채'에 전시된 나무로 된 네모난 우물틀의 모습이다. 문학관에 전시되고 있는 우물틀이 있는 유리 보호막에는 그의 시(詩) 자화상(自畵像)이 새겨져 있다.

2. 고향 중국, 시작과 끝이 머문 땅

용두레 우물이 자리한 '거룡우호공원(巨龍友好公園)'에는 용정(龍井)의 지명 유래를 알리는 비석이 2개가 세워져 있는데 세로로 길게, 가로로 넓게 한글과 한자로 새겨져 있다. 한글로는 '룡정지명기원지우물'이라고 새겨져 있고, 한자로는 '龍井地名起源之井泉'이라고 새겨져 있다. 그 밖의 '로혁명근거지용정' 비석과 룡정시중의병원 앞에 '거룡경천비'가 세워져 있다. 한글로도 표기를 해 놓았지만, 우리와 한글 표기법이 달랐다.

용두레 우물이 자리한 '거룡우호공원(巨龍友好公園)'에 세워져 있는 비석들이다. 앞뒤로 한글과 한자로 비석이 서 있는 이유를 소개하고 있다. 이곳은 중국의 길림성 연변조선족자치주에 자리하고 있다.

이곳에는 이 고을의 이름이 왜 용정(龍井)이 되었는지 그 유래를 대대적으로 소개하고 있다. 공원 입구부터 '룡정지명기원지정천(龍井地名起源之井泉)'이란 안내 표석이 반갑게 반겨준다. 그 안내 표석의 내용을 다 읽기도 전에 용두레 우물이 어서 오란다. 표석 중에 하늘을 찌를듯한 '룡정지명기원지우물'이라고 새겨진 한글 안내 표석이 가장 반가웠다. 그 앞에 그토록 만나보고 싶었던 용두레 우물이 자리하고 있다. 사각의 뚜껑이 덮여있는 이 우물을 안

보고 갔으면 큰일 날뻔했다. 내가 좋아하는 시「자화상」의 모티브가 우물이었으므로 더 그렇다.

　이 시에 등장하는 우물은 그의 고향 집 우물일 수 있지만 명동촌을 떠나 용정으로 이사를 나왔으니 이 유명한 용두레 우물도 윤동주가 들여다보았을지도 모른다. 그러면서 영감을 얻었을 수도 있다. 어느 우물이 그에게 영감을 주었는지는 모르나 명작을 낳게 했다. 어찌 되었거나 그에게 명작을 선물한 우물 보기가 요즘은 힘들다. 그런데 나의 고향 집 앞마당에는 우물이 아직 남아 있다. 윤동주의 작품「자화상」을 떠올리게 하는 우물이다. 그러나 너무 깊어 들여다보아도 컴컴하게 물만 보일 뿐이다. 아무런 느낌이 들지 않는다. 이러니 내가 시를 쓰지 못하는 것이다.

용두레 우물 뒤에 '룡정지명기원지정천'이란 안내 표석이 우뚝 서 있다. 용두레 우물이 이 지역의 지명을 낳았다. 그 앞에서 사진을 찍었다. 함께 간 문인들과도 기념사진을 남겼다.

　윤동주가 그랬듯 나도 이곳의 용두레 우물을 가만히 들여다보았다. 그런데 우물 안은 물이 있다는데 물은 보이지 않고 컴컴할 뿐이다. 나의 고향 집 우물처럼 달도, 하늘도, 가을도 보이지 않는다. 구름이 흐르지도, 파란 바람이 불지도 않았다. 아무리 들여다보아도 어둠뿐이다. 우물에 내 얼굴이 비치지 않으니 윤동주 시인처럼 내 얼굴이 미워지지도, 가엾어지지도 않았다. 물이 보이지 않으니 돌아갔다가 다시 돌아와 우물을 들여다볼 이유도 없었다. 이 우물에는 물 대신 윤동주 시인의 그리움만 가득 들어차 있고, 그의 기억만 가득 들어차 있다. 나는 윤동주 시인을 생각하면서 용두레 우물 앞에서 사진도 찍고, 첫날 방문한 그의 생가와 묘소를 되돌아보면서 그곳을 떠나왔다.

중국의 용정시 명동촌에 자리한 윤동주의 고향 집 우물에서 가져온 나무 우물틀 모습이다. <윤동주문학관>에 전시되어 있다. 유리 보호막에 「자화상(自畵像)」의 시(詩)가 새겨져 있다.

기억 속의 한 사나이가 가엾다

우물이 모티브가 된 작품 「자화상」을 소개해 본다. 이 시를 읽으면 언제나 가슴 뭉클해진다. 윤동주의 마음 그대로를 들여다볼 수 있어서다. 현재의 맞춤법과 다른 게 많으나 그가 남긴 친필 원고 그대로 옮겨 소개한다. 우물 속에는 정직하고 따뜻한 기억 속의 한 사나이가 있다. 그런데 그가 몹시 가엾다. 가엾은 마음으로 용두레 우물 앞에서 명시 중의 명시인 「自畵像(자화상)」을 한 시인이 낭송하였다. 그런데 윤동주가 그곳에 와 서 있는 듯 슬퍼졌다.

自畵像(1939.9.)

산모퉁이를 돌아 논가 외딴 우물을
홀로 찾어가선
가만히 드려다 봅니다.

우물 속에는 달이 밝고 구름이 흐르고
하늘이 펼치고 파아란 바람이 불고
가을이 있습니다.

그리고 한 사나이가 있습니다.
어쩐지 그 사나이가 미워져 돌아갑니다.

돌아가다 생각하니 그 사나이가
가엽서집니다.
도로가 드려다 보니 사나이는
그대로 있습니다.

다시 그 사나이가 미워져 돌아갑니다.
돌아가다 생각하니 그사나이가
그리워집니다

우물속에는 달이 밝고 구름이 흐르고
하늘이 펼치고 파아란 바람이 불고
가을이 있고 追憶(추억)처럼 사나이가 있습니다

나도 용두레 우물 앞에 서서 윤동주의 「자화상(自畵像)」을 마음속으로 읊조렸다. 그가 생각나고, 그가 더없이 가엾어졌다. 이번 해외 문학 기행은 지금은 중국 땅이 되어버린 윤동주가 태어나고, 자라나고 잠든 용정을 중심으로 하게 되었다. 가슴 벅찬 문학 기행이 되었다. 용정은 중국 지린성(길림성) 연변 조선족 자치주에 있는 도시로 윤동주의 생가가 자리하고 있다. 먼저 그의 꿈이 무럭무럭 자랐을 그의 생가가 있는 명동촌을 찾았고, 다음으로 그가 잠든 묘소, 그리고 내가 좋아하는 시 「자화상」을 떠올리게 하는 용두레 우물을 찾아갔다. 이 감동은 말로, 글로 다 표현할 수 없다. 내 가슴속에 큰 울림이 되어 영원히 두근두근 남아 나를 살아가게 할 것이다.

　중국을 찾아 윤동주의 발자국이 배어있는 곳을 찾아가 내 발자국도 찍었다. 이처럼 가슴 벅찬 일이 내 인생에 어디 또 얼마나 되겠는가. 윤동주의 발자국은 따뜻했고, 그 발자국에는 반짝반짝 별이 떠 있었다. 학창 시절 목청 높여 불렀던 노래 〈선구자〉의 노랫말에 나오는 비암산(琵岩山)의 일송정(一松亭)도 올려다보았고, 해란강(海蘭江) 위에 놓인 용문교(龍門橋)를 건너가면서 노래도 합창하였다. 아무리 생각해 보아도 학창 시절 부르고는 부른 적이 없는데 가사가 신기하리만큼 모두 생각이 났다. 이 또한 추억이 되고도 남을 것이다.

차창 밖으로 보이는 비암산(琵岩山) 꼭대기의 일송정(一松亭)과 용문교(龍門橋)에서 바라본 해란강(海蘭江)의 모습이다.

(7)

백두산에 떠오른
대형 무지개

천지 앞에서 만만세를

윤동주는 수학여행으로 백두산이 아닌 금강산과 원산의 송도원 등을 다녀왔다고 한다. 이때 「바다」와 「비로봉」의 시를 지었다. 바다와 비로봉이 그에게 시를 선물한 것이다. 창작하는데 답사와 경험이 이처럼 중요하다. 나도 운 좋게 금강산으로 여행을 가서 비로봉에 올랐다. 비룡폭포도 만나보았다. 나는 금강산을 다녀와서 시는 쓸 줄 모르니 금강산 기행 수필을 길게 썼다. 지금은 갈 수 없게 되었지만, 금강산이 개방되었을 때 운좋게 잘 다녀왔다. 초긴장하고 다녔지만, 금강산은 정말 아름다웠다. 그런데 윤동주는 금강산은 올랐어도 백두산은 오르지 못했나 보다. 기록이 없다. 그러나 나는 금강산도 오르고, 백두산도 두 번이나 올랐다.

윤동주의 발자취를 따라 떠나온 문학 기행이었는데 백두산까지 오르게 되었다. 그것도 이틀 연거푸 올랐다. 두 번 모두 백두산 천지(天池)의 얼굴을 만났다는 게 자랑할 만하다. 백두산 천지 앞에 서서 만만세를 불렀다. 그것도 두 번이나 부를 수 있었다. 이래저래 행운이 따랐다. 보통 큰 행운이 아니었다. 삼대가 덕을 쌓거나 백 번을 올라가야 두 번을 만날 수 있다는데 무슨 복인지 두 번 다 천지의 맨얼굴과 마주했다. 아랫마을은 비가 부슬부슬 내려

우비를 입고 백두산의 서파(西坡)를 무겁게 올라왔는데 천지 앞에 서자 구름이 서서히 걷히더니 천지가 모습을 드러냈다. 28세에 별이 된 윤동주 시인이 강한 별빛으로 구름을 걷어낸 모양이었다. 물안개가 갑자기 하늘로 날아가 버렸다. 내 인생, 이래도 되나 싶을 정도로 감동이었다.

백두산(白頭山)의 서파(西坡)에서 바라본 천지의 모습이다. 우비를 입고 비와 동행하며 올라왔는데 천지가 어서 오란다. 천지의 공연을 관람하라고 막을 올려주었다. 천지가 방긋 웃고 있는 사람의 입 모양을 하고 반겼다.

혹시 윤동주의 묘소 참배는 불가능하다는 현지 가이드의 말을 꺾고 끝내 참배를 강행한 덕이 아닌가 싶다. 진입로가 공사 중이라 안 된다는데 택시를 대절(貸切)하여 타고 찾아가 참배를 강행하였다. 윤동주의 묘소를 어렵게 참배한 덕분인지 아무튼 백두산의 서파(西坡)와 북파(北坡)를 올랐는데 두 언덕에서 모두 백두산의 천지와 마주할 수 있었다. 앞으로 덕을 두둑하게 쌓으며

착하게 살아가야 할 일만 남았다.

감동을 선물한 백두산의 슈퍼 무지개

| 백두산에 뜬 대형 무지개 모습이다.

　서파에 이어 북파에서는 더 큰 행운이 찾아왔다. 천지뿐이 아니었다. 백두산 북파를 향해 전용 봉고차를 타고 올라오는데 봉고차 안으로 일곱 색깔 무지개가 들어왔다. 이 무슨 일인가? 이럴 때 감동의 눈물을 흘려야 함이 맞았다. 백두산 천지에 거의 다다를 즈음 대형 무지개가 마중 나온 게 아닌가. 기다리기라도 한 듯 백두산에 나처럼 풍성한 무지개가 떴다. 살찐 무지개였다. 이 얼마나 큰 행운인가. 인터넷 검색을 해보아도 백두산에서 무지개를 본 이야기를 쓴 글이 올라와 있는 게 없다. 사진도 아직 못 보았다. 인솔 가이드나 현지 가이드도 수시로 백두산을 오르내렸지만 처음이란다. 보통 거대한 무지개가 아니었다. 무지개를 그렇게나 좋아하셨던 어머니 얼굴까지 생각나면서 감동의 눈물이 주르륵 흘러내렸다. 이 벅찬 감동을 추스르기 어려웠다. 내 인생에 감사, 또 감사할 일이었다.

마중 나온 백두산의 무지개와 무지갯빛을 닮은 문인들 모습이다. 백두산 천지를 서파(西坡)에 이어 다시 북파(北坡)에서도 만나보기 위해 오르는데 무지개가 천지보다 먼저 기다리고 있었다. 감개무량할 뿐이었다.

  백두산의 무지개가 사라질까 봐 언덕에 그대로 서서 무지개와 한참 동안 마주했다. 그리고 서둘러 백두산의 북파 정상으로 올라가 천지와도 하루 만에 또 인사를 했다. 어제보다 오늘은 천지가 한층 맑았다. 서파에 오를 때와 달리 아침부터 비가 내리지 않았다. 하지만 백두산의 서파에서 천지가 한눈에 들어왔는데 북파에서는 시야가 좀 좁았다. 바위와 바위틈 사이로 이동하면서 천지를 보아야 했다. 그 대신 천지의 모습이 다양했다. 맞은 편으로 동파(東坡)가 보이는데 그곳이 바로 북한에서 유일하게 천지를 볼 수 있는 곳이란다. 언제까지 북한과 마주 바라만 보고 살아야 하는지 답답했다.

  전래동화 『견우와 직녀』까지 생각났다. 전설이지만 견우와 직녀도 은하수를 사이에 두고 서로 그리워하다가 한 해에 한 번은 만난다. 음력 칠월칠석날(7월 7일) 까막까치의 도움으로나마 오작교에서 만난다. 그런데 하물며 동물의 영장이라는 사람이 그것도 한 민족이 서로 못 가고, 못 만나고 살아간다는 게 말이 안 되지 않는가. 매년 음력 칠월칠석날은 두 별이 은하수를 가운데에 두고 그 위치가 매우 가까워지는 시기란다. 이러한 사실로부터 전래동화책이 만들어졌다. 기막힌 창작물이 아닌가. 백두산 천지 앞에서 천지 건너

북한을 바라보면서 견우와 직녀 이야기가 떠올랐다. 안타깝고 속상한 마음 가눌 길 없었다.

먼저 만난 서파(西坡)의 천지 모습은 사람의 입 모양을 닮았다. 천지가 환하게 웃고 있는 입 모양이었다. 그런데 북파(北坡)의 천지 모습은 ♡모양이었다. 내 눈에 그렇게 보였다.

잎새에 이는 바람에도 괴로워한 윤동주

북파에서 바라보면 맞은 편이 북한이다. 그곳이 백두산 천지의 동파다. 유일하게 북한은 동서남북 중 동쪽에서만 백두산에 오를 수 있다. 북한에서도 중국과 마찬가지로 백두산 중턱까지 차량으로 이동한다. 그리고 해발 2,712m인 정상 쪽 향도봉까지는 지상 궤도 열차가 이후 향도봉에서 천지까지 1.3km는 케이블카가 연결돼 있다. 지상 궤도 열차와 케이블카를 타고 백두산 천지를 올라갈 수 있다고 한다. 완전 나에게 안성맞춤인 천지를 향한 길이다. 무엇보다 천지에 손을 담글 수 있다니 부럽다. 하루빨리 통일되어 북한의 동파를 통해 백두산에 오르고 싶다. 이렇게 중국으로 와서 백두산에 오르느냐고 낑낑대는 게 마음이 아팠다. 거기다 중국 어디에도 백두산(白頭

山)이란 표지판은 찾아볼 수 없는 게 더 화가 났다. 어디 가나 장백산(長白山)이다. 장백산으로 둔갑한 이곳 중국에서 백두산을 올라 통일을 기원하지 않은 우리나라 사람은 없을 것이다. 나 역시 통일을 간절히 소망했다. 천지 건너로 북한이 마주 보이니 더 간절했다.

백두산의 북파(北坡)에서 바위틈 사이로 건너다본 북한의 동파(東坡) 모습이다. 천지 건너가 북한 땅이다. 백두산에서도 북한 땅을 두만강에서처럼 그냥 바라만 보았다. 오도 가도 못하는 이런 관계의 나라가 어디 있을까 싶다.

다행히 백두산이 천지도 보여주고, 무지개까지 선물해 주니 기분은 점점 최고조에 달했다. 이렇게 큰 무지개는 난생처음이었다. 무지개가 풍성, 풍성했다. 내 얼굴도 무지개처럼 알록달록 물들어 갔다. 무지개를 무지 사랑한 덕분이 아닐까. 이번 해외 문학 기행은 무지개까지 선물 받아 기분이 더없이 좋았다. 이래저래 기분 좋은 문학 기행이 되었다.

윤동주의 발자국을 따라 계획대로 찾아가 윤동주를 만나보았고, 그의 발자국 위에 내 발자국도 찍었다. 그리고 북한과 중국의 국경선인 두만강도 굽어보면서 가수 김정구의 노래 〈두만강〉도 함께 불렀다. 가도 가도 끝이 보이지 않는 만주벌판을 달려갔고, 백두산 천지가 용암을 분출할 때 만들어진 V자 형태의 '금강 대협곡'을 찾아 피톤치드 세례도 받았고, 백두산에서 쏟아져 내려오는 '장백폭포'를 굽어보았고, 저녁에는 연변대학교 주변도 거닐었다.

역시 젊음은 세상의 희망이었다.

두만강·만주벌판·금강 대협곡·장백폭포(비룡폭포)의 전경이다. 비가 부슬부슬 내려도 경치는 그만이었다. 만주벌판 옥수수밭에서 따서 찐 옥수수를 휴게소에서 사서 먹었다. 그 맛 또한 꿀맛이었다.

이곳 중국의 '연길 조양천 국제공항'에서 비행기로 우리나라의 '인천 국제공항'까지는 2시간 30분 정도 걸리는 거리이다. 그런데도 올 때와 마찬가지로 기내식으로 점심이 나왔다. 닭볶음밥과 빵, 버터, 고추장, 과일, 음료, 커피까지 마실 수 있었다. 비행기에 오르자마자 밥 먹고 바로 내린 느낌이 들었다. 비용이야 조금 더 들었겠지만, 이번 문학 기행은 왠지 대접을 크게 받은 느낌이 들었다. 윤동주의 발자취를 따라 떠난 중국으로의 문학 기행은 감동·감격·감사한 마음이 내 몸에 스며든 문학 기행이었다. 백두산에서 천지를 두 번이나 만나고 무지개까지 만났으니 무슨 욕심을 더 가지고 살겠는가. "잎새에 이는 바람에도 나는 괴로워했다."라는 시를 남긴 윤동주의 희생 덕분이 아닌가.

중국의 '연길 조양천 국제공항'의 모습이다. 공항의 '연길(延吉)'이라고 쓴 커다란 글자도 추억으로 자리 매김하게 될 것이다.

3.
일본, 남겨진 시와 짧은 생의 마지막

시인은 떠났으나 그와 그의
시는 빛나는 별이 되었다

(1) 윤동주의 시가 흐르는 도쿄의 릿쿄대학

- 일본으로 윤동주를 만나러 가다
- 첫 번째 유학지, 도쿄의 릿쿄대학
- 1104호 동양철학사 강의실·구 도서관·예배당·식당
- 생애 마지막으로 남긴 5편의 시
- 우에노 공원에서 백제의 왕인 박사를 만나다
- 도쿄역에서 교토역으로 출발

(2) 교토의 도시샤대학, 꿈이 무너지다

- 마지막 학교가 되어버린 두 번째 유학지
- 봄비가 윤동주의 시비를 쓰담쓰담 해주다
- 정지용 시인의 「압천(鴨川)」과 「향수(鄕愁)」
- 고향으로 가는 기차표는 영원히 안녕
- 서양 고전음악을 감상하는 멋쟁이 학생

(3) 하숙집터, 윤동주의 넋이 깃들다

- 하숙집터에 세워진 「서시」의 시비와
  윤동주 유혼지비(尹東柱 留魂之碑)
- 대한민국 만세

(4) 학우들과 마지막 소풍을 간 우지강변

- 윤동주, 아리랑을 부르다
- 우지강변의 「새로운 길」 시비 앞에서
- 비를 맞으며 아마가세 구름다리를 건너다

(5) 생을 마감한 후쿠오카 형무소

- 경찰서에 잡혀가다
- 교토에서 후쿠오카로 가는 길
- 싸늘하게 죽어간 후쿠오카 형무소
- 윤동주의 순국 80주년을 진심으로 추모하면서

(1)

윤동주의 시가 흐르는
도쿄의 릿쿄대학

일본으로 윤동주를 만나러 가다

윤동주와 송몽규는 연세대학교의 전신인 연희전문학교를 1941년 졸업하고, 1942년에 일본으로 유학을 떠났다. 중일전쟁의 격화로, 임시 조치에 따라 예정보다 3개월 빨리 12월 28일 연희전문학교 문과를 졸업하였다. 그 후 그는 공부를 더 하는 쪽을 선택했다. 송몽규도 윤동주와 같이 졸업하였다. 그런데 윤동주보다 그의 고종사촌 형 송몽규가 학업성적이 더 좋았던 모양이다. 그가 연희전문학교 문과를 차석으로 졸업(우등상 수상)하였으니 그렇다. 둘은 일본으로 유학을 떠나기 위해 도항증명서(渡航證明書)를 발급받았다. 배를 타고 우리나라를 떠나려면 허락을 받아내야 하기 때문이다. 이때 둘은 창씨개명(創氏改名)할 수밖에 없었다.

일본은 1940년 2월부터 창씨개명(創氏改名)이 본격적으로 시행되면서 조선인의 성씨는 대대적으로 변화하게 되었다. 그에 따라 이들 둘도 창씨개명하고 말았다. 이때 윤동주의 일본식 성명은 1942년 1월 29일에 히라누마 도쥬(평소동주/平沼東柱)로, 송몽규는 1942년 2월 12일에 소무라 무게이(송촌몽규/宋村夢奎)로 바뀌었다. 윤동주는 창씨개명하고 5일 뒤 자신의 모교인 연희전문학교에 창씨개명한 성명을 제출했다. 그는 이때의 감정을 작품 「참회록(懺悔錄)」에 드러냈다. 날짜를 보면 이 시는 창씨개명하기 바로 전에 쓴 것이다.

그가 창씨개명하기까지 얼마나 갈등이 많았는지 그의 시를 보면 알 수 있다. 그 시를 쓴 편지지에도 그가 많은 갈등이 있었음을 알 수 있다. 여기저기 낙서가 가득하다. 落書(낙서), 詩人(시인), 渡航(도항), 힘, 生(생), 生存(생존), 生活(생활), 詩(시)란?, 不知道(부지도), 古鏡(고경) 등등. 글씨뿐 아니라 무슨 철조망 같은 그림도 편지지 아래쪽에 길게 그려놓았다. 그의 어지러웠던 심경을 알 수 있다. 이 시는 앞에서 소개하였기에 여기에서는 생략한다. 그의 시는 이처럼 그의 정직한 마음이 그대로 드러나 있다. 그렇기에 그의 시가 큰 울림으로 다가온다.

2025년 올해 봄, 나는 지난해 중국에 이어 일본으로 떠났다. 일본은 윤동주가 마지막으로 고국에서 「참회록(懺悔錄)」을 쓰고 떠난 나라다. 그가 유학을 위해 창씨개명(創氏改名)한 뒤 떠났던 일본을 찾아 그의 발자취를 따라 걸어보기로 했다. 중국에서와 마찬가지로 일본에서도 윤동주와 함께 할 것이다. 그는 자신의 이름을 일본식 이름으로 고치는 창씨개명을 단행한 뒤 우리나라의 부산에서 배를 타고 일본의 시모노세키항까지 이동했을 것이다. 그때는 우리나라에서 일본에 가기 위해서는 시모노세키항을 거쳐야 했던 모양이었다. 윤동주와 달리 나는 인천공항에서 도쿄 나리타공항까지 비행기로 이동하였다. 그리고 도쿄에서 교토로, 교토에서 후쿠오카로 이동할 때는 신칸센을 타고 이동하였다. 그렇게 그의 발자국이 스며든 곳들을 일일이 찾아가 걷고 또 걸었다. 그의 마지막 발자국이 남아 있는 땅이 바로 일본이 아닌가.

| 윤동주 시인의 발자국을 따라 걷기 위해 일본으로 함께 떠나는 문인들의 밝은 모습이다.

    이번이 윤동주의 발자취를 찾아 두 번째 해외로 떠나는 문학 기행이다. 안양에서 새벽 4시 5분 첫 공항버스를 타고 인천공항으로 향했고, 인천공항에서 아침 8시 5분에 이륙하여 일본 도쿄의 나리타 공항에 10시 30분에 착륙하였다. 정말 가깝고도 먼 나라가 일본이었다. 윤동주는 중국 땅이 되어버린 북간도에서 이곳 일본까지 유학을 왔다. 일본 첫 유학지가 도쿄였다. 그러나 그는 독립운동을 펼친 죄목으로 두 번째 유학지 교토에서 경찰에 체포되어 후쿠오카 감옥에서 억울하게 옥살이 중 사망하고 말았다.

잘 다녀오라는 듯 아침 해가 공항 하늘 위로 두리둥실 떠오르고 있다. 새벽 8시 5분 인천공항 제2터미널에서 이륙하는 도쿄 나리타공항행 비행기를 타고 2시간 30분 정도 날아갔다. 비행기에서 내려다본 우리나라의 수도 서울의 모습이다. 한강 아래쪽으로 잠실 롯데타워도 보인다.

   윤동주의 발자취를 찾아 두 번째 해외 문학 기행으로 일본을 찾아갔다. 그가 유학을 떠나 공부했던 첫 번째 유학지인 도쿄의 릿쿄대학을 먼저 찾아갔다. 그가 친구들과 거닐었던 우에노 공원도 찾았다. 그리고 두 번째 유학지인 교토의 도시샤대학을 찾아가 윤동주의 시비와 그가 존경했던 정지용의 시비를 만나 참배했다. 이어 그의 하숙집과 그가 학우들과 마지막 소풍을 갔던 우지강변도 찾아가 그의 시비에 참배했다. 그리고 마지막으로 그가 살아서 들어갔으나 죽어서 나온 후쿠오카 형무소를 찾아갔다. 사실 이곳에서 그의 발길은 끊어지고 말았다.
   10여 년 전부터 나는 우리나라에 남긴 윤동주의 발자취를 찾아가 걷고 또 걸었다. 시인은 아니지만 일찍이 윤동주 시인을 좋아했다. 그 결과 그의 숨결이 느껴지는 기념관이나 문학관, 하숙집, 인왕산 등을 시간 날 때마다 찾아가 그를 만났다. 전남 광양의 윤동주 유고를 보존한 정병욱 가옥도 두 번이나 찾아갔다. 그것도 낮과 밤에 찾아가 보았다. 그야말로 윤동주에 미쳐서 돌아다녔다고 해도 과언이 아니다. 운전을 못 하면서 그러고 다녔다. 우리나라를 다 찾아다니고 나니, 그의 고향이 있는 중국으로 윤동주의 발자취를 찾아 떠나고 싶어졌다. 그런데 나의 간절한 소망이 지난해 이루어졌다. 그리고 새해가 열리면서 이참에 일본의 윤동주 마지막 발자국이 스며든 일본도 찾아가 걷고 싶어졌다. 그가 죽음을 맞이한 후쿠오카 형무소를 찾아가 그의 마음을 위로해 주고 싶었다. 이 간절한 소망도 쉽게 실행에 옮겨졌다.

첫 번째 유학지, 도쿄의 릿쿄대학

마침내 윤동주 순국 80주년이 되는 뜻깊은 해를 맞이하여 봄이 열리자마자 일본으로 향했다. 이렇게 나는 한국·중국·일본 모두에서 윤동주의 발자취를 따라 걷고, 그를 만나고, 기리는 시간을 가질 수 있었다. 어느 곳보다 그가 큰 꿈을 가지고 떠났을 유학지 일본을 찾아간다는 게 어려운 결심이었다. 왜냐하면 그를 죽게 만든 나라이기에 선뜻 발길이 향하진 않았다. 하지만 윤동주의 발자취를 따라 일본도 중국과 마찬가지로 4일간 다녀왔다. 일본은 중국보다 훨씬 더 빠듯하게 일정을 짜야만 했다. 중국과 달리 그의 발자국이 넓고, 길게 스며있기 때문이었다. 이동 거리가 만만치 않았다.

윤동주와 그의 고종사촌 형 송몽규는 1941년 연희전문학교를 졸업하고 1942년 일본으로 유학을 떠났다. 그해 송몽규는 교토의 교토제국대학(京都帝國大學) 문학부 사학과의 선발시험에 합격하여 4월에 입학하면서 공부하게 되었다. 그러나 이 학교 시험에 낙방한 윤동주는 도쿄로 가서 도쿄의 릿쿄대학(立教大學) 문학부 영문과에 선과 생으로 들어갔다. 릿쿄대학은 미국출신의 미국성공회 선교사이자 초대 성공회 일본 교구장인 윌리엄즈 주교가 1874년에 설립하였다. 역사가 깊은 사립 명문대학이었다. 이 학교에 윤동주가 선과 생으로 입학했는데 선과 생은 그 당시 일본 교육제도에서 정규생이 아닌 특별과정 학생으로 특정 학과 과목의 수업만 선택해서 수강하는 학생을 말하는 것이었다. 어쩔 수 없이 정규생이 되기 위해서는 그런 과정을 거쳐야 하는 모양이었다. 원하던 대학에 낙방한 윤동주의 마음이 어땠을지 짐작이 간다.

그것도 우리나라의 주권을 빼앗아 간 나라에서 낙방했으니….

윤동주가 연희전문학교를 졸업 하였지만 대학교를 졸업한 것으로 인정되지 않았다. 4년제였어도 전문학교 졸업으로 인정했다. 일제강점기 때 우리나라에서는 서울대학교의 전신인 경성제국대학만 대학교로 인정하였다. 그러므로 전문학교를 졸업한 청년들은 대학교 졸업을 위해 일본에 유학하여 다시 대학 과정을 밟으려 했다. 그랬기에 윤동주도 일본에 가서 다시 대학교 입학시험을 치르고 1학년에 입학하여 다니게 된 것이다.

윤동주가 첫 번째로 입학하여 들어간 릿쿄대학은 도쿄도 도시마구 니시이케부쿠로 3-34-1에 자리하고 있다. 이 학교에 윤동주는 4월에 입학하여 10월까지 6개월간 다녔다. 그 이후 여름방학을 맞이하면서 다시 미야기현 센다이시의 국립대학인 도호쿠 제국대학 법문학부 편입 시험에 응시했다. 그러나 또다시 낙방하고 말았다. 그때 윤동주는 더 큰 충격을 받았을 것이다. 그는 고종사촌 형 송몽규와 달리 두 번이나 제국대학에 낙방하였다. 송몽규는 정식으로 문단에 등단도 먼저 했다. 그밖에 그의 작품은 연희전문학교 『문우』에 「하늘과 더불어」, 〈조선일보〉 1938년 9월 20일 자에 「밤」 등이 실리기도 했다. 그러나 윤동주와 달리 이 작품들 외에 송몽규 작품은 안타깝게도 별로 남아 있지 않다.

일본 도쿄의 릿쿄대학 후문의 '릿쿄대학' 현판과 대학의 전경 사진이다. 윤동주는 이 학교 문학부 영문과에 선과 생으로 입학하여 6개월간 다녔다.

교토제국대학(현재 교토대학) 입시에 낙방한 윤동주는 고종사촌 형 송몽규와 떨어져 살게 되었다. 1942년 송몽규는 교토에서 교토제국대학을 다녔고, 윤동주는 도쿄의 기독교대학인 릿쿄대학 영문과에 다니게 되었기 때문이다. 그의 릿쿄대학 학적부에는 "1942년 4월~12월 19일 재학"으로 기록되어 있다. 실제로는 6개월 동안 재학하였다.

나는 동행한 문인들과 함께 도쿄를 찾아 윤동주가 재학하면서 걸었을 릿쿄대학의 교정을 걸어보았다. 구석구석 기웃거렸다. 다행히 학생들이 방학 중이었다. 그런데 이곳 어딘가에서 윤동주 시인이 나타나 엷은 미소를 띠며 반갑다고 손을 잡아줄 것만 같았다. 왠지 그의 손에는 커피가 들려있을 것 같은 엉뚱한 생각마저 들었다. 별을 좋아했으니, 별이 그려진 '별다방' 커피를 테이크아웃하였을 것이 분명하다.

1104호 동양철학사 강의실·구 도서관·예배당·식당

그가 좋아한 동양철학 강의를 들었던 1104호실도 살며시 들여다보았다. 강의실 모습은 그때와 달리 두 강의실을 합해놓은 것 빼고 그대로라고 한다. 복도도 옛 모습 그대로다. 가슴이 벅차올라 심호흡을 크게 해야만 했다. 대학 교정에 그의 숨결과 그의 체취가 스며들어 있을 거란 생각을 하니 감동이 밀물처럼 몰려왔다.

일본은 봄학기가 4월에 시작하고, 가을학기가 10월에 시작한다. 방학이 언제인지 생각도 안 하고 문학 기행을 계획한 뒤 왔는데 학생들이 방학 중이라 다행이었다. 이래저래 행운이 쏟아졌다. 그랬기에 교정을 활보할 수 있었고, 교정의 벤치에 앉아 그의 시를 함께 간 문인들과 낭송도 하고 낭독도 할 수 있었다. 종교가 없는 나에게 이번에도 어느 신께서 도와주신 게 분명하였다. 그 신께 보답하기 위해 자신은 없지만 '죽는 날까지 하늘을 우러러 한 점 부끄럼이 없기를' 바라면서 조심조심 살아가도록 노력할 것이다. 아마 윤동주 시인께서 부끄럼 없이 살아가라고 도와주신 것 같다. 윤동주는 실제로 도쿄의 이 릿쿄대학을 한 학기만 다니고 그만두었다. 그리고 1942년 10월부터 교토의 도시샤대학에 편입하여 다녔다.

윤동주는 릿쿄대학 시절 7월 하순 여름방학을 맞아 고향인 북간도의 용정에 갔다. 유학 후 처음으로 고향을 찾아간 것이다. 현재 그곳은 중국 지린성 연변 조선족 자치주에 있는 도시다. 면적은 2,591km²이며, 인구는 26만여 명이고, 연변 내 모든 행정구역 중 조선족 비율이 가장 높아 70%에 이른다. 이곳은 만주족이나 한족이 아닌 조선족이 개척하였다. 바로 이곳에서 윤동주가 태어나 자랐다. 그가 유학 후 첫 여름방학을 맞이하여 병환 중이던 어머니를 뵙기 위해서 고향을 찾아갔다. 그런데 릿쿄대학에 정이 없었는지 도호쿠 제국대학(현재 도호쿠대학)에 편입 시험을 치르라는 친구의 전보를 받고 가족과 헤어져 곧바로 교토로 향했다. 그게 고향과도, 가족과도 마지막이 되었다.

당시 일본의 공식 나라 이름이 '대일본제국'으로 대학 이름이 제국(帝國)이 들어가면 명문국립대학이었다. 예나 지금이나 명문대학 학벌에 대한 욕심이 많았으니, 그의 아버지도 아들 윤동주가 제국대학 중 한 곳에 다니길 바랐다. 그러나 그는 제국대학과 인연이 없는 모양이었다. 제국대학에서 낙방하고 도쿄를 떠나 교토의 도시샤대학 문학부 영문학과에 합격하여 다니게 되었다.

윤동주 시인이 동양철학사 강의를 들었던 도쿄의 릿쿄대학 1104호실이 자리한 복도의 모습이다. 복도 중앙에 1104호 강의실이 있다. 창문을 통해 강의실을 들여다볼 수 있었다. 그때 그 강의실이 그대로 남아 있는 게 신기했다.

    그가 처음 유학하여 다녔던 도쿄의 릿쿄대학에서 이수한 과목을 보면 봄학기에 영문학과 동양철학사이다. 그중 동양철학사는 윤동주가 가장 좋아했던 수업으로 알려져 있다. 그래선지 그가 강의를 들으며 몰두했을 1104호실 강의실 앞에 서니 가슴이 더 쿵쿵 뛰었다. 강의실은 정문에서 바로 보이는 건물 1층에 자리하고 있었다. 복도를 걸어 들어가 강의실을 들여다보고만 나왔다. 방학 중이라 학생들은 없었다. 그래도 윤동주가 공부했던 그 강의실을 보니 감회가 남달랐다. 어느 자리에 주로 앉았는지도 궁금해졌다.

    다음으로 기독교 신자였던 그가 기도하기 위해 여러 번 찾았을 릿쿄대학 예배당으로 갔다. 윤동주의 순국일에 추모행사가 2008년부터 이곳에서 열리고 있다고 한다. 방학 중이라 그런지 이곳 예배당도 텅 비어 있었다. 그런데 한 소녀가 피아노를 고즈넉하게 치고 있다. 무슨 곡인지 잘 모르지만 잔잔하게 내 몸에 스며들었다. 종교인은 아니어도 뒤에 서서 머리 숙여 기도했다. 윤동주의 명복을 빌었고, 이곳까지 내가 올 수 있도록 내 마음을 이끌어준 어느 신께도 감사드렸다. 내가 이곳까지 오게 되었으니 어찌 감사하지 않겠는가. 피아노 선율은 넓은 예배당 곳곳에 스며들었다. 내 마음 깊숙한 곳까지 스며들었다. 한참 듣다 보니 점점 피아노 선율이 슬프게 다가온다. 가슴을 아프게 파고든다. 윤동주도 기독교인으로서 이 예배당을 수시로 들러 기도를 드렸을 것이다. 나라를 위해, 가족을 위해, 자신의 미래를 위해….

윤동주가 다녔을 교회의 실내 모습이다. 예배당에서 울려 퍼지는 피아노 선율이 조용하게 가슴 깊은 곳으로 스민다.

릿쿄대학의 교회 예배당을 나와 그가 다니며 공부하고 시를 썼을 구도서관 건물로 발길을 돌렸다. 그곳은 현재 이 대학교의 전시관이 되었다. 윤동주의 흔적도 전시되어 있다고 하였다. 그러나 기대가 컸을까? 대실망이었다. 전시관이 아닌 1층 복도 입구에 복제된 그의 친필원고 몇 점이 초라하게 전시되어 있었기 때문이었다. 건물 입구에 들어서자마자 윤동주를 복도에서 바로 만났다. 마지못해 그의 흔적을 전시해 놓은 듯했다. 윤동주의 까까머리 사진이 반갑긴 했으나 기분은 안 좋았다. 그는 이 대학 재학 당시 교련 수업 받기를 거부해 강재로 머리카락이 잘리는 징계를 받았다고 한다. 그 이후에 찍은 사진이 걸려있으니 기분이 좋을 리 없었다. 화까지 났다. 윤동주가 그 수모를 겪었을 생각을 하니 울분이 복받친다. 함께온 문인들은 어엿한 전시관에 윤동주를 기릴 수 있게 해놓은 줄 알고 우르르 2층 전시관으로 올라갔다가 대실망하고 내려와 그야말로 통곡할 기세들이었다.

윤동주가 수시로 드나들었을 릿쿄대학의 구 도서관 전경과 출입구에 들어서자 만날 수 있는 윤동주 전시물이다. 그를 소개하는 글과 그가 남긴 친필원고 중 「쉽게 씨워진 시(詩)」 등의 시가 원본 그대로 복제되어 전시되고 있을 뿐이다. 전시관 안이 아닌 복도 입구에 초라하게 몇 점 전시되어 있다. 그야말로 초라한 전시다.

윤동주는 크나큰 꿈을 가지고 일본으로 유학했으나 일본에 간 지 3년 만에 죽음을 맞이하였다. 릿쿄대학을 찾아가 그의 흔적들을 만나니 마음이 한층 더 아팠다. 공부는 끝이 없지만 연희전문학교만 졸업하고도 너무 훌륭한 선생님이 되었을 텐데 얼마나 더 많은 공부를 하려고 일본으로 유학했나 싶었다. 일본에 가지 않았더라면 그렇게 죽지는 않았을지도 모른다는 생각이 자꾸만 든다. 지배자의 나라에서 떳떳하게 소신을 펼치며 공부하기는 정말 어려웠을 것이다. 우리나라가 일본에 주권을 빼앗긴 지 이미 30년이 넘었어도 물에 기름처럼 우리 민족이 일본에 섞일 수는 없는 일이었다. 윤동주는

3. 일본, 남겨진 시와 짧은 생의 마지막

물론 우리 민족이 비록 일본에 들어와 유학하고는 있지만 오직 우리나라의 독립을 위해 더 많이 배우고, 더 많이 익히려 했을 것이다. 나라를 잃은 게 그저 원통할 뿐이었을 것이다.

　구 도서관 입구에서나마 그가 유학을 와 처음으로 다녔던 대학에서 그의 친필원고를 만나니 반갑고 소중한 마음은 들었다. 도쿄에서 마지막으로 남긴 그의 흔적들이 아닌가. 한편으로는 슬프고, 한편으로 아팠고, 화도 치밀었다. '그의 마음을 훔쳐 간 시가 도대체 그에게 뭐길래 그를 죽음으로까지 몰고 갔나?'라는 생각까지 들어 속상했다. 너무나 아까운 인재를 너무나 일찍 잃어 생각할수록 화가 난다. 그 시절 일본에 유학한 청년들은 유학 후 고국에서 대부분 대학교수가 되었다. 그가 살았으면 그도 훌륭한 대학교수가 되어 훌륭한 제자들을 많이 키워냈을 텐데 목숨을 잃은 게 너무나 아깝다. 나라의 손실이었다.

▎윤동주 시인이 입학하여 다녔던 릿쿄대학 캠퍼스의 출입문 모습이다. 둥글둥글한 게 편안해 보인다.

　구 도서관 밖으로 나오니 멋들어진 두 그루의 상록수가 슬프고 아픈 이내 마음을 다독여준다. 이름도 낯선 히말라야시다나무(개잎갈나무)로 신의 나무라고 한다. 히말라야시다삼나무라고도 부른단다. 태어나 처음 본 나무다. 아직

잎 싹이 트지 않은 은행나무가 사시사철 푸르른 히말라야시다나무를 부러운 듯 물끄러미 바라보고 있다. 윤동주도 이들 나무를 보았는지 모르겠다. 이 나무들이 이곳에 자리 잡은 지가 80년이 넘어갔는지 알 수는 없지만 왠지 이 나무들을 보았을 것 같은 생각이 든다. 히말라야시다나무가 나이를 먹은 듯 보여서다. 이 나무는 낙엽수인 은행나무와 대조를 이루고 있다. 잎갈나무와 다르기에 개잎갈나무라고도 부르는 히말라야시다나무는 푸른 바늘잎나무로 높이가 30m 정도까지 곧게 자란다. 나무 모양이 잎갈나무와 비슷하게 생겼으나 낙엽이 지지 않는 늘 푸른 나무다. 원산지는 이름으로 눈치챘지만 히말라야다. 아직 이른 봄인데도 이 대학 캠퍼스에 상록수가 많아 싱그러워 보였다.

릿쿄대학 교정의 삼나무 과에 속하는 두 그루의 히말라야시다나무의 모습이다. 그리고 히말라야시다나무와 은행나무의 흑백사진 모습이다. 초봄 상록수와 낙엽수가 대조를 이루고 있다. 이 학교의 교정에는 잘 다듬은 나무들이 많았다.

미용실에 막 다녀온 듯 나무들이 깔끔한 모습으로 방문객들을 맞는다. 히말라야시다나무가 릿쿄대학의 랜드마크로 보인다. 왠지 나도 옷차림을 단정히 해야 할 것 같다. 곧 다가올 4월 새 학기 시작과 신입생을 맞이하기 위해 나무들도 단정한 모습이다. 붉은 동백, 흰동백도 피고, 매화도 피어 방긋방긋 웃고 있다. 꽃과 노니느라고 제시간에 약속 장소로 이동하지 못했다. 오밀조밀 건물들이 가득 들어차 있어 동행한 문인들이 어디에 들어가 있는지 찾기가 어려워 잠시 당황했다. 교정의 나무에 홀리고 꽃에 홀려 그랬다.

이 대학은 윤동주가 일본에 유학하여 원하던 제국대학에 낙방하고 다닌 첫 번째 대학이다. 현재 도쿄의 6개 대학 중 하나라고 한다. 이곳에 와서 문인들과 나는 윤동주가 동양철학사 강의를 들었던 1104호실, 기도했던 예배당, 책을 읽고 시를 썼을 도서관, 밥을 먹었을 학교 식당과 매점 등의 건물을 들여다보았다. 그리고 그가 걸었을 대학 캠퍼스를 나름 여기저기 자유롭게 걸었다. 그가 다녔던 서울 연희전문학교(현 연세대학교)의 오래된 건물과 마찬가지로 이곳 릿쿄대학 건물들도 담쟁이가 휘감고 있는 건물이 여럿이었다. 두 학교의 건물이 닮았고, 담쟁이도 닮았다. 담쟁이로 여름과 가을에 캠퍼스 건물들이 더 멋지겠다는 생각이 들었다. 봄은 봄이지만 아직 쌀쌀해 담쟁이는 움도 트지 않았다.

멀리 보이는 앞 건물이 식당이다. 윤동주가 이용했던 식당이라는데 방학 중이라 문이 잠겨있다. 식당 앞 좌우 건물에는 붉고 흰 동백꽃이 활짝 피어 있다.

릿쿄대학에 입학하여 다니면서 쓴 5편의 시가 남아 있다. 이 시들이 그가 마지막 쓴 시들이 되었다. 그런데 이 대학에는 아직 한 개의 시비도 세워져 있지 않았다. 이곳 매점에서 산 릿쿄대학 로고가 찍힌 편지지에 윤동주는 그의 생애 마지막 시를 썼다. 편지지를 산 그 매점도 방학 중이라 닫혀 있었다.

그래도 그의 흔적은 곳곳에서 찾아볼 수 있어서 다행이었다. 그나마 반가운 소식은 이 대학 총장이 올해 가을, 윤동주의 기념비를 세울 예정이라는 소식이 들려왔다. 김현예 중앙일보 도쿄 특파원은 이와 관련해 릿쿄대학 총장 니시하라 렌타(일본 성공회 중부교구 주교)를 지난 2월 26일 도쿄 니시이케부쿠로 릿쿄대에서 만나 이야기를 나눴다.

니시하라 총장은 한국어로 유창하게 인사를 건네며, 수십 장은 족히 되어 보이는 윤동주 관련 자료를 들고 있었다. 자리에 앉자마자 그는 기념비 설립에 대한 이야기를 꺼냈다. 도쿄 릿쿄대학교 1104호실에서 윤동주 시인이 공부했고, 1942년 6월 3일에 남긴 시「쉽게 씌어진 시」의 배경 역시 이곳이라고 그는 설명했다. 창밖의 밤비가 속삭이는 육첩방에서 '시인이란 슬픈 천명인 줄 알면서도 한 줄 시를 적어 보려 했던' 윤동주의 흔적이 이 교정에 남아 있다는 것이다.

릿쿄대학은 절제와 겸손, 금욕을 앞세운 창립자 채닝 무어 윌리엄스 선교사의 유지를 150년간 이어온 학교로, 지금까지는 창립자 동상을 작게 세운 것 외에는 특정 인물을 기념하는 조형물을 세운 사례가 없었다. 그런 학교에서 이번에 윤동주 기념비를 세우기로 한 것은 매우 이례적인 일이라고 총장은 전했다. 그는 설립 배경을 '릿쿄대의 특권'이라고 표현했다. 윤동주가 졸업은 하지 않았지만 재학생으로 이 학교에 존재했다는 사실 자체가 큰 의미라는 것이다. 만약 윤동주가 생존해 있었다면 한국 최초로 노벨문학상을 받았을 것이라고도 덧붙였다. 대학은 오래전부터 윤동주를 기념할 방법을 신중히 고민해왔으며, 이번 가을 기념비 설립을 목표로 책임감을 갖고 준비 중이라고 밝혔다. 또한 기념비의 형태와 장소에 대한 여러 아이디어도 구상하고 있다고 했다. 특히 윤동주의 시「쉽게 씌어진 시」를 릿쿄대 원고용지에 쓴 모습으로 재현할 수 있다면 좋겠다는 바람도 전했다.

생애 마지막으로 남긴 5편의 시

　윤동주는 일본의 첫 번째 유학지인 릿쿄대학에 다니면서 5편의 시를 마지막으로 남겼다. 「흰 그림자」, 「사랑스런 追憶(추억)」, 「흐르는 거리」, 「쉽게 씨워진 詩(시)」, 「봄」 등이다. 이 시들 외에 일본 유학 시절 쓴 시들이 많을 텐데 5편의 시들만 남아 있다. 이 시들이 그가 살아생전 써서 남긴 마지막 시들이다. 이 시들도 앞에서와 마찬가지로 친필에 표기한 한자 옆에 한글을 넣었을 뿐 윤동주가 쓴 친필원고 그대로 옮겨 소개한다. 현재의 맞춤법과 다름을 이해하고 읽었으면 한다. 우리의 한글 맞춤법이 80년 전과는 바뀐 게 많기 때문이다. 외래어 표기법은 그때와 완전히 바뀌었다. 띄어쓰기 또한 많이 바뀌었다. 「쉽게 씨워진 詩」와 「봄」은 친필원고가 남아 있어 함께 소개한다.

흰 그림자(1942.4.14.)

黃昏(황혼)이 짙어지는 길모금에서
하로종일 시들은 귀를 가만히 기울이면
땅검의 옮겨지는 발자취소리,

발자취소리를 들을수 있도록
나는 총명했든가요.

이제 어리석게도 모든 것을 깨달은 다음
오래 마음 깊은 속에
괴로워하든 수많은 나를
하나, 둘 제 고장으로 돌려보내면

거리모퉁이 어둠속으로
소리없이 사라지는 흰 그림자,

흰 그림자들
연연히 사랑하든 흰 그림자들,

내 모든 것을 돌려보낸 뒤
허전히 뒷골목을 돌아
黃昏(황혼)처럼 물드는 내방으로 돌아오면

信念(신념)이 깊은 으젓한 羊(양)처럼
하로종일 시름없이 풀포기나 뜯자.

사랑스런 追憶(1942.5.13.)

봄이 오는 아침, 서울 어느 쪼그만 停車場(정거장)에서
希望(희망)과 사랑처럼 汽車(기차)를 기다려,

나는 푸라트·폼에 간신한 그림자를 털어트리고,
담배를 피웠다.

내 그림자는 담배연기 그림자를 날리고
비둘기 한떼가 부끄러울 것도 없이
나래속을 속~ 속 햇빛에 비춰, 날었다.

汽車(기차)는 아무~ 새로운 소식도 없이
나를 멀리 실어다 주어,

봄은 다 가고--東京郊外(동경교외) 어느 조용한
下宿房(하숙방)에서, 옛거리에 남은 나를 希望(희망)과
사랑처럼 그리워한다.

오늘도 汽車(기차)는 몇번이나 無意味(무의미)하게 지나가고,

오늘도 나는 누구를 기다려 停車場(정거장) 가차운 언덕에서
서성거릴게다.
--아아 젊음은 오래 거기 남아 있거라.

흐르는 거리 (1942.5.12.)

으스럼히 안개가 흐른다. 거리가 흘러간다. 저 電車(전차), 自動車(자동차),
모든 바퀴가 어디로 흘리워 가는 것일까? 碇泊(정박)할 아무 港口(항구)도
없이, 가련한 많은 사람들을 실고서, 안개속에 잠긴 거리는,

거리 모퉁이 붉은 포스트상자를 붙잡고 섰을라면 모든 것이 흐르는 속에
어렴푸시 빛나는 街路燈(가로등), 꺼지지 않는 것은 무슨 象徵(상징)일까?
사랑하는 동무 朴(박)이여! 그리고 金(김)이여! 자네들은 지금 어디 있는
가? 끝없이 안개가 흐르는데,

'새로운 날 아침 우리 다시 情(정)답게 손목을 잡어 보세' 몇字(자) 적어 포

스트 속에 떨어트리고, 밤을 새워 기다리면 金徽章(금휘장)에 金(금)단추를 삐었고 巨人(거인)처럼 찬란히 나타나는 配達夫(배달부), 아침과 함께 즐거운 來臨(내임),

이밤을 하염없이 안개가 흐른다.

쉽게 씨워진 詩(1942.6.3.)

窓(창)밖에 밤비가 속살거려
六疊房(육첩방)은 남의 나라,

詩人(시인)이란 슬픈 天命(천명)인 줄 알면서도
한 줄 詩(시)를 적어 볼가,

땀내와 사랑내 포근히 품긴
보내주신 學費封套(학비봉투)를 받어

大學(대학) 노-트를 끼고
늙은 敎授(교수)의 講義(강의) 들으러 간다.

생각해 보면 어린때 동무를
하나, 둘, 죄다 잃어 버리고

나는 무얼 바라
나는 다만, 홀로 沈澱(침전)하는 것일가?

人生(인생)은 살기 어렵다는데
시가 이렇게 쉽게 씨워지는 것은
부끄러운 일이다.

六疊房(육첩방)은 남의 나라,
窓(창)밖에 밤비가 속살거리는데,

등불을 밝혀 어둠을 조곰 내몰고,
時代(시대)처럼 올 아침을 기다리는 最後(최후)의 나,

나는 나에게 적은 손을 내밀어
눈물과 慰安(위안)으로 잡는 最初(최초)의 握手(악수).

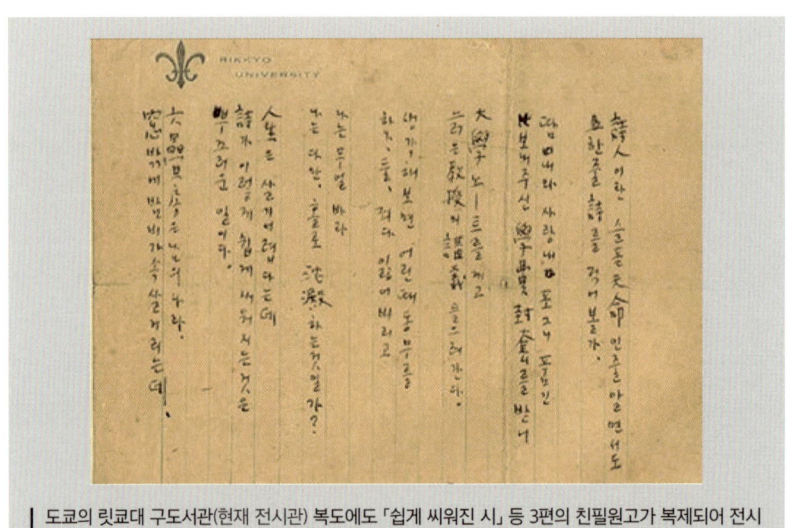

도쿄의 릿쿄대 구도서관(현재 전시관) 복도에도 「쉽게 씨워진 시」 등 3편의 친필원고가 복제되어 전시되고 있다.

봄(1942. 봄으로 추정)

봄이 血管(혈관) 속에 시내처럼 흘러
돌, 돌, 시내가차운 언덕에
개나리, 진달래, 노-란 배추꽃

三冬(삼동)을 참어온 나는
풀포기처럼 피어난다.

즐거운 종달새야
어느 이랑에서나 즐거웁게 솟처라.

푸르른 하늘은
아른아른 높기도 한데……

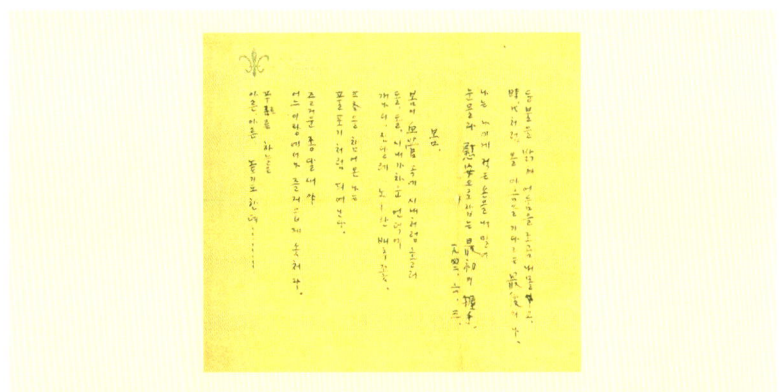

윤동주가 일본 유학 시절, 도쿄의 릿쿄대학 재학시절에 마지막으로 쓴 5편의 시 중 「봄」의 친필원고다. 친구 강처중에게 보낸 편지에 끼어있었던 소중한 작품이다.

이 귀한 시들은 윤동주가 연희전문학교 재학시절 함께 기숙사 생활했던 절친이자 룸메이트였던 강처중에게 편지와 함께 써서 보낸 시들이다. 일본에서 한국으로 우편을 통해 보냈기에 지금 우리가 마주할 수 있는 것이다. 윤동주가 가지고 있었으면 일본 경찰에 모두 압수당했을 것이다. 천만다행이 아닌가. 좋은 사람 곁에는 좋은 친구가 있기 마련임을 다시 또 깨닫는다. 그런데 그가 유학 시절 시를 5편만 썼겠는가. 이 시들은 그가 유학하면서 첫해에 쓴 시들이다. 그 이듬해 썼을 법한 시들은 안타깝게 한 편도 남아 있지 않다. 일본 경찰에 체포될 당시 모두 빼앗겼을 것이다.

그가 마지막으로 남긴 이 시들 모두를 읽어보면 모두에서 그의 아픈 마음을 읽을 수 있다. 그 당시 그의 마음이 어땠는지 알 수 있다. 일본에 유학은 가 있어도 마음이 편치 않았음을 알 수 있다. 우리나라를 빼앗아 지배하고 있는 지배자의 나라에 가서 공부한다는 게 쉬운 것은 아니다. 당당히 나설 수 없고, 기가 죽어 공부했을 것은 분명하다. 유학하면서도 우리나라의 독립을 간절히 바랐을 윤동주다. 지식이 많아지면 많아질수록 나라의 독립에 강한 의지가 생겨났을 것이다. 그는 몸으로는 못하고, 시를 통해 자신의 마음을 이야기하고. 우리나라의 독립을 간절히 바랐을 것은 분명하다. 그는 시를 통하여 독립운동을 한 사람이라고 할 수 있다.

생애 마지막으로 쓴 작품 중 「쉽게 씨워진 시(詩)」에는 "노교수의 수업을 들으러 간다."라는 구절이 있다. 연구자 아나기하라 씨가 이 시 속의 노교수다. 그는 '동양철학사'를 가르친 우노 테쓰토 교수로 밝혀졌다. 이 교수는 일본 동양철학 계의 거목이자 도쿄제국대학의 명예교수로 당시 릿쿄대학에 초빙 강사로 강의하였다. 윤동주가 이 교수의 강의를 들으면서 그가 철학을 좋아하게 되었는지도 모른다. 윤동주가 오래 살면서 자신의 발자취를 찾아가 나와 문인들처럼 추억을 더듬어야 했다. 당당히 그때 그 시절을 이야기해야 했다. 책으로도 써야 했다. 그런데 그는 너무 일찍 세상을 떠나 안타깝다. 무엇보다 일본으로부터 우리나라가 독립되지 않았을 때 세상을 떠난 게 속상하다. 나라 잃은 우리 민족들이 얼마나 기가 죽고, 움츠리고 살아왔는지 윤동주의 시를 보면서도 알 수 있다. 그의 성격 탓일 수도 있지만 윤동주의 시 대부분이 어둠이 있고, 슬픔과 아픔이 배어있다. 가슴에 울분이 따리를 틀고 있다. 누가 읽어봐도 나와 같은 생각이 들 것이다. 그러나 그의 시와 달리 동시는 재미있고, 그의 순수한 마음이 배어 있어 입가에 미소를 띨 수 있다.

윤동주가 도쿄의 릿쿄대학과 인연을 맺은 것은 일본의 진주만 공습 이후인 1942년 4월의 일이다. 그는 학교 인근의 '육첩방(六疊房)'에 살며 문학부 영문학과 학생으로 이곳에서 반년을 공부했다. 그리고 같은 해 가을 교토에 있는 도시샤(同志社)대학으로 전학을 갔다. 짧다면 짧은 기간이었지만 윤동주는 릿쿄대 1학년 때 이 대학의 상징인 백합 로고가 새겨진 원고지에 위의 시들을 썼다. 그때 사용이 금지된 조선어로 쓴 이 시들은 운 좋게도 절친인 강처중에게 보낸 편지에 함께 보냈기에 강처중을 통해 전해지게 되었다. 이 시들이 그가 마지막 남긴 시들이니 의미가 크다.

릿쿄대학교에 윤동주의 발자취가 곳곳에 남아 있다. 그 대학교를 찾아가 걷노라니 자꾸만 어디선가 윤동주가 "짠"하고 나타나 고국에서 찾아온 후배들을 반갑게 맞아 줄 것만 같다. 이 대학의 니시하라 총장은 "릿쿄대 맞은편에 성공회 신학교가 있었는데 윤동주가 그곳에서 신학 수업도 들었다."라고 소개했다. 망국의 아픔 속에 윤동주가 의지했던 교목(校牧) 다카마쓰 다카하루(1887~1946) 신부와 만났던 채플(학교의 예배당)도 그대로 있다. 위 릿쿄대 총장의 대담에서 알 수 있듯이 올가을 도쿄의 릿쿄대학교에 윤동주의 기념관이 분명 들어설 것으로 믿어진다. 윤동주의 시비가 이 대학교에 세워지면 다시 이곳을 찾아올 것이다. 이 대학교에서 마지막으로 쓴 시들 중 어느 시가 선정될지 궁금하다. 혹시 '六疊房(육첩방)'이 등장하는 「쉽게 씨워진 詩(시)」가 뽑히지 않을까?

사실 윤동주가 일본에 와서 첫 번째 유학지로 다닌 대학인데 이곳에 아직 시비가 세워지지 않은 것은 좀 서운한 일이다. 이 대학 재학 중에 쓴 시가 윤동주의 마지막 작품이 되었으니 더 그렇다. 이 대학 총장도 그게 좀 미안하긴 했나 보다. 기념비를 세워도 진작 세워야 하지 않았을까? 아무튼 총장이 대담까지 했으니, 그의 약속을 믿어본다.

윤동주의 첫 유학지인 도쿄의 릿쿄대학교 후문 모습과 릿쿄대학교에서 함께 한 문인들과 찍은 기념사진이다.

윤동주는 1942년 10월 도쿄의 릿쿄대학을 떠나 교토의 또 다른 기독교 학교인 도시샤대학 문학부 영문과로 전학하였다. 그 결과 교토에서 고종사촌 형 송몽규와 재회하였다. 어린 시절부터 오랫동안 붙어있었던 윤동주와 송몽규가 유학 입시로 인해 잠시 떨어져 살게 되었는데 결국 윤동주는 송몽규가 있는 교토로 가서 다시 만나게 되었다. 그런데 웬일인지 둘은 하숙을 함께 하지 않았다. 아마 대학교가 달라서 그랬는지도 모른다. 윤동주의 하숙집과 송몽규의 하숙집은 5분 정도 거리에 떨어져 있다. 송몽규의 하숙집은 현재도 그 골목 그 자리에 그대로 있다.

그의 고종사촌 형 송몽규는 국립대학교로 1897년에 개교한 일본의 두 번째 명문대학인 교토제국대학교에 재학 중이었다. 윤동주도 가고 싶었던 대학교였지만 안타깝게 낙방한 대학이다. 이래저래 윤동주는 송몽규의 실력을 넘어서지 못했다. 그러니 정신적으로도 충격이 컸을 것이다. 그렇다고 나쁜 것만은 아니다. 아픔만큼 성숙해졌을 것이다. "실패는 성공의 어머니다."라는 말이 명언 중의 명언 아닌가. 분명 순하고 여렸던 그의 마음은 단단해졌을 것이다.

윤동주는 손위 누이 2명이 연이어 요절한 후에 태어나 집안의 기대가 컸다. 이처럼 어렵게 장남으로 태어나 부모님의 정성 어린 밑받침 속에 탄탄대로를 걸어왔던 그였다. 그의 인생길에 몇 번의 입시가 아픔과 고통을 안겨준 것은 사실이다. 아픔과 고통 없이 사람의 마음을 움직일 수 있는 명시를 빚어내기는 어렵다. 어쩌면 그가 겪은 입시의 아픔이 시 쓰기에 몰두했을지도 모른다. 그러나 자존심은 상했을 것이다. 하지만 일본을 알아야 일본을 이길수 있으므로 부모님도 그도 유학을 택했을 것이다. 그의 가슴에 나라 잃은 울분이 있었음은 분명하다. 그가 쓴 시 한 편, 한 편이 슬픔과 아픔이 배어있는 것만 보아도 알 수 있다.

나는 가슴 뭉클하게 하는 그의 삶과 그의 시 덕분에 그의 발자취를 따라 걷게 되었다. 조금이나마 그를 기리기 위해 우리나라는 물론, 중국에 이어 일본을 찾아간 것이다. 중국은 그가 태어나 가족의 사랑을 받으며 살았던 곳이고, 우리나라는 연희전문학교를 다니면서 그가 수준 높은 공부를 하였고, 그 시절에 시를 전적으로 쓰게 되었으므로 그의 전성시대라고 할 수 있다. 그를 시인으로 만들어준 곳이 바로 우리나라의 서울이다. 그리고 일본을 마지막으로 찾아갔다. 그런데 일본은 발을 들여놓는 순간부터 슬펐다. 그의 죽음이 생각났기에 그랬다.

일본의 수도인 도쿄는 전국 47개 도도부현 중에서 가장 많은 약 1,400만 명이 살고 있는 세계 유수의 대도시다. 이곳에서 윤동주 시인의 첫 유학지인 릿쿄대학교를 방문하여 그가 걸었을 교정과 그의 숨결과 체취가 배었을 강의실, 도서관과 복도, 식당, 예배당을 찾았고, 그가 바라보았을 나무들도 바라보았다. 한참 동안 내가 다녔던 학교처럼 릿쿄대학 교정에서 오랫동안 머물렀다. 학교가 방학 중이라 한적하게 윤동주를 생각하면서 그가 이곳 도쿄에 머물면서 쓴 시들을 낭송 잘하는 시인들이 돌아가면서 한 편 한 편 낭송했다. 목소리가 보배임을 새삼 또 느낄 수 있었다. 윤동주의 발자국이 배어있는 학교 교정에서 그가 지은 시들을 낭송할 수 있었음은 행운이었다. 완전히 윤동주 시인과 하나가 된 시간이었다.

우에노 공원에서 백제의 왕인 박사를 만나다

윤동주(1917~1945)의 첫 유학지인 도쿄의 릿쿄대학을 방문한 뒤 〈우에노 공원〉을 찾아 봄을 만끽하였다. 윤동주도 당숙 윤영춘(가수 윤형주의 아버지)과 고종사촌 형 송몽규와 유학 중에 이 공원을 찾았다고 한다. 윤동주가 윤영춘(1912~1978)의 조카지만 나이는 5세밖에 차이가 안 난다. 윤영춘도 그 당시 일본에 유학 중이었다. 윤동주의 발자국이 이곳 우에노 공원에도 찍혀있을 거란 생각을 하니 공원을 걷는 내내 반가웠다. 공원에는 매화가 눈부시게 만개하였고, 꽃놀이 나온 상춘객들도 인생이 만개한 모습이었다.

그러나 그는 도쿄의 릿쿄대학에서 한 학기를 마치고 교토로 전학을 갔다. 그래도 봄·여름·초가을을 도쿄에서 보낸 셈이다. 4월에 편입하여 1학기를 다니고, 여름방학이 끝난 뒤 2학기가 시작하는 10월에 교토의 도시샤대학에 편입하였기 때문이다. 이 공원은 입구부터 봄놀이 나온 사람들로 북적였다. 꽃 앞에는 발 디딜 틈이 없었다. 나도 그 사람들 속에서 봄이 되었다. 공원 안으로 들어가니 꽃보다 왕인 박사의 비석이 먼저 눈에 띄었다.

윤동주 시인도 거닐었다는 도쿄의 <우에노 공원>의 봄 풍경과 공원 안에 세워져 있는 '왕인 박사 비'의 모습이다. 공원의 매화 그늘에서 활짝 웃으며 함께 한 문인들과 만개한 꽃이 되었다.

참고로 왕인 박사는 백제 14대 근구수왕(?~375) 28년(373년) 3월 3일 월나군(月奈郡) 이림(爾林)의 성기동(聖基洞)에서 왕순(王旬)의 외아들로 태어났다. 지금의 전라남도 영암군 군서면 동구림리 성기동에서 탄생하였다. 8세 때 월출산 주지봉 기슭의 문산재(文山齋)에 입문한 뒤 유학과 경전을 수학하고, 그는 문장이 뛰어나 한 차례의 과시를 통하여 18세에 오경박사(五經博士)로 등용되었다. 그 당시 백제에는 왕이 수여하는 박사 제도가 있었다. 그 가운데 오경박사는 역(易)·시(詩)·서(書)·예(禮)·춘추(春秋) 등 경학(經學)에 통달한 전문적인 석학에 부여하는 칭호이다. 문산재에서 공부한 지 10년 만에 오경박사로 등용되었고, 당시를 대표하는 선비가 되었으며, 백제에서도 손꼽히는 학자가 되어 왕으로부터 박사 칭호를 받았다.

이 무렵 백제는 계속하여 고구려의 침략으로 국가의 존속이 위태로운 상태였으며, 제17대 아신왕(?~405) 때 왕인이 일본 응신천황(320~394)의 초청을 받아 영암의 상대포에서 배를 타고 일본으로 간 것으로 구전되어 오고 있다. 당시 왕인은 32세였으며, 상대포는 국제 무역항으로 신라의 학자 최치원이 당나라로 유학을 갈 때도 이곳에서 배를 타고 떠났다고 전해오고 있다. 왕인은 일본 태자의 스승을 지냈으며, 일본인들이 큰 자랑으로 여기는 아스카(飛

鳥)문화의 원조가 되어 일본 사회의 정치 경제와 문화 예술을 꽃피웠다. 왕인 박사는 일본인들이 두고두고 추앙해야 할 인물이다.

도쿄역에서 교토역으로 출발

| 우리나라의 서울역과 일본의 도쿄역 낮과 밤의 모습이다. 둘은 형제처럼 닮았다.

 뜻밖에 일본에서 윤동주도 찾아가 만나보았을 '왕인 박사 비'를 뜻밖에 만나 왕인 박사에 대해 알게 되었다. 왕인 박사와 헤어져 〈우에노 공원〉에서 온몸을 봄으로 물들이고, 도쿄역으로 향했다. 도쿄에서 이틀간 안전 운전을 해준 버스 기사에게 박수를 보내고 헤어졌다. 그 기사는 헤어지면서 해맑은 모습으로 보이지 않을 때까지 손을 흔들었다. 도쿄역은 우리나라의 서울역을 떠올리게 했다. 역사(驛舍)의 모습도 비슷했다. 붉은 벽돌이 인상적이었다.

도쿄에서 교토로 가기 위해서 올라간 승강장의 모습과 맞은 편에 들어서고 있는 신칸센 열차의 모습이다. 윤동주도 이곳 도쿄역에서 더 큰 꿈의 확장을 위해 교토역으로 이동하였을 것이다.

　도쿄역은 1914년 12월 20일 건축가 타츠노킨고(辰野金吾)가 설계해 완공되었다. 도쿄역은 우리나라 서울역과 닮아도 너무 닮았다. 아니나 다를까. 서울역 설계를 당시 도쿄역을 설계한 건축가의 제자였던 동경제국대학 교수인 츠카모토 야스시(塚本靖)가 담당했기 때문이었다. 도쿄역은 네덜란드 암스테르담의 중앙역, 서울역은 스위스의 루체른역을 모티브로 지었다고 한다. 20년 전 아들과 해외여행 때 암스테르담의 중앙역을 들렀다. 그리고 10년 전 다시 또 아들과 해외여행 때 스위스 루체른역을 운 좋게도 들렀다. 왠지 역사의 모습이 낯설지 않았다. 이유가 다 있었다. 현재 도쿄역은 복원한 모습이다. 복원 공사가 2007년 5월 30일 시작되어 2012년 10월 1일 완성되었다.

내가 타고 교토로 향할 신칸센 열차의 모습이다. 우리나라의 광명역에서 가끔 탔던 고속열차 KTX를 떠올리게 한다. 승강장에서 바라본 신칸센 열차의 모습이 멋지다. 동행한 문인 중 사진작가가 있어 멋진 사진들을 공유할 수 있었다. 감사할 뿐이다.

우리나라의 서울역과 마찬가지로 도쿄역은 일본 철도 교통의 상징이며 일본 철도의 심장이 되고 있다. 하루에 정차하는 열차만 무려 3,500편이 넘고 플랫폼도 30개가 넘는 매머드 터미널 역이다. 그를 증명하듯 많은 인파로 출렁인다. 역사 건물은 초고층 빌딩 숲 사이에 유럽풍의 건물로 색다른 느낌을 준다. 또한 이곳은 정치적으로도 밀접한 지역으로 걸어갈 수 있는 가까운 거리에 총리 관저, 국회의사당 등 각종 공관이 들어서 있다. 일본의 수도 도쿄에서 윤동주의 발자국을 하루 종일 따라다니며 그와 동행했다. 그리고 일본 철도 교통의 상징인 도쿄역에서 교토로 가는 신칸센에 올라탔다. 윤동주 역시 도쿄에서 교토로 향할 때 이 기차역을 이용해 기차를 탔을 것이다. 같은 철로로 이동했을 것이다.

'신 도쿄도 청사 전망대'에 올라가 바라본 후지산과 신칸센을 타고 도쿄에서 교토로 향하면서 찍은 후지산의 모습이다. 날씨가 다르고, 시간이 다르고, 거리가 다르니 완전히 다른 모습이다. 눈이 덮인 후지산에 구름이 턱 올라앉아 있다.

(2)

교토의 도시샤대학, 꿈이 무너지다

마지막 학교가 되어버린 두 번째 유학지

　도쿄에서 신칸센 열차를 타고 창밖을 보면서 2시간 30분 정도 이동을 하였다. 차창 밖으로 몰려드는 풍경은 조용하고 차분한 분위기였다. 눈 위로 구름을 잔뜩 이고 있는 후지산을 빼고는 산들이 우리나라보다는 올망졸망 붙어있지는 않았다. 펑퍼짐하게 퍼져있어 평야가 좀 넓게 보였다. 농지 정리도 잘되어 농토가 반듯반듯 바둑판을 연상케 하였다. 아직 농사철이 아니라 바둑판 위는 텅 비어 있었다. 텅 비어 있는 그 모습은 언제나 희망으로 다가온다. 희망을 선물할 씨앗들이 뿌려질 것이기에 그런가 보다. 나는 유난스레 아무것도 심지 않은 비어 있는 땅을 좋아한다. 흙으로만 덮여있는 땅이 좋다. 그러나 그런 땅은 보기 어렵다. 곡식을 심지 않아도 풀이 점령할 테니 그렇다.
　기찻길 옆 풍경을 스캔하듯 바라보며 오다 보니 타고 온 신칸센 열차는 어느새 교토역에 도착하였다. 지지난해 가을, 자유여행으로 두 문인과 5일간 교토·오사카를 여행하느라 찾았던 역이다. 교토역도 도쿄역 이상으로 복잡하였다. 그러나 다시 찾으니 반가웠다. 인파를 헤치고 밖으로 나오니 교토탑도 반갑게 나를 내려다보았다.

| 교토 역사(驛舍)의 안과 밖의 모습이다. 교토 탑은 여전히 방문객들을 반기며 서 있다.

　이제 도쿄와 마찬가지로 교토에서도 윤동주가 남겨 놓은 발자취를 따라 걷고 또 걸을 것이다. 그가 찍어놓은 발자국 위에 나도 꾹꾹 눌러 발자국을 찍을 것이다. 그러다 윤동주와 정이 더 들겠다 싶었다. 그의 발자국에 별이 떠 있을지도 모르는데 내가 꾹꾹 눌러 밟으면 안 될 게 아닌가. 조심조심 그의 발자국 옆으로 따라만 가야겠다. 어느 도시보다 교토에 윤동주의 발자국이 가장 많이 찍혀있을 것이다. 그는 일본으로 유학을 오기 위해 그가 태어나 자라난 중국의 북간도 명동촌을 떠나 기차를 타고 북한에서 남한의 끝까지 내려왔을 테다. 그 남한의 끝이 부산이 아닌가. 그는 그 부산항에서 배를 타고 일본의 시모노세키항에 내려 도쿄까지는 기차를 타고 이동했을 것이다. 교토까지도 기차를 타고 이동했을 것이다.

도시샤대학(同志社大学)의 정문 모습이다. 이 대학이 1875년 개교하여 올해로 창립 150주년이 되는 해임을 정문에 붙은 플래카드를 보고 알았다. 뜻깊은 해를 맞이한 대학이다.

　그 뒤 윤동주는 대학에서 공부를 더 하기 위해 첫 유학지 도쿄에서 6개월 정도 머물렀고, 그곳에서 다시 기차를 타고 이곳 교토에 도착하여 1년 이상 머물렀다. 도쿄의 릿쿄대학(立教大学)에서 한 학기, 교토의 도시샤대학(同志社大学)에서 두 학기를 보냈다. 그리고 후쿠오카 형무소로 수감 되기 전까지 교토의 시모가모 경찰서에 8개월 정도 구금되어 있었다. 교토는 윤동주가 더 큰 세상으로 나아가기 위해 학업을 계속하면서 꿈을 확장해 나갔던 곳이다. 그러나 끝내 꿈을 확장하지도 못하고, 죽음이 기다리고 있는 후쿠오카 형무소로 향해야만 했다. 그랬던 그를 생각하면서 그의 발자취를 찾아 나선 마음이 무거웠다. 어느 곳보다 일본에서의 발걸음은 천근만근이었다.

도시샤대학의 정문에 들어서자마자 릿쿄대학과 마찬가지로 아름다운 대학의 건물들이 여기저기서 손짓한다. 그 모습들이다. 그런데 일본은 붉은 벽돌을 좋아하는 모양이다. 윤동주가 다녔던 두 대학의 건물이 대부분 붉은 벽돌로 지은 건물이다.

나는 윤동주가 다녔던 도쿄의 릿쿄대학에 이어 교토의 도시샤대학으로 향했다. 도시샤대학은 도쿄의 릿쿄대학보다 1년 뒤인 1875년에 개교하였다. 올해가 개교 150주년이 되는 뜻깊은 해이다. 도쿄의 릿쿄대학은 이곳 도시샤대학보다 1년 먼저인 1874년 개교하였다. 이 대학은 교토부 교토시와교타나베시에 위치한 명문사립 대학이다. 일본으로 유학하여 그가 두 번째로 다닌 대학이다. 교토에는 보슬비가 보슬보슬 내렸다. 하룻밤 묵은 호텔에서 전용 버스를 타고 이동하여 도시샤대학교의 정문 앞에 내렸다. 정문으로 들어가 얼마 안 걸어 왼쪽으로 틀어 걸어가니 그곳에 윤동주(1917~1945)와 정지용(1902~1950?) 시인의 시비가 나란히 자리하고 있다. 도서관과 교회가 마주 보는 중앙의 반듯한 자리에 있었다. 좁다란 귀퉁이가 아니라 정말 다행이었다.

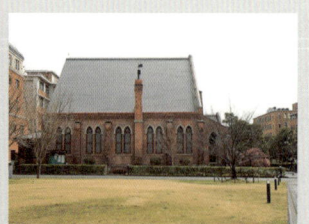

윤동주가 마지막으로 유학한 교토의 도시샤대학 교정의 모습이다. 윤동주가 예배드렸을 교회 마당에는 홍매화가 활짝 피어 반겨주고 있다. 그런데 마음은 짠하다.

봄비가 윤동주의 시비를 쓰담쓰담 해주다

도쿄에 이어 윤동주의 두 번째 유학지인 교토의 도시샤대학을 방문하였다. 이 학교에 일본에서 처음으로 윤동주의 시비가 세워졌다. 동행한 문인들은 이 시비에 참배하기 위해 도시샤대학의 교정에 발을 들여놓았다. 대학 캠퍼스가 예뻤다. 이 대학 역시 붉은 벽돌로 된 건물이 많다. 정문에서 멀지 않은 곳에 그의 시비가 세워져 있었다. 반듯한 곳에서 만나니 왠지 대접을 받는 느낌이 들었다. 그를 만난 듯 와락 반가웠다. 그런데 시비가 비를 맞고 있다. 그 모습에 내 마음에도 비가 내렸다. 빗물이 시비를 타고 가만가만, 조용조용 계속 흘러내린다. 시비조차도 슬프고, 아픈가 보다. 봄비가 윤동주를 위로하듯 그 시비를 쓰다듬고 있다.

  윤동주는 정지용 시인을 무척이나 존경했다. 윤동주가 정지용 시인보다 나이는 15년이나 아래다. 스승과 제자 사이이라 할 수 있다. 이곳 도시샤대학교 문학부 영문과를 정지용 시인이 먼저 졸업하였다. 그 후 윤동주가 이 대학 문학부 영문과에 입학하여 정지용 시인의 후배가 되었다. 정말 윤동주에게 정지용 시인은 멘토 중의 멘토였던 모양이다. 그는 항상 정지용 시인의 시집을 지니고 다녔을 정도였다고 하니 그렇다. 그러나 윤동주는 이 대학을 졸업하지 못하고 체포되어 2년 형의 선고를 받고 감옥에 갇혔다가 옥사하고 말았다. 그 결과 학교에서는 재적 처리가 되었다.

  도시샤대학의 정문에서 얼마 떨어지지 않은 곳에 우리나라의 대표 시인이라고 할 수 있는 윤동주의 시비가 있다. 그 곁에 그의 멘토! 정지용 시인의 시비도 있다. 윤동주의 시비에는 그의 대표작이라고 할 수 있는 「서시」가 새겨져 있고, 정지용 시인의 시비에는 고향을 그리워하면서 지은 「압천」이 새겨져 있다. 우리는 먼저 윤동주의 시비 앞에 섰다. 준비해 간 윤동주의 사진이 들어간 액자와 그의 10주기 추모식에 발행했던 시집의 표지 그대로 재출간된 미니 시집, 그리고 하얀 국화 한 다발을 바쳤다. 윤동주 시비는 한국이 있는 서쪽을 바라보고 있다. 그 시비 주변에는 진달래와 무궁화가 심겨 있다. 이곳에서 그를 생각하면서 묵념하고 그의 명복을 다시 또 빌었다.

윤동주가 일본에 유학 와서 마지막으로 공부한 교토의 도시샤대학교 교정에 마련된 그의 시비 모습이다. 그의 친필 그대로 「序詩(서시)」가 시비에 새겨져 있다. 시비 앞에서 대표 낭송가가 「서시」를 먼저 낭송하고, 문인들 모두 함께 또다시 낭송하였다.

    윤동주의 「序詩(서시)」 시비 앞에서 인사를 드리고, 대표 낭송가가 「서시」를 낭송한 뒤, 나와 문인들 모두도 함께 낭송하였다. 아마 봄비를 그대로 맞으면서 그를 기리는 마음이 하늘에 닿았을지도 모른다. 보슬비는 계속 보슬보슬 내렸다. 다행히 억수같이 쏟아지지는 않아 그대로 비를 맞으며 참배했다. 일본에 세워져 있는 시비 앞에서 다 함께 낭송을 하니 울림이 더 크게 전해졌다. 울컥한 마음마저 들었다. 두 번째로 다시 「序詩」의 전문을 친필 원고 그대로 싣는다. "죽는 날까지 하늘을 우러러 한 점 부끄럼 없기를" 이제부터라도 바라고 또 바라면서….

序詩(1941.11.20.)

죽는 날까지 하늘을 우르러
한 점 부끄럼 없기를,
잎새에 이는 바람에도
나는 괴로워했다
별을 노래하는 마음으로

모든 죽어 가는 것을 사랑해야지
그리고 나안테 주어진 길을
거러가야겠다

오늘 밤에도 별이 바람에 스치운다

윤동주는 도쿄에서 교토로 대학을 옮겨오면서 송몽규와 재회했다. 윤동주는 1943년 7월까지 1년 가깝게 송몽규와 제3고등학교 학생이었던 고희욱 등과 함께 교토 시내에서 자주 모임을 가졌다. 이들은 일본의 패망을 예견하고 기회를 노려서 민족의 독립을 기획하는 한편, 민족정신을 부흥시킬 수 있는 학문적 연구를 했다. 사랑스러운 우리나라의 청년들이다. 분명 리더는 송몽규였을 것이다. 이처럼 송몽규는 조용한 성격이었던 윤동주와 달리 적극적이고, 활동적인 성격이었다. 앞서 송몽규는 중학교 때인 1935년 4월 가출하여 중화민국 중앙군관학교 낙양분교에 입학한 것만 봐도 알 수 있다.

도시샤대학 교정에 홍매화도 피고 노란 산수유도 만개했다. 봄비를 맞은 산수유 꽃에 빗물이 왕방울을 만들어 낸다. 그 모습이 왕 눈물 인양 참으로 슬프게 한다.

3. 일본, 남겨진 시와 짧은 생의 마지막

윤동주의 「서시」가 새겨진 시비에는 잎새에 이는 바람에도 괴로워한 윤동주의 마음이 고스란히 담겨있다. 이곳의 시비 앞에서는 매년 그가 순국한 그 날이 되면 빠짐없이 헌화식이 열린다. 그나마 다행이라고 해야 하나 모르겠다. 사람을 죽게 만들어 놓고, 미안하다는 것과 무엇이 다를까 싶기도 하다. 젊은 나이에 죽어간 윤동주만 불쌍하다.

| 도시샤대학 교정에 세워진 윤동주의 대표작 「서시」의 시비 앞에서 함께 한 문인들과 기념사진을 찍었다.

순국 80주년인 2025년 2월 16일, 시인이자 독립운동가인 윤동주(1917~1945)에게 그가 다녔던 일본 교토(京都)의 도시샤대학(同志社大学)에서 명예 문화 박사학위를 수여했다. 1875년 설립된 이 대학에서 사후 박사학위를 받기는 윤동주가 처음으로, 윤동주의 조카인 윤인석 성균관대 건축학과 명예교수가 대신 받았다. 박사학위를 대신 받은 윤인석 교수는 윤동주의 남동생 윤일주의 아들이다. 2월 16일 낮 12시 30분, 일본 교토 도시샤대학 예배당에서 아주 특별한 명예박사학위 증정식이 열렸다. 도시샤대학은 윤동주가 마지막으로 다니던 대학으로 이 대학의 고하라 가쓰히로(小原 克博) 총장은 1875년, 이 대학 설립 이래 고인(故人)에게 수여하는 첫 학위 수여자로 윤동주를 선정했다고

말했다. 늦게나마 윤동주의 옳고 바른 심성을 생각해 준 것에 감사한다. 누구라도 그의 시를 읽으면 그의 순수함과 민족정신에 동화(同化)가 될 것이다.

도시샤대학교의 예배당 모습이다. 이곳에서 윤동주의 조카 윤인석 교수가 큰아버지인 윤동주를 대신하여 명예 문화 박사학위를 받았다.

　도시샤대학은 2024년 12월 12일 고하라 가쓰히로 총장이 주재하는 학장단 회의를 열고 '시인 윤동주에 대한 명예 문화 박사학위 증정에 관한 건'을 의결했다. 도시샤대학에서 공부한 윤동주 시인을 기리며 박사학위를 수여한다는 내용이었다. 원래 도시샤대학의 실무진 검토 과정에서는 '사자(死者)에 대한 명예 학위 증정'이란 예외를 인정하는 데 대한 우려 목소리도 없지 않았다고 한다. 하지만 최종 결정 기구인 학장단 회의에선 단과대 학장과 대학원 원장 16명 모두가 찬성했다. 최용훈 도시샤대 상대 학장은 "도시샤대는 자유로운 학풍의 150년 역사를 가진 대학으로 당시 재학한 윤동주 시인이 후쿠오카 형무소로 끌려가서 옥사했는데, 아무것도 못 하고 지켜주지 못한 미안함을 학내 구성원들이 여전히 짐으로 떠안고 있다."라고 했다. 학교 측은 약속대로 윤동주 순국 80주기 기념행사를 도시샤대학에서 대대적으로 치렀다. 이 대학은 윤동주가 흠모한 정지용 시인의 모교이기도 하다.

정지용 시인의 「압천(鴨川)」과 「향수(鄕愁)」

　윤동주가 두 학기를 다녔던 일본 교토의 도시샤대학교 교정에는 정지용 시인의 시비와 윤동주의 시비가 나란히 자리하고 있다. 정지용 시인의 시 「압천(鴨川)」은 정지용 시인이 유학했던 도시샤대학교가 있는 교토에 흐르는 강 이름으로, 일본어로는 '카모가와'라고 한다. 이 시는 우리에게 노래로 더 유명해진 「향수(鄕愁)」와 마찬가지로 고향에 대한 그리움을 나타낸 시이다.

　내가 시인이 아니라 그런지, 정지용 시인의 「鴨川」이란 시는 일본에 와 처음 접하는 시다. 윤동주와 정지용 시인이 공부한 도시샤대학에서 윤동주의 하숙집으로 가는 길에 압천이 있다. 내가 살고 있는 안양의 안양천과 돌로 된 징검다리까지 비슷하였다. 정지용 시인은 떠나온 고향마을을 휘돌아가며 흐르는 실개천이 생각나 이곳 교토의 압천을 자주 찾았나 보다. 그는 1923년 일본 유학 중 고향을 그리워하며 「향수」를 먼저 쓰고, 1924년에 「압천」을 시로 썼다. 어찌 그가 태어난 고향을 그가 꿈엔들 잊을 수 있었겠는가. 그의 고향은 충북 옥천이다.

　정지용 시인의 대표작이라고 할 수 있는 「향수」의 가장 큰 특징이 "그곳이 차마 꿈엔들 잊힐 리야."라는 설의법 형태의 후렴구라면, 이 압천도 큰 특징이 1연과 마지막 연이 비슷한 수미상관(首尾相關)이다. 정지용 시인의 「鴨川(압천)」과 노래가 되어 우리가 많이 들어본 「鄕愁(향수)」를 이어서 소개한다.

鴨川(1924.)

鴨川(압천) 十里(십리)ㅅ벌에
해는 저물어…… 저물어…… 날

이 날마다 님 보내기
목이 자졌다...... 여울 물소리......

찬 모래알 쥐여짜는 찬 사람의 마음,
쥐여 짜라. 바시여라. 시언치도 않어라.

역구풀 욱어진 보금자리
뜸북이 홀어멈 울음 울고,

제비 한 쌍 떠 ㅅ다,
비마지 춤을 추어,

수박 냄새 품어오는 저녁 물바람.
오랑쥬 껍질 씹는 젊은 나그네의 시름.

鴨川(압천) 十里(십리) ㅅ벌에
해가 저물어...... 저물어......

도시샤대학에서 하숙집으로 가는 길에 일본에서는 '카모가와 강'이라고 부르는 압천(鴨川)이 자리하고 있다. 쌍 개울이다. 내가 살고 있는 고장 안양의 쌍 개울을 떠올리게 한다.

鄕愁(1923.)

넓은 벌 동쪽 끝으로
옛이야기 지줄대는 실개천이 회돌아 나가고,
얼룩백이 황소가
해설피 금빛 게으른 울음을 우는 곳,
―그 곳이 참하 꿈엔들 잊힐리야

질화로에 재가 식어지면
뷔인 밭에 밤바람 소리 말을 달리고,
엷은 조름에 겨운 늙으신 아버지가
짚벼개를 돋아 고이시는 곳,
―그 곳이 참하 꿈엔들 잊힐리야

흙에서 자란 내 마음
파아란 하늘 빛이 그립어
함부로 쏜 활살을 찾으려
풀섶 이슬에 함추름 휘적시든 곳,
―그 곳이 참하 꿈엔들 잊힐리야

傳說(전설) 바다에 춤추는 밤물결 같은
검은 귀밑머리 날리는 어린 누의와
아무러치도 않고 여쁠것도 없는
사철 발벗은 안해가
따가운 해ㅅ살을 등에지고 이삭 줏던 곳,

—그 곳이 참하 꿈엔들 잊힐리야.

하늘에는 석근 별
알수도 없는 모래성으로 발을 옮기고,
서리 까마귀 우지짖고 지나가는 초라한 집웅,
흐릿한 불빛에 돌아 앉어 도란 도란거리는 곳,
—그 곳이 참하 꿈엔들 잊힐리야.

「향수」는 「압천」보다 1년 먼저 지었다. 「압천」과 마찬가지로 「향수」도 정지용 시인이 일본 유학 시절에 고향을 그리워하며 지은 시다. 「향수」는 그가 등단 전인 1923년에 지었기 때문에 1928년 3월 『조선지광』 65호에 처음으로 발표 되었고, 첫 시집이 출간된 1935년 『정지용 시집』에도 수록되었다. 10연 26행 의 자유시로 현재 고등학교 1학년 교과서에도 실려 있으며 우리말의 풍부한 구사와 다양한 감각적 이미지로 고향에 대한 그리움을 나타낸다. 작품에서 유년의 추억과 평화롭고 아늑한 분위기를 느낄 수 있다. 나는 윤동주 시인의 시비와 마찬가지로 정지용 시인의 시비에도 꽃을 헌화하고 묵념을 드렸다. 그리고 시비에 새겨진 「압천」도 대표 시인 1명이 고운 목소리로 낭송했다.

도쿄의 도시샤대학 교정에 윤동주 시인의 「서시」 시비 옆에 정지용 시인의 「압천」 시비가 세워져 있다. 그 모습이다. 정지용 시인의 시비 앞에서도 헌화하고 그의 명복을 빌어드렸다.

3. 일본, 남겨진 시와 짧은 생의 마지막

문학 기행에 함께한 시인 중 여러 명의 낭송가가 있어 마음뿐 아니라 귀도 행복했다. 「압천(鴨川)」의 시 낭송이 끝나자마자 정지용 시인의 고향을 그리는 또 다른 시 「향수(鄕愁)」를 노래로 불렀다. 교토에 와서 그것도 그의 시비 앞에서 노래를 부르니 기쁜 게 아니라 코끝이 시큰했다. 일제강점기를 살아간 분들의 아픔이 생각나 그랬다. 누구보다 나의 할아버지 생각이 일본 문학 기행 내내 나와 동행했다. 나의 할아버지도 해방 2개월을 앞두고 일본에서 돌아가셨기 때문이다. 막내 고모도 얼굴을 뵙지 못한 할아버지는 일본에서 3년 강제 노역 끝에 재가 되어 고향으로 돌아오셨다. 30대 초반의 할머니와 아버지를 비롯한 4명의 어린 고모들을 남겨두시고….

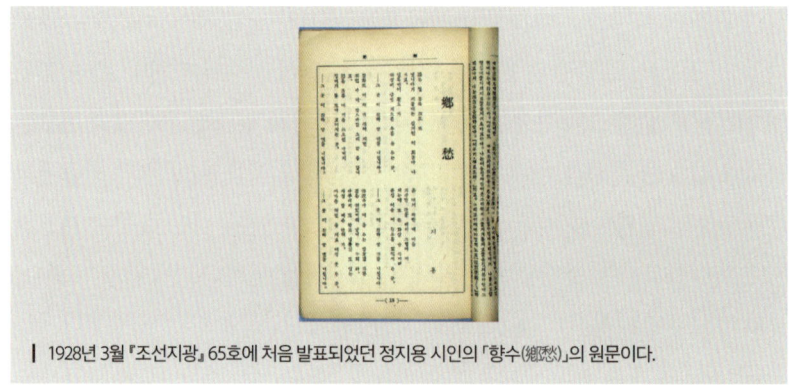

| 1928년 3월 『조선지광』 65호에 처음 발표되었던 정지용 시인의 「향수(鄕愁)」의 원문이다.

윤동주의 발자취를 찾아 떠난 두 번째 해외 문학 기행에서는 흰색의 국화 한 다발을 윤동주 시인의 시비 앞에, 그리고 정지용 시인의 시비 앞에 각각 올려놓고 두 분의 명복을 각각 빌었다. 지난해 여름, 중국 용정에 자리한 윤동주 시인의 묘소를 찾아가 참배할 때의 마음도 되살아났다. 국화 한 송이도 준비하지 못한 채 찾아가 뵙게 되어 죄송했다. 무엇보다 이번에는 윤동주 시인의 「서시」를 그의 시비 앞에서 모두 함께 낭송도 하니, 시의 울림이 크고

좋았다. 보슬비뿐 아니라 시가 온몸에 스며들었다. 나는 이렇게 또 다른 추억을 쌓게 되었다. 앞으로 이날은 영원히 기억될 것이다.

고향으로 가는 기차표는 영원히 안녕

윤동주는 부모님과 함께 지내다가 처음으로 떨어져 고국의 평양에 자리한 숭실중학교로 유학을 떠났다. 가족과 헤어져 중국에서 북한으로 유학을 떠났다. 그러나 평양의 숭실중학교에 편입했으나, 졸업하지 못하고 고향으로 돌아와 광명중학교를 다닐 수밖에 없었다. 그 후 평양의 숭실중학교는 폐교가 되고 완전히 문을 닫고 말았다. 윤동주는 숭실중학교 대신 광명중학교를 졸업하고, 대성중학교를 졸업한 고종사촌 형 송몽규와 함께 또다시 유학을 떠났다. 1938년 서울의 연희전문학교(현재 연세대학교) 문과에 진학하였다. 그리고 1941년 연희전문학교를 졸업하였다. 그는 졸업을 앞두고 19편의 시를 묶어 『하늘과 바람과 별과 詩』첫 시집을 출판하려고 하였다.

윤동주는 학교 운이 참 없었다. 어쨌거나 그는 일본 첫 유학지 도쿄를 1942년 10월 떠나 교토로 왔다. 원래 그는 교토제국대학을 입학하고 싶었으나 그 뜻을 이루지 못하였다. 그리하여 도쿄의 릿쿄대학에 입학하여 다녔다. 그리고 여름방학을 맞이하여 그리운 고향을 찾아가 부모님을 뵈었다. 그런데 고향에서 부모님과 지내던 중 전보를 급히 받고 일본으로 돌아와 또 다른 제국대학 시험을 보았다. 하지만 안타깝게 또다시 낙방하고 교토의 도시샤대학 영문학과에 전학하였다. 그리고 이 대학을 두 학기 다니고, 1943년 7월 여름방학을 맞이하여 용정의 고향 집으로 귀향하려고 기차표를 사놓았다.

그런데 그 귀향 기차표는 무용지물이 되었다. 귀향 직전에 항일 운동의 혐의를 받고 송몽규와 함께 일본 경찰에 체포되었다. 그는 1942년 여름방학을 맞이하여 고향을 찾은 것이 마지막 귀향이 되고 말았다. 부모님과 가족, 그리고 친구들과도 마지막 만남이 되었다. 그때 그는 귀향하여 고종사촌 형 송몽규를 비롯하여 고향 친구들과 기념사진을 찍었다. 이 사진 역시 고향에서의 마지막 사진이 되었다.

그는 교토에서 1943년 7월 14일 여름방학을 맞이하여 북간도로의 귀향을 준비하다가 체포되었다. 기차표까지 예매하고, 짐을 전부 부쳐놓은 상태에서 체포되고 말았다. 체포 당시 일본 유학 중에 쓴 작품과 물품은 모두 압수당하였다. 그리고 교토의 시모가모(下鴨) 경찰서 유치장에 구금된 후 1943년 12월 6일, 2년 형을 선고받고 후쿠오카 형무소로 이송되어 수감되었다. 수감 중 광복을 불과 6개월 앞둔 1945년 2월 16일 호적상 28세의 젊은 나이로 일본의 후쿠오카 형무소에서 생을 마쳤다. 그는 형량을 채우기도 전 수감생활 1년 7개월 만에 죽음을 맞았다. 그가 죽고 19일 뒤 그의 고종사촌 형 송몽규도 형무소에서 생을 마쳤다. '그때 예매한 기차표는 어디로 갔을까?' 고향으로 가기 위해 예매한 기차표를 보고 그날을 얼마나 기다렸을지는 상상 불가다.

그가 서울의 연세대학교 전신인 연희전문학교 재학시절 기숙사였던 핀슨관의 〈윤동주기념관〉에도 그의 기차표가 있다. 윤동주가 서울에서 고향인 북간도로 가려고 사놓았던 기차표다. 재현해 놓은 것이다. 어찌 되었거나 그의 기숙사 방에 윤동주가 북간도의 고향으로 떠나기 위해 끊었던 기차표가 있다. 그 기차표가 기념관의 아홉 번째 방에 있는데 눈가를 흐리게 했다. 예전의 기숙사 건물이 〈윤동주기념관〉으로 변신하여 윤동주의 전용 건물이 되었다. 그런데 재현해 놓은 그의 기숙사 방에서 기차표가 윤동주를 지금도 기다리고 있다. 이처럼 기숙사 건물에 그때 그 시절의 기숙사 방을 그럴듯하게 재현해 놓았다. 윤동주를 더 그립게 만들어 놓았다. 복제된 그 기차표가 그의 방에서 주인을 하염없이 기다리고 있다. 그도 그렇고, 멈춰버린 1938년 7월 25일 일력(日曆)이 가슴을 더 울린다.

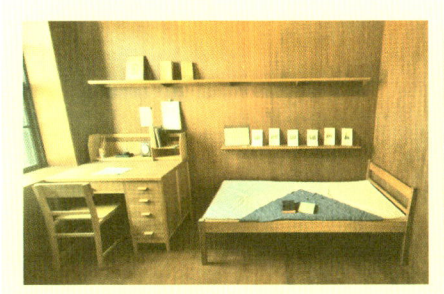

연세대학교의 <윤동주기념관>에 재현해 놓은 윤동주의 기숙사 방의 모습이다. 책상 위 일력(日曆)은 그가 여름방학을 맞이하여 고향으로 떠나려던 1938년 7월 25일이다.

윤동주는 지금은 중국 땅이 되어버린 북간도의 명동촌을 떠나 평양으로, 서울로, 일본으로 학업에 학업을 거듭하면서 여기저기로 유학하였다. 그러는 바람에 부모님과도 오랫동안 떨어져 살았다. 무엇을 위해 그렇게 살아가야만 했을까? 큰 꿈을 펼치기 위해 그랬을 텐데 안타까울 뿐이다. 그의 큰 꿈은 우리나라의 독립을 위해 밑거름이 되고자 했을 것이다. 인생에서 부모님과는 평생 함께는 아니더라도 가까이 살아가는 게 가장 행복한 삶이라고 본다. 누구나 죽음으로 헤어지게 되어있으니까.

그는 가정이 부유하여 공부는 원 없이 하였다. 그러나 학교를 여기저기로 옮겨 다녔고 졸업과 중퇴를 여러 번 하였으며, 입학시험에도 여러 번 떨어지고, 제적도 당하곤 하였다. 그가 학업을 계속 이어가는 데 시련을 많이 겪었다. 그의 이력서 학력란이 복잡한 이유다. 정신없고 어수선하다. 하지만 그 당시에는 가정이 가난하여 학업을 아예 할 수 없었던 사람들이 많았던 시대였다. 그뿐이 아니다. 강제 노역으로 가족과 헤어져 일본에 끌려가 고생고생하다가 죽어간 사람들도 엄청 많다. 그러니 그가 입학시험에 낙방하여 시련을 겪어도 가족 외에 그 누가 안 되었다고 말할 사람이 있겠는가. 그는 부모님이 보내주는 학비와 생활비로 기숙사나 하숙집에서 공부에만 전념한 복이 많은 사람이었는데….

그는 중국, 북한, 우리나라, 일본 등지를 다니면서 공부만 하였다. 지금으로 보면 4개국을 오가며 빛나는 청춘을 쏟아부은 사람이다. 이 얼마나 큰 행운이었고, 이 얼마나 큰 복인가. 서울에서 연희전문학교를 다니면서도 평양의 음악다방을 기차 타고 오갔다고도 하니 무슨 아쉬움이 있을까 싶다. 요즘 시대여도 부러움을 살만한 인생이었다. 그는 한국어·중국어·일본어·영어까지 잘하는 인재였다. 그러나 그 실력을 발휘하지도 못하고 인생을 접어야만 한 게 안타까울 뿐이다.

윤동주는 오늘날 중국의 조선족이 많이 거주하는 연변 조선족 자치주에 속하는 북간도의 용정에서 태어나 자랐다. 그 당시 그가 국내 상급학교에 진학하려면 총독부에서 지정한 고등보통학교에 진학해야 하였다. 일제강점기였기 때문이다. 그리하여 그는 1935년 9월 고향인 용정의 은진중학교를 떠나 평양의 숭실중학교 4학년에 입학하려고 하였다. 그런데 합격하지 못해 3학년에 편입하게 되면서 처음으로 입시로 인한 큰 좌절을 겪었다. 다행히 기쁜 일도 있었다. 숭실중학교에 9월 입학하였는데 10월에 처음 자신의 글이 활자로 찍히는 기쁨을 맛보았다. 숭실중학교 YMCA 문예부에서 내는 『숭실활천(崇實活泉)』에 그의 시 「공상」을 발표하기에 이르렀다. 이를 계기로 그가 시인으로 성장하게 되었을지도 모른다. 그 기쁨은 그에게 시인의 꿈을 잉태하게 하고, 더 큰 노력을 하게 만들어준 것은 사실이다.

연세대학교 핀슨관의 <윤동주기념관> 전시물은 서랍을 열어봐야 만나볼 수 있다. 그런데 그의 작품 「공상」이 실린 『숭실활천(崇實活泉)』은 서랍 밖에 세워져 있다. 그의 작품이 최초로 활자화되어 나온 책이기 때문일 것이다.

서양의 고전음악을 감상하는 멋쟁이 학생

그는 연희전문학교 재학시절, 평양에 가서 서양의 고전음악을 감상할 수 있는 '세르팡'이란 다방에 들르곤 했다고 한다. 그가 평양의 숭실중학교에 잠시나마 다녀서일까? 평양이 그리웠던 모양이다. 원로 화가 김병기(1916~2022) 교수는 그 순간을 다음과 같이 회고했다. <동아일보>에 소개된 숙명여대 김응교 기초 교양 대 교수의 『동주의 길』에 실린 김병기 교수가 회고한 글이다.

그는 어느 날 초현실주의를 비롯한 현대예술 관련 토론이 벌어졌다고 했다. 옆 테이블에서 조용히 듣고 있던 한 청년은 불만스러운 듯 자리를 박차고 나갔는데, 마치 '초현실주의 같은 사조는 도저히 인정할 수 없다'는 표정이었다고 전했다. 그 청년이 바로 시인 윤동주였다고 한다. 김병기 교수는 1940년대 초 연희전문학교 시절에도 윤동주가 종종 평양 나들이를 하곤 했다고 덧붙였다.

평양은 윤동주에게 편입 시험 실패라는 좌절을 안긴 곳이면서도, 자신의 작품이 활자로 인쇄되는 기쁨을 처음 경험한 곳이기도 했다. 그는 그곳에서 '조선=식민지'라는 환멸을 온몸으로 체험했다. 중국에서 태어나 북한 평양의 숭실중학교, 서울 연희전문학교를 거쳐 일본으로 건너가 절명한 윤동주의 이력은 결과적으로 '중국-북한-한국-일본'으로 이어지는 아시아 평화공동체를 바라볼 수 있는 하나의 작은 창구가 되었다. 김응교 교수는 중국과 일본에서 윤동주 강연을 할 때마다, 그리고 두 나라에 세워진 윤동주 시비를 마주할 때마다 윤동주가 남긴 '작은 창구멍'을 떠올리게 된다고 했다. 식민지 현실이 얼마나 답답했으면 「창구멍」이라는 시를 쓸 수밖에 없었을까 하는 생각도 함께 들었다고 한다.

또한 그는 예전에 북한에서 윤동주 연구가 진행된 것을 반가워하던 오무라 교수의 표정을 이해할 수 있을 것 같다고 덧붙였다. 한때 남북 공동 문학 교과서를 만든다면 어떤 작가를 넣어야 할지를 고민한 적이 있는데, 북한에서도 높이 평가받는 김소월과 이육사와 함께 윤동주는 통일 문학을 위한 하나의 창구 역할을 할 수 있는 인물이라고 했다. 나아가 아시아 문학 교과서를 만든다면 윤동주 역시 작은 역할을 하지 않을까 생각했다. 그에게 윤동주는 오늘날 우리 시대와 아시아인에게 다가오는 희망과 실천의 상징이었다.

윤동주 시인은 28년의 짧은 생을 살았지만, 어찌 보면 시대적으로 누릴 것은 다 누리고 살다가 죽음을 맞이하였다고 본다. 그러나 너무 젊은 나이에 그것도 독립운동을 전개한 죄로 잡혀가 옥사한 것이 안타깝고 화난다. 그는 식민지 시대에 부유한 가정에 그것도 장남으로 태어나 온갖 사랑을 받은 사람이다. 그는 결손 가정에 태어난 것도 아니고, 친가와 외가 모두 부유하였고, 부모님을 비롯하여 선조들이 유학까지 한 학식이 높은 집안으로, 조부모와 부모의 사랑도 듬뿍 받은 사람이다. 그가 짧은 생을 마감하여 안타깝지만, 28년간 보통 사람이 평생 누리기 힘든 모든 것을 체험하고 누렸다고 본다. 책가방을 들어보지 못한 사람이 대부분이었던 그 시대에 수많은 학교를 거친 것만 해도 행운아 중의 행운아였다. 중학교 때부터 유학했으니 공부하고 싶었던 사람들에게 부러움의 대상이 아닌가.

어찌 보면 그의 인생이 과유불급(過猶不及)은 아니었을까? 나는 "행복 총량의 법칙"을 믿는다. 누구나 누린 만큼 내놓아야 한다고 생각한다. "인간은 평등하다."란 말도 왜 명언인지 나이가 들면서 이해하게 되었다. 그 시대에 윤동주에게 부유했던 가정이, 따듯했던 가족의 사랑이, 혹시 과유불급을 초래하지는 않았나 싶다. 과유불급으로 여겨진다. 그래서 그의 삶이 좀 일찍 끝났는지도 모른다는 생각마저 든다. 굵고 짧게 살다 간 그의 삶을 부러워하는 사람들이 있는 것도 사실이다.

다행히 그가 유학 했던 도쿄의 릿쿄대학과 교토의 도시샤대학에 그의 흔적들이 남아 있다. 도시샤대학보다 릿쿄대학에 그의 흔적이 더 많이 남아 있었다. 그러나 도시샤대학이 있는 교토에는 윤동주의 시비가 3개나 세워져 있어 반가웠다. 그의 이야기가 그리 오래된 이야기가 아니라는 게 자꾸만 실감이 잘 안 난다.

(3)

하숙집터,
윤동주의 넋이 깃들다

하숙집터에 세워진 「서시」의 시비와
윤동주 유혼지비(尹東柱 留魂之碑)

교토의 도시샤대학을 나와 윤동주가 하숙했던 하숙집터를 찾아갔다. 교토의 도시샤대학에 세워진 시비 말고 윤동주의 두 번째 시비가 그의 하숙집터에 또 세워져 있다. 우지시 우지강변보다 먼저 세운 시비다. 현재 이곳에 교토예술대학(京都芸術大学)이 들어서 있다. 그 정문 앞에 윤동주의 시비가 세워져 있다. 매년 순국일인 2월 16일에 맞추어 도시샤대학과 마찬가지로 교토예술대학에서도 추모행사를 한다고 한다.

첫 번째로, 교토의 도시샤대학에 세워진 시비는 그의 사후 50년을 맞아 1995년에 세워졌고, 두 번째로, 그의 하숙집터에 들어선 교토예술대학 정문 앞에 세워진 시비는 2006년에 세워졌고, 세 번째로, 교토 남부 우지시 강변에 세워진 시비는 탄생 100주년을 맞아 2017년에 세워졌다. 1995년 첫 시비가 세워진 후부터 신기하게도 11년씩 간격을 두고 제2, 제3의 시비가 건립되었다. 무슨 의미가 있는지는 모르겠다. 어찌 되었거나 우리나라의 시인이자, 독립 유공자인 윤동주 시인을 그나마 사랑하는 일본인들이 있다는 게 고맙다. 우리나라를 강탈하여 우리 민족에게 몹쓸 짓은 엄청 많이 했지만….

윤동주 시인의 하숙집터에 「서시」가 새겨진 시비가 서 있다. 하숙집터에 들어선 교토예술대학 정문 앞에 세워졌다. 그 시비의 모습이다. 이곳의 시비에도 한글과 일본어로 「서시」가 새겨져 있다. '윤동주 유혼지비(尹東柱 留魂之碑)'라는 별도의 비석이 시비 곁에 세워져 있어 가슴이 더 뭉클해진다.

이곳에도 「序詩(서시)」의 시비가 세워져 있다. 그 앞에 서서 묵념하고, 그의 영혼이 평안하길 빌었다. 교토예술대학 정문 바로 앞에 세운 시비 곁에 '윤동주 유혼지비(尹東柱 留魂之碑)'라는 별도의 비석이 세워져 있어 왠지 그의 묘소를 참배하는 느낌이 들었다. 그리고 다시 하늘을 우러러 한 점 부끄럼 없이 살고 싶은 마음에 「序詩」를 읊조렸다. 한 점 부끄럼이 없이 살아오지도, 그렇게 살아갈 자신도 없지만 그래도 "죽는 날까지 하늘을 우러러 한 점 부끄럼이 없기를" 간절히 바라면서….

윤동주가 하숙했을 당시의 이곳 하숙집은 1936년에 목조로 지은 2층이었는데, 교토제국대학과 도시샤대학 학생 70명이 이곳에 입주했다고 한다. 하숙집의 규모가 컸음을 알 수 있다. 그의 고종사촌 형 송몽규는 웬일인지 이곳에서 하숙하지 않았다. 같은 대학이 아니라서 그랬는지 윤동주와 송몽규의 하숙집은 달랐다. 주택가에 자리한 송몽규의 하숙집은 지금도 그 모습이 남아 있다.

윤동주의 하숙집터에 들어선 교토예술대학의 전경이다.

대한민국 만세

나는 그가 하숙했던 집터에서 한참을 머뭇거렸다. 그가 이 하숙집에서 근처에 있는 경찰서에 잡혀갔기 때문이다. 도시샤대학에서 이곳 하숙집까지는 3.5km로 걸으면 40여 분 걸린다. 나는 버스를 타고 하숙집을 찾았으나 시간만 있으면 이 길을 걷고 싶었다. 강변 풍경이 아름다웠다. 이 강이 정지용 시인이 쓴 「압천(鴨川)」으로 '카모가와' 강이다. 정지용 시인도 이 강을 걸어서 통학했던 모양이었다. 윤동주와 송몽규, 그리고 우리나라의 많은 유학생들이 통학하면서 이 강을 건너다녔을 것이다. 고향 산천을 몹시 그리워하면서….

윤동주의 하숙집터에 세워진 「서시」의 시비(詩碑) 앞에서 기념사진을 찍었다. 이곳에서는 용기 있게 "대한민국 만세"도 불렀다. 현재 이곳에는 교토예술대학이 들어서 있다.

그런데 도시샤대학에서 압천(鴨川)을 건너면 윤동주와 송몽규가 독립운동을 전개한 혐의로 잡혀가 조사를 받은 무시무시한 시모가모(下鴨) 경찰서가 지금도 있다. 이 교토의 시모가모 경찰서로 1943년 7월 14일 윤동주가 잡혀갔다. 그가 한글로 시를 쓰고 있었으므로 독립운동을 펼쳤다는 죄목으로 체포되었다. 그에 앞서 송몽규는 4일 앞선 1943년 7월 10일 먼저 잡혀가 구금되었다. 둘은 이곳에서 구금된 후 교토지방 재판소에서 판결을 받고 이듬해인 1944년 후쿠오카 형무소로 이송되었다. 무시무시한 그때의 경찰서가 지금도 그 자리에 있다는 것이 오싹했다. 그러나 압천(鴨川)은 우리의 아픔을 말끔하게 씻어라도 주려는지 하염없이 흘러만 간다. 그 강물에 오리는 보이지 않는다. 대신 봄꽃들이 지천으로 피었다.

윤동주는 도쿄의 릿쿄대학에서 교토의 도시샤대학으로 10월 가을학기에 옮겨오면서 가을학기와 봄학기를 보냈다. 7월까지 이곳 하숙집에서 대학을 오갔을 테니 봄을 맞아 피어 있는 꽃들과 파란 하늘, 하얀 구름, 압천의 늘어진 버드나무, 시원한 바람, 오리, 꽃 위를 나는 새 들을 만났을 것이다. 봄에는 어느 꽃보다 매화가 만발했을 것이다.

윤동주는 압천 건너에 하숙하면서 매일 걸어서 도시샤대학을 통학했을 것이다. 학교 길에 정지용 시인의 시에 나오는 압천을 건너고, 그 강가에 핀 예쁜 꽃들도 보고, 강물에 떠다니는 오리 떼들도 만나고, 숲에서 우짖는 새소리도 듣고, 하늘도, 구름도, 바라보면서 오갔을 길이다. 저녁에 별을 보면서 당연히 고향 생각을 많이 했을 것이다. 10개월 가까이 이 길로 학교를 오갔을 테니 정든 길이 되고, 익숙한 길이 되었을 것이다. 그러나 그는 이 길을 더 이상 걷지 못하고 체포되었다. 나는 그가 걸어서 통학했을 이 길을 도시샤대학부터 버스를 타고 온 게 못내 아쉬웠다. 그의 통학길을 걸으며 그의 발자국을 더 가까이 만나야 했는데 시간이 넉넉지 않아 버스를 타고 그대로 쌩쌩 달려왔다. 언젠가 다시 찾으면 그가 걸어서 통학한 그 길을 꼭 걷고 싶다. 그의 발자국을 나도 따라 걷고 싶다.

(4)

학우들과 마지막 소풍을 간 우지강변

윤동주, 아리랑을 부르다

윤동주의 시비는 앞에서도 소개했듯 그가 마지막으로 학창 시절을 보냈던 일본의 교토(京都) 도시샤대학 교정에 그가 존경했던 정지용 시인의 시비와 나란히 세워져 있고, 그리고 두 번째로 그의 하숙집터에 들어선 교토예술대학 정문 앞에 세워졌고, 세 번째로 교토 남부 우지시의 우지강변에 시비가 세워졌다.

도시샤대학과 교토예술대학이 들어선 하숙집터의 시비에는 그의 대표작이라고 할 수 있는 「서시」가 새겨져 있었으나 우지강변의 시비에는 「새로운 길」이 새겨져 있다. 이 시는 윤동주가 연희전문학교에 입학하여 쓴 첫 번째 시이다. 그래서 의미가 더 크다.

한편, 그가 마지막으로 다닌 교토의 도시샤대학 동창들과 고풍스러운 이곳의 우지강 인도교(아마가세 구름다리)에서 찍은 사진이 그의 생전 마지막 사진이 되었다. 그는 일본 교토의 도시샤대학에서 유학 중 고향으로 돌아가기 전에 동창들과 교토 우지시의 우지강변으로 소풍을 갔던 모양이다. 그 소풍도 그의 생애에 마지막 소풍이 되었다. 그곳에서 음식도 나눠 먹고, 노래를 부르라는 친구들의 말을 듣고 윤동주는 〈아리랑〉을 불렀다고 한다.

윤동주가 용정의 고향으로 돌아가기 전 도시샤대학의 동창들과 마지막으로 찍은 사진이다. 사진의 가운데가 윤동주이고, 그 옆이 이 사진을 제공한 여학생이다. 이곳은 교토의 남부 우지시에 흐르고 있는 우지강의 아마가세 구름다리라고 한다.

    그런데 1943년 동창들과 함께 우지강변에 소풍을 다녀온 후 윤동주는 일본 경찰에 체포되어 경찰에 구금되어 조사를 받았다. 그 뒤 재판이 끝나고 후쿠오카 형무소로 끌려갔다. 훗날 친구들과 찍은 이 사진이 알려지면서 우지강변에 윤동주 시인의 시비를 세우자는 움직임이 나타나기 시작하였다. 이곳에 시비를 세우는데 앞장선 사람은 '시인 윤동주 기념비 건립위원회' 곤타니 노부코(紺谷延子) 사무국장 등이었는데 그녀는 2002년부터 윤동주 시인의 시를 읽고 꽃을 우지강에 던지는 추모행사를 열어왔고, 2009년에는 6,358명의 서명을 받아 교토부(府) 지사에게 제출했으나 번번이 거절당하고 시비를 세울 곳을 찾아 동분서주하였다고 한다.

    그 후 2016년 교토(京都) 남부 우지시(宇治市) 시즈가와(志津川) 구에서 우지강변에 세울 수 있는 땅을 제공받아 뜻을 이루게 되었다. 그때 허락을 해준 구청장은 "세계 평화의 상징이 됐으면 좋겠다."라며 기념비 건립을 허락해 주었다. 그 결과 시인의 탄생 100주년인 2017년 10월 〈시인 윤동주 기억과 화해의 비〉가 우지강변에 우뚝 세워졌다. 이 기념비가 세워지기까지 동분서주하면서 애쓴, 곤타니 노부코(紺谷延子) 사무국장에게 감사의 박수를 보낸다.

    교토(京都) 도시샤대 학우였던 기타지마 마리코(北島萬里子) 씨는 윤동주 시인이 국민 시인이 된 사실을 몰랐다가 전후 50년 KBS와 함께 '윤동주 다큐멘터리'를 만들던 NHK 제작진에 학창 시절 앨범을 찾아 윤동주 시인의 생전 마지막 사진을 제공했다. 그런데 그 사진이 1943년 교토의 우지강 다리에서 찍은 사진이었다. 윤동주 시인은 수줍음이 많아 수업 시간이면 강의실 맨 뒷자리에 앉아 조용히 수업을 듣던 학우였다고 기억했다. 윤동주는 여름방학도 방학이었지만 무엇보다 징병을 피해 귀국을 결심하여 학우들은 그를 위해 우지강변에서 송별회를 열어주었다. 그랬기에 윤동주 시인이 중앙에 자리를 잡은 것이라며 학우 기타지마 마리코(北島萬里子) 씨가 이야기하였다. 그녀는 윤동주의 오른쪽 바로 뒤에 서서 사진을 찍었다.

일본에서 평범한 주부였던 곤타니 노부코(紺谷延子) 씨는 '윤동주 다큐멘터리'를 통해 윤동주 시인을 만난 후 인생이 바뀌었다며 그의 시를 읽기 시작한 2002년부터 매년 꽃을 우지강에 던지는 추모행사를 열었다. 그리고 2005년 기념비 건립을 위한 시민단체를 조직하여 각계의 모금을 받아 2007년 기념비를 세운 후에는 세울 만한 땅을 확보하기 위해 문턱이 닳도록 지방자치단체를 돌아다녔다는 것이다. 그녀의 용기에 감사한다.

우지강변의 「새로운 길」 시비 앞에서

교토의 우지강변에 세워진 윤동주의 세 번째 시비의 모습이다. 이 시비에는 「새로운 길」의 시가 새겨져 있다. 그러나 윤동주는 일본에서 새로운 길을 찾지 못하고 옥사하고 말았다.

지성이면 감천이라고 했던가? 드디어 그녀의 끈질긴 노력 끝에 윤동주 시인의 탄생 100주년인 2017년 10월에 우지강변에 〈시인 윤동주 기억과 화해의 비〉를 세우게 되었다. 의미 있는 해를 맞이하여 의미 있는 일을 해낸 그녀에게 박수를 보낸다. 시비는 한국과 일본의 양국 화강암에 양국 언어로 그의 시 「새로운 길」을 새겼으며 시인을 상징하는 돌기둥이 그 위에서 양국을 연결하는 디자인이라고 한다. 윤동주의 시비를 세우기 위해 여기저기 뛰어다닌, 곤타니 노부코(紺谷延子) 씨에게 지면으로나마 감사한 마음을 또다시 전하고 싶다. 그녀의 노력으로 일본에 윤동주 시인의 세 번째 시비(詩碑)가 세워졌다.

우지강변에 「새로운 길」의 시가 새겨진 〈시인 윤동주 기억과 화해의 비〉 앞에서 동행한 문인들과 「새로운 길」의 시를 낭송하고 기념사진을 함께 찍었다.

윤동주는 이 시비가 세워진 우지강변으로 학우들과 소풍을 왔다가 1개월 후 일본 경찰에 치안유지법 위반 혐의로 체포되었다. 독립운동을 펼친 혐의다. 그 결과 그는 고향으로 돌아가지도 못하고 일본의 경찰서 유치장에 구금되어 있다가 형을 선고받은 뒤, 후쿠오카 형무소로 잡혀가고 말았다. 그의 고향인 북간도 명동촌으로 가기 위해 예매해 놓은 기차표는 무용지물이 되었다. 그와 함께 일본의 우지강의 다리 위에서 사진을 함께 찍었던 일본 남학우들도 대부분 제2차 세계대전 발발로 전선으로 끌려가서 다시는 돌아오지 못했다고 한다. 전쟁은 이처럼 참혹함만 남겨 놓았다.

우리 문인들은 「새로운 길」의 시가 새겨진 우지강변의 〈시인 윤동주 기억과 화해의 비〉를 찾아 헌화하고 그의 명복을 빌고 또 빌었다. 어렵게 기금을 마련하고 자리를 허가받아 시비를 세웠다는데 생각보다 후미진 곳이었다. 시비는 우지강의 다리 교각 끄트머리 아래 구석진 곳에 숨은 듯 세워져 있다. 그냥 시비가 겸손한 장소에 겸손히 서 있다고 생각하기로 했다. 하지만 비가 많이 내리기라도 하면 강물이 범람하여 시비가 물에 잠길 만한 곳이다. 이곳 화해의 시비에서 좀 올라가면 그가 마지막 사진을 찍은 아마가세 구름다리가 있다. 그 다리 위에서 찍은 사진이 마지막 생전 모습이라니 슬프다. 소풍 때 함께한 동료 여학생에 의해 그 사진이 세상에 나오게 되었다고 한다. 윤동주의 마지막 사진에 그 여학생도 함께 찍었다. 그 여학생이 이 사진을 제공해 주었으니 고맙기 그지없다.

윤동주는 새로운 길을 찾기 위해 서울에 왔었고, 다시 일본에 갔다. 그런데 그는 일본에서 새로운 길을 찾지 못하고 죽음의 길을 찾고 말았다. 생각할수록 안타깝고, 슬프고, 아프고, 화가 나는 길이었다. 일본은 새로운 길을 찾기 위해 유학 온 윤동주를 끝내 죽음의 길로 끌고 가 버렸다. 한 줌의 재로 만들어버렸다.

비를 맞으며 아마가세 구름다리를 건너다

윤동주가 마지막 사진을 찍은 교토의 남부 우지강변의 '아마가세 구름다리'의 모습이다. 그 다리 위에서 나도 윤동주와 사진을 찍었다. 함께 한 문인들도 기념사진을 남겼다.

    윤동주가 생애 마지막 사진을 찍은 다리는 화해의 시비가 세워져 있는 곳에서 강줄기 따라 위로 한참 더 걸어 올라가야 만날 수 있다. 이 아마가세 구름다리 근처에 그의 시비가 자리했더라면 더 좋았을 텐데 아쉬웠다. 그러나 그 아쉬움은 우지강물에 모두 띄워 보내기로 했다. 그리고 윤동주가 학우들과 걸었을 그 다리 위를 나는 문인들과 걸어서 건너가 보았다. 비는 그치지 않고 계속 내렸다. 윤동주의 눈물인 양 나도 슬퍼졌다. 영정사진을 들어서 더 그랬나 보다. 다리는 운치가 있고 아름다웠다. 강물은 이 아픈 마음을 아는지 무심히 흘러가고 있다. 푸른 강물에 하얗게 수를 놓은 오리들이 하얗게 모여 있다. 그들도 윤동주의 순국 80주년을 추모하기 위해 이곳에 모인 모양이다. 헤아릴 수 없을 만큼 너무나 많은 오리가 강물에 가득하다.

우지강의 '아마가세 구름다리'의 모습이다. 윤동주 시인이 건넜던 그 다리 위를 함께 한 문인들과 걸어보고 기념사진을 찍었다. 강물 위에는 오리들이 많아도 너무 많다. 그들도 윤동주 시인을 기리기 위해 찾아왔나 보다. 이래저래 이곳을 쉽게 떠날 수 없었다.

그가 마지막으로 다녔던 교토의 도시샤대학을 찾아갔을 때처럼 봄비가 내렸다. 윤동주 시인이 이곳까지 찾아와 자신을 기려주는 것이 고마워서 흘리는 눈물인지, 그를 어이없게 잃은 것이 슬퍼서 나를 비롯한 이곳을 찾은 문인들이 흘리는 눈물인지, 봄비는 그치지 않고 계속 보슬보슬을 넘어 부슬부슬 내렸다. 비는 그렇게 그칠 줄 모르고 내렸으나 모두 우산은 쓰지 않았다. 그리고 윤동주가 건넜을 아마가세 구름다리를 함께 건넜다. 윤동주 시인이 학우들과 찍은 그 다리 위에 서서 기념사진을 찍고 또 찍으면서….

윤동주 시인이 학우들과 마지막 사진을 찍은 아마가세 구름다리의 모습과 그 위에서 함께 한 문인들과 찍은 기념사진이다. 준비해 간 윤동주 시인의 사진이 그의 영정사진처럼 보였다. 그의 장례식 날에도 이 사진이 영정사진이었으니 그렇게 보일 수밖에 없었다. 비까지 부슬부슬 내리고 마치 이날이 그의 장례식 날 같았다.

(5)

생을 마감한
후쿠오카 형무소

경찰서에 잡혀가다

윤동주는 교토의 도시샤대학에서 여름방학을 맞이하여 고향인 중국 용정의 명동촌으로 돌아가기 위해 짐을 부치고, 기차표도 예매를 해놓았다. 그리고 귀향에 앞서 학우들과 일본의 우지강변을 찾아 송별회를 하고 사진도 찍었다. 그는 학우들과 즐겁게 송별회를 마쳤지만 예매해 놓은 기차표는 쓸모가 없어졌다. 고종사촌 형 송몽규가 7월 10일 먼저 일본 경찰에 잡혀갔고, 이어 7월 14일 송몽규처럼 그도 경찰에 잡혀갔다. 죄명은 조선 독립과 민족문화 수호를 선동했다는 혐의였다.

그가 경찰에 잡혀가면서 그는 고향에 갈 기차표가 필요 없어졌다. 좀 일찍 고향으로 떠나는 기차표를 사서 떠날 것 그랬다. 그가 1942년 일본으로 유학 간 첫해 릿쿄대학에서 7월 여름방학을 맞아 고향을 찾은 것이 마지막이었다. 그때 고향인 명동촌을 함께 찾은 고종사촌 형 송몽규를 비롯한 친인척과 찍은 사진이 남아 있다. 그 사진 역시 고향에서 찍은 마지막 사진이 되고 말았다.

1942년 8월 4일 일본 유학 첫해인 도쿄의 릿쿄대학 재학 시절 여름방학을 맞이하여 고향을 찾아가 찍은 사진이다. 뒷줄 오른쪽이 윤동주이고, 아랫줄 가운데가 그의 고종사촌 형 송몽규, 앞줄 왼쪽이 윤영선(윤동주의 당숙이자 친구) 오른쪽이 김추형(윤영선의 조카사위), 뒷줄 왼쪽이 윤길현(윤동주 조부의 6촌 동생)이다. 이 사진이 고향을 찾아 찍은 마지막 사진이다.

    1943년 윤동주와 송몽규는 교토지방재판소에 구금되어 각각 조사를 받고 재판을 받은 후 이듬해인 1944년 3월 31일에 2년 형 선고를 받고 교토를 떠나 후쿠오카 형무소에 수감되었다. 윤동주에게는 1944년 3월 31일에 '징역 2년 형(미결 구류 일수 120일 산입)'이 선고되었고, 송몽규에게는 1944년 4월 13일에 미결 구류 일수 산입이 전혀 없는 '징역 2년 형'이 선고되었다. 따라서 그들의 출옥 예상일은 '윤동주 1945년 11월 30일, 송몽규 1946년 4월 12일'이었다.

    송몽규가 형량이 윤동주보다 3개월 12일이 더 많았다. 그가 전과도 있어 과중 처벌이 되었나 보다. 송몽규는 17세 소년 시절 일본제국 경찰의 요시찰인 명부에 등재되어 악명 높은 고등계 형사들의 밀착 감시 대상이 된 적이 있었다. 그나저나 출옥 날을 기다릴 필요가 없어졌다. 소용없는 일이 되고 말았다. 건강했던 둘은 감옥에서 형량을 채우기도 전에 옥사하였다. 현재 그들이 갇혀 있다가 사망한 후쿠오카 형무소는 사라지고, 그 자리에 새롭게 후쿠오카 구치소가 들어섰다. 건물도 현대식 건물로 그때의 모습은 찾아볼 수 없다.

윤동주와 송몽규가 수감 되었던 후쿠오카 형무소의 옛 모습과 현재 후쿠오카 구치소의 전경이다(옛 형무소 흑백사진 출처 오마이포토).

그런데 이상하리만큼 옛 후쿠오카 형무소의 건물 모습이 서울의 옛 서대문형무소와 비슷하다. 서대문형무소 건물을 일제강점기에 지어서 그런가 보다. 서대문형무소는 일제 통감부가 식민 통치에 저항하는 운동가들을 투옥하기 위해 1907년 오늘날의 서대문구 지역에 건설하여 1908년 10월에 '경성감옥'이라는 이름으로 문을 열었다. 그 후 경성 감옥은 형무소로, 교도소로, 구치소로 명칭이 바뀌었다. 현재 이곳은 〈서대문형무소역사관〉으로 바뀌었다. 더 이상 죄인을 가두는 곳이 아니다.

〈서대문형무소역사관〉으로 바뀐 옛 서대문형무소의 모습이다. 밖에서 보면 유럽의 어느 대학교 건물 같다.

실제로 윤동주와 송몽규는 만나면 문학과 조국의 독립을 이야기했다. 일본 경찰은 이들의 활동을 '재(在)교토 조선인 학생 민족주의 그룹 사건'이라고 이름 붙였다. 1944년 3월 교토지방재판소는 윤동주에게 치안유지법 위반으로 형을 선고했다. 치안유지법은 일제가 사회주의 운동 확산을 막으려고 제정한 법이다. 후일 공개된 재판 기록에 따르면 재판정에서 윤동주가 "조선 민족의 실력과 민족성을 향상해 독립을 가능하게 하려 한다."라고 발언한 기록이 나왔다. 그러나 그는 형량을 채우기도 전에 감옥에서 세상을 떠나고 말았다. 고종사촌 형 송몽규도 마찬가지다. 건강했던 젊은 두 청년이 너무도 쉽게 세상을 떠났다. 두 인재를 잃고 말았다.

  징역 2년 형을 선고받은 윤동주와 송몽규에 대한 일제 법원의 판결문(判決文)과 윤동주의 판결문(判決文)을 아래에 소개해 본다. 그들의 본적은 조선의 함경북도이고, 거주지는 일본의 경도(京都) 시로 적혀 있다. 우리가 교토로 알고 있는 경도는 일본의 대표적인 역사 도시로, 794년부터 1868년까지 약 1,000년 동안 일본의 수도였던 곳이다. 무엇보다 그들의 이름이 윤동주, 송몽규가 아니었다. 창씨개명(創氏改名) 하여 일본식 이름으로 윤동주는 平沼東柱(히라누마 도주), 송몽규는 宋村夢奎(소무라 무게이)로 판결문에 적혀 있다. 이처럼 우리 민족은 억울하고 기가 막힌 시대를 살아왔다. 그 당시 둘은 일본에 나라를 빼앗겨 식민지 치하에서 조선 사람이 아닌 일본 사람으로 살아가야만 했다. 자신들의 이름조차 쓸 수 없었다. 1944년 3월과 4월 각각 징역 2년 형을 선고받은 윤동주와 송몽규에 대한 일제 법원의 판결문(判決文)이다. 둘의 이름이 창씨개명(創氏改名) 하여 일본식 이름으로 작성되었음을 알 수 있다.

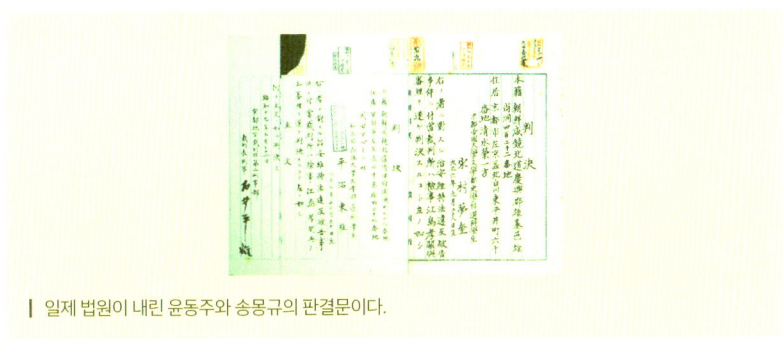

| 일제 법원이 내린 윤동주와 송몽규의 판결문이다.

그리고 윤동주의 판결문 원본 중에 일부를 발췌하여 한글로 해석한 내용을 소개해 본다.

"피고인 윤동주는 조선 독립을 위해 실력을 키우고 조선인의 능력과 민족성을 향상시켜 독립운동의 소질을 배양해야 하며, 일반대중의 문화 앙양 및 민족의식의 유발에 힘써야 한다고 결의하기에 이르렀다. 대동아전쟁 발발에 직면한 패배를 꿈꾸며 그때 조선 독립의 야망을 실현시키고 이로 인해 일본이 망한다고 하는 신념을 굳게 하였다. 이에 본 법정은 치안 유지법 제5조에 해당하는 형기 범위 내에서 피고인을 징역 2년에 처하고 형법 제21조 2항에 의거 미결 구류일후 120일을 형에 포함한다."

- 1944년 3월 31일 교토지방재판소 제2형사부 판결문 中 -

교토에서 후쿠오카로 가는 길

우리는 교토의 명예 문화 박사학위를 수여한 도시샤대학과 그의 하숙집터(현재 교토예술대학), 그리고 마지막 소풍 장소가 된 우지강변을 찾아가 윤동주의 영혼이 편히 쉬도록 빌고, 신칸센을 타고 교토를 떠나 후쿠오카 형무소(현재 후쿠오카 구치소)로 향하였다. 거리가 638km다. 서울에서 부산까지 거리가 477km이니 그보다 더 먼 셈이다. 윤동주도 교토에서 후쿠오카 형무소를 향해 이 철길을 이용했을 것이다.

후쿠오카 형무소는 교토에서 멀었다. 도쿄에서 교토로 갈 때 신칸센을 타고 이동했듯, 교토에서 후쿠오카로도 갈 때도 신칸센을 타고 이동하였다. 이번에도 2시간 30분 정도 걸렸다. 도쿄에서 교토 갈 때의 시간과 거의 비슷했다. 짧은 일정으로 윤동주의 일본에서 발자취를 모두 찾아가 만나보려니 마음도, 몸도 바빴다. 할 수 없이 이동 거리에 걸리는 시간을 줄이기 위해 비용이 좀 들어도 신칸센을 이용할 수밖에 없었다.

교토에서 후쿠오카 형무소를 찾아가기 위해 신칸센을 타고 후쿠오카 하키타 역으로 향했다. 윤동주도 이 철길을 이용하지 않았을까 싶다. 교토역의 승강장에서 찍은 신칸센의 사진이다. 이 사진 역시 사진작가로도 활동하는 문인의 작품이다.

   윤동주 시인의 발자취를 찾아가 걸으며 내 발자취도 이렇게 글과 사진으로 남기게 됨이 영광이다. 감사할 뿐이다. 일본으로 그를 찾아 떠난 첫날, 인천공항에서 도쿄 나리타공항으로 날아가 그곳에서 버스를 타고 도쿄의 릿쿄대학부터 찾아갔다. 릿쿄대학에 그의 흔적이 곳곳에 배어 있었다. 3월 17일 우리가 떠나온 서울에는 눈이 펑펑 쏟아져 내려 수북이 쌓이고 교통대란이 일고 있다는데 도쿄의 날씨는 맑았다.

   교토에 앞서 윤동주가 그랬듯 도쿄 릿쿄대학을 먼저 찾아갔다. 그가 좋아했던 동양철학사 강의실도 기웃거리고, 그가 시를 쓰고, 공부를 열심히 했을 구 도서관(현재 전시관)을 찾아가 그의 친필을 전시해 놓은 전시물도 만나고, 그가 예배를 보았을 예배당도 들어가 기도도 하고, 그가 배고픔을 달랬을 대학 식당과 매점 건물도 들여다보고, 그가 걸었을 교정과 그가 올려다보았을 나

3. 일본, 남겨진 시와 짧은 생의 마지막

무들, 그가 앉아서 사색했을 벤치에도 앉아보았다. 아울러 교정의 벤치에 앉아 그의 시 몇 편을 문인들이 돌아가면서 낭송·낭독하고 그를 추모했다.

그리고 도쿄를 떠나 그의 발자취가 가장 많이 남아 있는 교토로 신칸센을 타고 이동하였다. 교토에서 그의 발자국이 배어 있을 법한 곳을 하루 종일 따라 걸었다. 이상하게 교토에서 그의 시비를 찾아가 참배할 때마다 봄비가 보슬보슬, 부슬부슬 내렸다. 도시샤대학, 하숙집터, 마지막 소풍 장소 등 세 곳에 세워져 있는 시비를 만날 때마다 모두 그랬다. 내리는 비가 가슴을 더 먹먹하게 했다. 마침, 일본의 학교들이 방학 중이라 그가 다닌 대학을 편하게 답방할 수 있었다. 이래저래 행운이 우리와 동행하였다. 시비들 앞에서 그를 기리고 그의 시 「서시」와 「새로운 길」을 한 시인이 먼저 낭송하고, 그 뒤에 작가들 모두가 낭독했다. 이 모습을 윤동주 시인이 하늘에서 내려다보면서 감격하지 않았나 싶다.

그의 발자취가 교토에 가장 많이 남아 있어 하루 종일 교토에서 윤동주와 함께 보냈다. 그가 다닌 학교는 물론 그가 통학할 때 건너다녔을 압천도 보고, 그가 잡혀가 재판이 끝날 때까지 8개월이나 구금되어 있던 시모가모 경찰서도 보았다. 그리고 다시 신칸센을 타고 마지막 방문 도시인 후쿠오카로 향했다. 이곳은 그가 죽음을 맞이한 도시다.

윤동주도 교토에서 경찰에 잡혀가 형이 확정된 뒤, 기차를 타고 내가 달린 철길을 이용하여 후쿠오카 형무소로 이동하지 않았을까 싶다. 그 생각을 하니 기분이 다시 또 내려 앉았다. 올해가 그가 순국한 지 80주년이 되는 해다. 그를 기념하기 위해 본문의 글자 크기, 페이지 글자 크기, 판권 모양이 그의 순국 10주기 추모식이 열린 1955년 정음사에서 출간한 시집과 똑같은 모습으로 출간되었다. 무엇보다 표지가 오리지널 디자인이라는데 반가웠다. 이 책의 초판이 출간된 지 올해로 70년이 된다. 미니 시집도 함께 출판되어 인기를 끌고 있다. 일본으로 그의 발자취를 찾아 떠난 문학 기행에서 영정사진이 되어버린 윤동주의 연희전문학교 졸업 사진과 그가 남긴 유고 시집을 그의 발자취 앞에 놓고 참배를 하니 의미가 더 컸다.

이런저런 생각에 잠겨 후쿠오카로 향하는데 차창 밖으로 '히로시마'라는 간판이 눈에 띈다. 역사 시간에 배운 지명은 다행히 생생히 기억난다. 무엇보다도 히로시마는 1945년 8월 6일 인류 역사상 최초로 핵무기 '리틀 보이'가 투하된 도시로 잘 알려져 있다. 원폭 투하 진원지인 히로시마 평화 기념공원에는 원폭 돔과 한국인 원폭 희생자의 위령비가 있다. 원자폭탄에 폭격 당한 히로시마는 세월이 많이 지나긴 했지만, 아무 일 없었던 것처럼 평화로워 보였다. 고즈넉하고, 조용해 보였다. 드디어 목적지인 후쿠오카 하키타역에 기차가 멈춰 섰다. 캐리어와 함께 기차에서 내려 다음 목적지로 향했다. 다음 목적지는 하루 묵을 호텔이다.

후쿠오카에서 하룻밤 자고 아침을 맞았다. 이 도시는 딸과 함께 자유여행을 하고 간 도시다. 그때 후쿠오카에서 구마모토성을 가기 위해 신칸센을 이용했고, 활화산인 아소산도 방문했다. 그런데 이듬해 아소산의 화산이 폭발하여 구마모토성이 허물어졌고, 그 주변이 아수라장이 되었다. 이 도시를 다시 찾으니, 딸과의 추억이 새록새록 떠오른다. 이번엔 윤동주 시인이 감옥살이 하다가 죽음을 맞이한 형무소를 방문하기 위함이 목표였다. 아침 일찍 모모치 해변의 아름다운 풍경을 평화롭게 감상하고, 후쿠오카 형무소로 향했다.

싸늘하게 죽어간 후쿠오카 형무소

후쿠오카 형무소는 마을 안에 자리하고 있었다. 무시무시했던 감옥이 아니었던가. 그런데 현재는 구치소로 바뀌었다. 그 앞으로 간간이 자동차만 다닐 뿐 사람들의 모습은 보이지 않았다. 현대식 건물로 바뀌어 낯설게 괴물처럼 우뚝 서 있다. 이 마을에서 가장 웅장한 건물이다. 구치소의 후문 앞에 모두 모였다. 경비도 눈에 띄지 않았다. 나와 함께 한 문인들은 그 앞에서 머리를 푹 숙여 윤동주의 명복을 빌었다. 송몽규의 명복도 같이 빌었다. 현재 구치소로 사용되고 이 건물의 펜스 안으로 붉은색 일장기가 바람에 날리고 있다. 거북하고, 섬짓했다.

현재의 구치소 건물은 윤동주가 감옥살이했던 후쿠오카 형무소 자리에 다시 지은 건물이다. 그래서 그런지 긴장이 되었다. 하지만 준비해 간 플래카드를 펴고, 그의 사진을 앞에 놓고, 모두 함께 기념사진을 찍었다. 그런데 다른 곳에서보다 갑자기 감정이 복받쳐 흐르고 목이 메어온다. 눈물이 핑 돌아 한동안 할 말을 잊었다. 그가 처참한 모습으로 죽어갔을 것을 생각하니 화도 났다. 그곳과 가까이 있는 바닷물이 원망스럽기만 하다. 그에게 생체실험을 한 바닷물이 아닌가 싶어 소름이 짝 끼쳤다. 혈액 대신 바닷물을 그의 몸에 투입하여 생체실험을 했다니 끔찍한 일이다. 아직 확실한 증거는 없지만 그랬을 확률이 높다고 한다.

윤동주가 교토에서 이곳 후쿠오카로 이동하여 형무소에 갇혀 있다가 광복을 6개월 앞둔 1945년 2월 16일 28세로 옥사하였다. 같은 형무소에 갇혔던 송몽규도 윤동주가 옥사한 뒤 3월 7일 옥사하고 말았다. 둘의 인연은 참으로 신기한 인연이다. 둘은 중국의 용정시 명동촌 같은 집에서 송몽규는 1917년 9월 29일에 태어났고, 윤동주는 같은 해 12월 30일에 태어났다. 3개월 사이로 태어나 죽음은 19일 차로 그것도 같은 감옥에서 옥사하였다. 둘의 인연은 너무나 슬프고, 아프다.

시대를 잘 못 만난 애국 시인 윤동주와 그의 고종사촌 형 송몽규가 옥사한 후쿠오카 형무소 앞에서 나라의 소중함을 다시금 깨닫고, 그들의 명복을 간절히 빌었다.

지금도 둘은 생체실험을 당하다 죽었다는 증언이 끊이지 않고 나오고 있다. 하지만 일본 정부는 80년 넘게 이에 대해 침묵을 이어가고 있다. 전쟁 말기, 생체실험 사망 의혹은 후쿠오카 형무소 사망자 추이에서도 확인할 수 있다. 옥중 사망자는 1943년 64명에서 1944년 131명, 1945년 259명으로 급증했다. 종전(終戰)이 임박해지면서 대규모 생체실험이 있었음을 짐작할 수 있다. 그렇지 않은 다음에야 단기간 급증한 옥중 사망자를 설명할 도리가 없다. 일제는 모자라는 피를 충당하기 위해 재소자들을 상대로 혈장을 대신해 바닷물을 수혈하는 생체실험을 했다는 것이다. 피 대신 바닷물을 주사하는 실험을 했는데, 그 실험 도중에 사망했다는 것이다. 그러나 아직 죽음의 확실한 원인이 밝혀지지 않고 있어 답답할 뿐이다. 어떻든 인간을 상대로 끔찍한 실험을 자행한 일본이다. 이보다 더 끔찍한 일이 어디 또 있을까. 이 세상에 사람이 가장 무서움을 다시 또 깨닫는다.

윤동주가 옥사한 후쿠오카 형무소 주변의 바다 모습이다. 바닷물만 봐도 소름이 돋는다. 이 바닷물로 생체실험을 했다는 말인가.

그의 고종사촌 형 송몽규의 증언 등을 통해 두 사람이 형무소에서 정체불명 주사를 맞았다고 알려져 그 둘은 이 생체실험 때문에 희생되었을 수 있다는 의혹이 계속 제기됐다. 생각하기조차 싫은 끔찍한 일이 아닌가. 나는 이 형무소 앞에서 아픈 마음을 추스르고 그의 명복을 빌고 또 빌었다. 그리고 윤동주 생애의 마지막 발자국이 이곳 후쿠오카 형무소에서 끝났음을 떠올리며, 그가 생을 마감한 후쿠오카 형무소를 떠났다.

후쿠오카 형무소(현재 후쿠오카 구치소)의 전경이다. 이곳에서도 윤동주의 명복을 빌고, 기념사진을 찍었다. 구치소 문 안으로 붉은 일장기가 간담을 서늘하게 했다. 세월이 아무리 흘러도 사랑할 수 없는 깃발이다.

윤동주의 순국 80주년을 진심으로 추모하면서

요즘은 일본의 후쿠오카에서 비행기로 1시간 30분이면 인천공항에 도착한다. 제주도와 같은 위도 선상에 있는 모양이다. 윤동주는 북간도에서 기차로 부산까지 와서 배로 후쿠오카가 아니라 시모노세키 항구에 도착하여 다시 기차를 타고, 도쿄로, 교토로 향했을 것이다. 큰 꿈을 안고, 새로운 길을 찾아 서울에 이어 일본에 왔을 것이다. 그때도 일본은 이미 철도가 발달해 있었으니까. 윤동주는 죽어서도 그 길을 이용해 고향에 갔을 것이다. 한 줌의 재가 되어 돌아갔을 것이다.

1945년 3월 6일 중국 용정 윤동주의 장례식 사진이다. 많이도 슬프다. 그는 1945년 2월 16일에 하늘의 별이 되었다.

윤동주는 28년의 짧은 인생을 살다가 하늘의 빛나는 별이 되었다. 그는 중국 땅이 되어버린 만주에서 19년, 평양에서 7개월, 서울에서 4년, 일본에서 4년 정도를 살다가 별이 되고 말았다. 별을 그리도 좋아하더니 그는 너무 빨리 하늘에 별이 되었다. 하늘뿐 아니라 땅에서도 초롱초롱 빛나는 별이 되었다. 그러니 그가 하늘과 땅의 수많은 별을 헤아리느라고 잠 못 자겠다 싶다.

그로 인해 온 세상이 별 밭인데 쉬엄쉬엄 별을 헤아리면 좋겠다. 암울했던 그 시절의 아픔은 모두 잊고….

지난해 찾아간 윤동주 시인의 묘소 전경과 그의 묘소 앞에서 묵념하는 문인들과 나의 모습이다. 초롱초롱 빛나는 별이 된 그의 명복을 간절히 빌고 또 빈다.

그는 "죽는 날까지 하늘을 우러러 한 점 부끄럼이 없기를" 바라고 또 바라다 끝내 목숨을 바쳤다. 다행히 윤동주와 그의 고종사촌 형 송몽규는 대한민국의 독립 유공자가 되었다. 후손이 없는 그들에게 대한민국 국적도 부여하였다. 그들의 호적지는 충청남도 천안시 동남구 목천읍 독립기념관로 1이다. 윤동주의 순국 80주년을 진심으로 추모하면서 다시 또 윤동주의 대표작 「서시」의 원문을 세 번째 마지막으로 싣는다. 앞으로의 인생에 부끄럼이 없기를 간절히 바라면서 ….

序詩(1941.11.20.)

죽는 날까지 하늘을 우르러
한 점 부끄럼 없기를,
잎새에 이는 바람에도
나는 괴로워했다

별을 노래하는 마음으로
모든 죽어 가는 것을 사랑해야지
그리고 나안테 주어진 길을
거러가야겠다

오늘 밤에도 별이 바람에 스치운다

윤동주의 발자취를 따라 떠난 두 번째 해외 문학기행도 대성공이다. 함께한 문인들 모두 기쁜 얼굴이니 다행이다. 인천공항에 착륙하여 각자 공항버스를 타고 집으로 돌아갔다. 자정 12시가 다 되어서야 집에 도착했다. 하지만 이보다 더 보람 있는 문학 기행은 아마 없지 않을까 싶다. 동행한 문인들께 감사할 뿐이다. 윤동주의 아픈 발자국이 조금은 편안해지길 바라며, 한국, 중국에 이어 윤동주의 발자취를 따라 떠난 일본 문학 기행을 마친다.

| 윤동주를 만나러 간 일본 문학 기행을 무사히 마친다. 캐리어들도 따라다니느라 고생 많았다.

부록

윤동주 시인의 길을 따라

생애와 창작 연보

1917년 (1세)

중화민국 길림성 화룡현 명동촌(현 중화인민공화국 지린성 연변 조선족 자치주 룽정시 명동촌)에서 아버지 윤영석(1895~1961)과 어머니 김용(1891~1947) 사이에 장남으로 태어났다. 1899년 그의 증조할아버지 윤재옥이(본적은 함경북도 청진부 포항정 76번지) 종성에서 살다가 북간도 자동으로 이주했고, 할아버지 윤하현(1875~1948)이 명동촌으로 이주해 계속 살아왔다. 할아버지 윤하현은 장로, 어버지는 명동 학교 교원이었다. 국내외 독립지사를 길러낸 규암 김약연(1868~1942)은 윤동주의 외삼촌이다.

윤동주보다 3개월 전인 9월 28일 고종사촌 송몽규가 외가인 윤동주의 집에서 태어났다. 송몽규의 어머니가 윤동주의 고모다.

1923년 (6세)

아버지 윤영석은 유학을 일본으로 떠났다가 9월 1일 '관동대지진'이 일어나자, 조선인에 대한 살해 위협이 높아져서 학업을 중단하고 귀국하였다. 12월에는 누이동생 윤혜원(1923~2011)이 태어났다.

1925년 (8세)

4월 4일 명동소학교 입학하였다. 동급생으로 고종사촌 송몽규, 당숙 윤영선(의사), 외사촌 김정우(시인), 문익환(목사, 시인) 등이 있었다.

1927년 (10세)

12월 남동생 윤일주(1927~1985)가 태어났다.

1928년 (11세)

명동소학교 4학년이었을 때 서울에서 발행되던 『아이생활』, 『어린이』 잡지를 구해 탐독하였다. 그중에서 『어린이』는 소파 방정환이 만든 잡지로, 발행 부수 10만 부를 기록하는 등 인기가 대단했다. 그런데 이 무렵 방정환은 조선총독부의 감시를 받으면서 심한 고초를 겪었다.

1929년 (12세)

고종사촌 송몽규 등을 비롯한 급우들과 신문형식의 등사판 문예지 『새 명동』을 만들고, 동요와 동시 등의 작품을 썼다. 9월에는 윤동주가 다니던 명동소학교가 교회학교에서 인민학교로 넘어갔다가 중국 당국에 의해 공립으로 강제 수용되었다.

1930년 (13세)

외삼촌 김약연이 1929년 입학한 평양 장로교회신학교에서 1년간 수학하고 목사로 안수를 받은 후 명동교회 목사로 부임하였다. 그리고 명동촌 등 만주 지방에서 공산주의자들에 의한 테러가 빈발하는 등 험악한 사태가 벌어졌다.

1931년 (14세)

3월 20일 명동소학교 졸업선물로 파인 김동환 시집 『국경의 밤』을 받았다. 그리고 명동에서 10리 정도 남쪽으로 중국의 소학교인 화룡현립제1소학교에 송몽규, 김정우와 편입하여 1년간 공부하였다.

1932년 (15세)

4월에 명동촌 서쪽 '용정'이라는 소도시 은진중학교에 송몽규, 문익환과 함께 입학하였다. 이때부터 아명 해환 대신 윤동주라는 이름을 사용하기 시작하였다. 은진중학교는 캐나다 선교사들이 세운 미션스쿨이었는데 재학 중에 교내 잡지를 만들기도 하고, 축구 선수로 뛰는 한편, 웅변대회에서 "땀 한 방울"로 1등을 하는 등 다양하게 활동하였다. 가을이 되면서 명동촌의 집과 농토를 소작인에게 맡기고 온 가족이 용정으로 이사를 하였다. 이사 온 후 아버지는 인쇄소, 포목점 등 사업을 벌였으나 운영이 쉽지 않았다.

1933년 (16세)

남동생 윤광주(1933~1962)가 태어났다.

1934년 (17세)

은진중학교 3학년 때 그가 최초로 시를 3편 썼다. 최초로 쓴 작품이 「초 한 대」, 「삶과 죽음」, 「來日(내일)은 없다」 등이다. 17세였던 이때부터 시인으로의 길에 들어섰다. 이 시들은 현재 그의 시집 『하늘과 바람과 별과 詩』에도 수록되었다.

1935년 (18세)

은진중학교 4학년 1학기를 마치고 평양의 숭실중학교로 편입하였다. 그리고 숭실중학교의 교지 『숭실활천』에 「공상(空想)」이란 시가 실렸다. 그의 작품이 활자화된 게 처음이다. 윤동주는 날아갈 듯 기뻤을 것이다. 그 외에 시 「거리에서」, 「창공」, 「남쪽 하늘」 등의 시와 동시로 「조개껍질」 등도 썼다. 그러나 그는 안타깝게도 숭실중학교를 졸업하지 못하고 다시 고향으로 돌아와야만 했다.

1936년 (19세)

고향으로 돌아와 광명중학교를 다니면서 많은 동시와 시를 썼다. 그의 나이는 19세가 되었다. 「고향 집」, 「병아리」, 「오줌싸개 지도」, 「창구멍」, 「짝 수갑(제목만 있음)」, 「기왓장 내외」, 「비둘기」, 「이별」, 「식권」, 「모란봉에서」, 「황혼」, 「가슴 1」, 「가슴 2」, 「종달새」, 「산상」, 「오후의 구장」, 「이런 날」, 「양지쪽」, 「산림」, 「닭」, 「가슴 3」, 「꿈은 깨어지고」, 「곡간」, 「빨래」, 「빗자루」, 「햇비」, 「비행기」, 「가을밤」, 「굴뚝」, 『가톨릭 소년』 3월 호에 발표된 「무얼 먹고 사나」, 「봄」, 「참새」, 「개 1」, 「편지」, 「버선본」, 「눈 1」, 「사과」, 「눈 2」, 「닭 2」, 「아침」, 「겨울」, 「호주머니」 등을 썼다. 그리고 그는 그가 존경하는 『정지용 시집』을 정독하였다.

1937년 (20세)

광명중학교 졸업 학년인 5학년으로 진급하였다. 그해 8월에는 그가 좋아하는 백석 시인이 100부 한정판으로 발간한 백석 시집 『사슴』을 구하지 못하자 전 작품을 베껴 필사본을 만들었다.

그의 시에 대한 열정과 끈질긴 투지를 엿볼 수 있다. 9월에는 수학여행으로 금강산과 원산 등지를 갔다. 그때 「바다」, 「비로봉」을 짓고, 그 외에 「황혼의 바다가 되어」, 「거짓부리」, 「둘 다」, 「반딧불」, 「밤」, 「할아버지」, 「만돌이」, 「개2」, 「나무」, 「장」, 「달밤」, 「풍경」, 「울적」, 「한란계」, 「그 여자」, 「야행」, 「빗뒤」, 「소낙비」, 「비애」, 「명상」, 「산협의 오후」, 「창」, 1939년 1월 23일 조선일보 학생란에 발표된 「유언」 등을 썼다. 그밖에 그는 『가톨릭 소년』에 동시 「병아리」, 「빗자루」, 『가톨릭 소년』 1월 호에 「오줌싸개 지도」, 3월 호에 「무얼 먹고 사니」, 10월 호에 「거짓부리」 등을 발표했다. 이 시기가 그에게 시가 쏟아져 나올 때였나 보다. 한 달에 무려 20여 편을 쏟아냈으니 하는 말이다. 무엇보다 고향이 그를 시인으로 만들었음을 부인할 수 없다. 작품의 소재를 보아도 대부분 고향이 선물한 것으로 보인다. 작가들에게 고향은 작품 소재의 자양분이 됨을 알 수 있다.

1938년 (21세)

2월 17일 중학부 5학년을 졸업하고 고향 용정을 떠나 4월 9일 서울의 연희전문학교에 입학하여 하숙하였다. 그해 쓴 작품을 소개해 본다. 시 「새로운 길」, 「어머니」, 「가로수」, 「비 오는 밤」, 「사랑의 전당」, 「이적(異蹟)」, 1939년 조선일보 학생란에 발표된 「아우의 인상화」, 「코스모스」, 「슬픈 족속」, 「고추밭」, 동시 「햇빛·바람」, 「해바라기 얼굴」, 「애기의 새벽」, 「귀뚜라미와 나와」, 「산울림」 그리고 산문 1939년 1월 조선일보 학생란에 발표한 「달을 쏘다」 등이다.

1939년 (22세)

연희전문학교 2학년 때 급식 등 기숙사 환경이 급속도로 나빠져 기숙사를 나와 북아현동과 서소문동 등에서 하숙하였다. 이 시절 이웃에 살던 정지용의 집을 여러 번 방문했다. 『문장』, 『인문평론』 등을 사서 읽던 시절이었다. 동시 「산울림」이 『소년』 3월호에 실렸다. 그 계기로 편집인이었던 윤석중을 만났다. 그리고 「달걀이」, 「장미 병들어」, 「투르게네프의 언덕」, 「산골물」, 「자화상」, 「소년」 등을 썼다. 그리고 1939년에 쓴 것으로 추정되는 「종시(終始)」, 1948년 〈민성(民聲)〉에 발표된 「별똥 떨어진 데」, 「화원에 꽃이 핀다」 등의 산문을 썼다.

1940년 (23세)

연희전문학교 3학년 때 그는 하숙 생활을 접고 다시 연희전문대학 기숙사로 돌아왔다. 그때 입학생 정병욱을 만나 룸메이트가 되었다. 그리고 그해 절필 끝에 12월 연말에 「병원」, 「위로」, 「팔복」 등 3편의 시를 썼다.

1941년 (24세)

룸메이트였던 정병욱 후배와 학교 기숙사를 나와 누상동의 김송 소설가 집에서 하숙하였다. 김송과 인왕산 산책을 하면서 치마바위에도 자주 올라 당시의 정세와 문학에 관한 이야기를 주고받았다고 한다. 이때 짧게 하숙했지만, 김송 소설가의 집에서 많은 작품을 썼다. 「무서운 시간」, 「눈 오는지도」, 「태초의 아침」, 「또 태초의 아침」, 「새벽이 올 때까지」, 「십자가」, 「눈감고 가다」, 「못 자는 밤」, 「돌아와 보는 밤」, 「간판 없는 거리」, 「바람이 불어」,「또 다른 고향」,「길」,「별 헤는 밤」,「서시」,「간」 등을 썼다. 1941년 9월 연희전문학교 교지인 『문우』지에 「자화상」과 「새로운 길」이 발표되었다.

1942년 (25세)

연희전문학교 졸업 후, 한 달 반 정도 고향 집에 머물렀다. 그때 집안 형편이 몹시 어려워진 것을, 알게 되어 일본 유학을 망설였다. 그러나 아버지의 권유로 일본 유학을 결정하였고, 서류 수속을 위해 윤동주는 1월에 창씨개명(創氏改名) 하였다. 송몽규도 일본식 이름으로 바꾸었다. 이때 치욕의 고통을 윤동주는 작품 「참회록(懺悔錄)」에 담았다. 이 작품이 고국에서 마지막으로 쓴 작품이다. 고종사촌 송몽규는 교토제국대학에 합격하였으나 윤동주는 낙방하여 도쿄의 릿쿄대학에 입학하였다. 그의 첫 유학지가 도쿄의 릿쿄대학이다. 그는 이 대학에 재학 중 「흰 그림자」,「흐르는 거리」,「사랑스런 追憶(추억)」,「쉽게 씌워진 시」,「봄」 등의 시를 썼다. 이 5편이 윤동주가 살아서 마지막으로 남긴 작품이 되었다. 윤동주는 1942년 10월 1일 도쿄를 떠나 교토의 도시샤대학 문학부에 편입하였다. 도시샤대학이 그의 두 번째 유학지다.

1943년 (26세)

그는 도시샤대학에 두 학기를 다녔다. 그리고 여름방학을 맞이하였고, 고향 가는 기차표도 예매를 해놓았다. 그런데 7월 10일 송몽규가 독립운동 혐의로 특고경찰에 체포되어 시모가모 경찰서에 구금되었다. 그리고 7월 14일 윤동주도 같은 혐의로 일본 경찰에 체포되어 구금되었다.

1944년 (27세)

교토 지방검찰국으로 송치되었던 윤동주와 송몽규는 '치안유지법' 제5조 위반 '독립운동'의 죄명으로 먼저 3월 31일 윤동주에게 재판부는 2년 형을 선고하였고, 4월 13일 송몽규에게도 2년 형을 선고하였다. 둘은 판결이 확정된 후 교토를 떠나 후쿠오카 형무소에 수감되었다.

1945년 (28세)

2월 16일 새벽 3시 36분 수감 된 지 1년도 채 안 되어 후쿠오카 형무소에서 외마디 비명을 지르며 윤동주는 그만 옥사하고 말았다. 사망 통지 전보를 받은 아버지 윤영석과 당숙 윤영춘이 시신을 찾으러 후쿠오카 형무소로 갔다. 시신은 3월 6일이 되어서야 시립 화장장에서 화장하여 뼛가루만이 고향을 찾았다. 그의 유해는 용정 東山(동산)의 중앙교회 묘지에 묻혔다. 장례식 때 연희전문학교 교지『문우』에 발표된 그의 시『자화상』과『새로운 길』이 낭독되었다. 그리고 윤동주가 옥사한 지 19일 만인 3월 7일 그의 고종사촌 형 송몽규도 눈조차 감지 못한 채 옥사하고 말았다. 송몽규의 유해도 화장한 뒤 뼛가루만이 고향을 찾았다. 그는 명동촌과 가까운 장재촌의 뒤산에 묻혔다. 그 후 윤동주의 묘소 곁으로 이장되어 서로 이웃하고 있다. 윤동주의 묘비석에는 윤동주가 살아서 들어보지 못한 시인이라고 썼다. 가족이 먼저 그를 시인으로 만들어주었다. 그의 묘비석에는 '詩人尹東柱之墓(시인윤동주지묘)'라고 새겨져 있다. 한편, 신춘 문예에 당선되었던 그의 고종사촌 형 송몽규의 묘비석에는 '청년문사 송몽규지묘(靑年文士宋夢奎之墓)'라고 새겨져 있다. 죽은 후 윤동주는 영원한 시인으로, 송몽규는 영원한 수필가로 남게 되었다. 그리고 둘은 우리나라의 독립 유공자가 되었다.

* 1945년 8월 15일, 윤동주와 송몽규가 옥사한 6개월 뒤, 마침내 우리나라는 그들이 그토록 바랐던 일제의 식민 통치에서 벗어나 독립하였다. 일본제국으로부터 완전히 해방되었다.

* 윤동주의 생애와 창작 연보는 스타북스에서 2022년 발행한 '윤동주의 전 시집' 『하늘과 바람과 별과 詩』에 부록으로 실린 <윤동주 연보> 등을 토대로 정리하였음을 밝힌다.

『윤동주, 80년의 울림』의 책에 원문(친필 원고) 그대로 수록된 작품들 현황

「호주머니」

「序詩(서시)」

「空想(공상)」

「이런 날」

「아우의 印象畵(인상화)」

「달을 쏘다」

「거지(투르게네프)」

「투르게네프의 언덕」

「懺悔錄(참회록)」

「十字架(십자가)」

「별 헤는 밤」

「새로운 길」

「牡丹峯(모란봉)에서」

「창구멍」

「窓(창)밖에 있거든 두다리라(유영의 추도시)」

「病院(병원)」

「밤(송몽규)」

「하늘과 더불어(송몽규)」

「선구자(노랫말)」

「自畫像(자화상)」

「흰 그림자」

「사랑스런 追憶(추억)」

「흐르는 거리」

「쉽게 씨워진 시」

「봄」

「序詩(서시)」

「鴨川(압천/정지용)」

「鄕愁(향수/정지용)」

「序詩(서시)」